COMPETÊNCIA LEGISLATIVA MUNICIPAL, SUSTENTABILIDADE E POLÍTICAS PÚBLICAS DE SUBSTITUIÇÃO DO USO DAS SACOLAS PLÁSTICAS COMUNS POR ECOLÓGICAS

Adriano Vidigal Martins

Procurador do Estado de São Paulo
Mestre em Direito, Justiça e Desenvolvimento pelo IDP

COMPETÊNCIA LEGISLATIVA MUNICIPAL, SUSTENTABILIDADE E POLÍTICAS PÚBLICAS DE SUBSTITUIÇÃO DO USO DAS SACOLAS PLÁSTICAS COMUNS POR ECOLÓGICAS

Del Rey editora

Belo Horizonte
2021

EDITORA DEL REY LTDA.

www.livrariadelrey.com.br

Editor: Arnaldo Oliveira

Editor Adjunto: Ricardo A. Malheiros Fiuza
(*in memoriam*)

Coordenação Editorial: Letícia Neves

Diagramação e revisão: Know-how Editorial

Editora:
Rua dos Goitacazes, 71 – Lojas 20 a 24
Centro – Belo Horizonte – MG
CEP 30190-050

Comercial:
Tel.: (31) 3284-3284 / 3293-8233
vendas@editoradelrey.com.br

Editorial:
editorial@editoradelrey.com.br

M386c Martins, Adriano Vidigal.
Competência Legislativa Municipal, Sustentabilidade e Políticas Públicas de substituição do uso das sacolas plásticas comuns por ecológicas / Adriano Vidigal Martins; Prefácio de Marco Túlio Reis Magalhães.- 1. ed. - Belo Horizonte, MG : Editora Del Rey, 2020.
232 p.; 14x21 cm.

Inclui bibliografia.
ISBN 978-65-5791-037-5

1. Competência Legislativa. 2. Leis Municipais. 3. Políticas Públicas. 4. Sustentabilidade. I. Título. II. Assunto. III. Martins, Adriano Vidigal.

CDD 341.347:668.4 CDU 349.6:678

ÍNDICE PARA CATÁLOGO SISTEMÁTICO
1. Direito Ambiental; Plásticos e seus derivados.
2. Direito Ambiental; Indústria do plástico.

Ficha catalográfica elaborada pelo bibliotecário Pedro Anizio Gomes CRB-8 8846

Dedico este trabalho a São Francisco de Assis, que com simplicidade demonstrou seu zelo e respeito pelo planeta.

“O lado essencial que nos une é que todos habitamos este pequeno planeta. Todos nós respiramos o mesmo ar.”

Jonh F. Kennedy

Prefácio

O livro de Adriano Vidigal Martins consiste em alvissareira contribuição para a reflexão acadêmica, bem como representa valiosa obra para auxiliar o trabalho de todos aqueles que lidam com o debate de formulação de leis e de políticas públicas voltadas ao tema da substituição do uso de sacolas plásticas comuns por sacolas ecológicas.

Em uma visão ampla, o presente livro convida o leitor a refletir sobre a crise ecológica e seus desafios, enfatizando a complexa questão do uso excessivo do plástico nos dias atuais, potencializada pelo problema de sua falta de destinação ambientalmente adequada e de seu potencial poluente e danoso, com muitos impactos negativos à saúde e à vida de todos os seres que habitam o nosso planeta.

Sabemos todos que o tema das sacolas plásticas, assim como o tema dos canudos plásticos e de diversas outras aplicações tecnológicas possíveis que têm o plástico como base, costuma acarretar candente discussão, a envolver o nosso modo de vida, a nossa economia e o nosso meio ambiente. Ainda que a ênfase costume ser dada ao meio ambiente urbano, os impactos negativos do uso excessivo do plástico e de seu descarte inadequado são evidenciados nos mares, em áreas rurais, em queimadas de lixos e em sítios de descarte inadequado de resíduos sólidos e rejeitos em geral. Daí a inegável conexão com o tema da urbanização, da sustentabilidade, da saúde pública, do saneamento básico e do desenvolvimento econômico.

Esse debate é bem costurado por uma visão abrangente e interdisciplinar, na qual o autor nos conduz à contextualização do problema por meio de dados e enfoques diversos e multifacetados, considerados a partir de diferentes vetores de análise: resíduos sólidos, externalidades negativas decorrentes da produção industrial e econômica, insustentável modelo de consumo de massa, ênfase em uma perspectiva internacional de cooperação e prevenção, defesa do princípio da sustentabilidade ecológica e de um novo modo de compreensão de nosso modelo de Estado de Direito (O Estado Socioambiental de Direito).

Essa visão mais abrangente é interligada com uma análise mais específica que indaga sobre a forma como o Estado brasileiro deve lidar com o tema, tendo como parâmetro as diretrizes da Constituição Federal de 1988 e a legislação nacional, com destaque especial para a atuação dos Municípios brasileiros – em cooperação com os demais entes federativos (União, Distrito Federal e Estados).

Esse destaque municipal não é casuístico. A despeito de uma herança federativa muito centralizadora, ainda muito marcada na consciência político-jurídica brasileira, o tema aqui analisado fomenta o resgate da importância do poder municipal na vida do cidadão e na dinâmica econômica, embora tal poder, evidenciado na ideia de autonomia federativa, traga consigo grandes responsabilidades.

Como bem retratado pelo autor, o número de leis municipais que tratam sobre a substituição do uso de sacolas plásticas comuns por outras ecológicas tem crescido nos últimos anos e tem sido acompanhado de polêmicas e dúvidas sobre os limites e possibilidades da competência legislativa dos Municípios brasileiros para fixar diretrizes, proibições e políticas públicas sobre o tema – inclusive com recorrente judicialização. Nesse último aspecto reside uma importante contribuição do presente livro, pois ele busca esclarecer, analisar e detalhar argumentos favoráveis e contrários à defesa da competência legislativa (e executiva) municipal para dispor sobre a substituição de sacolas plásticas comuns por ecológicas, considerando critérios de controle de constitucionalidade formal e material de leis municipais, especialmente a partir da interpretação do nosso sistema de repartição de competências federativas e dos fundamentos constitucionais da livre-iniciativa e da proteção do meio ambiente ecologicamente equilibrado. Além disso, são analisados alguns casos judiciais, inclusive no Supremo Tribunal Federal, que ilustram o enfrentamento do tema nos tribunais e ajudam a desvendar alguns pontos nodais desse debate.

O autor traz importantes reflexões jurídicas e considerações gerais sobre o tema, que certamente auxiliam a compreensão mais detida e fundamentada desse debate.

Como professor e orientador do autor em seu curso de mestrado, tive a feliz oportunidade de acompanhar o seu contínuo e dedicado trabalho de pesquisa e reflexão, que se reflete positivamente na presente obra. Lembro-me que, por vezes, não bastava o debate em sala de aula e, à semelhança do método peripatético, colocávamos a discutir e debater as ideias caminhando até a estação de metrô da Avenida Paulista. Posso dizer que com ele – e com a presente obra – muito aprendi e renovei minhas esperanças no potencial emancipador da educação, do diálogo e do debate livre de ideias.

Honra-me, pois, o privilégio de ter prefaciado a presente obra, a qual recomendo vivamente e que tenho convicção que terá frutífera recepção no mercado editorial e no meio acadêmico e jurídico.

Uma ótima leitura e profícua reflexão a todos!

Marco Túlio Reis Magalhães

Sumário

Introdução ... 1

1 O desafio da gestão de resíduos plásticos no âmbito do Estado Socioambiental de Direito ... 11

1.1 Considerações iniciais ... 11

1.2 Direitos fundamentais nas concepções liberais e sociais de Estado, dimensão global da poluição por plásticos e instrumentos preventivos de degradação ambiental ... 12

1.3 Cooperação internacional no controle da poluição por sacolas plásticas, globalização econômica e terceira geração dos direitos fundamentais ... 29

1.4 Sustentabilidade, ética e responsabilidade ambiental em face do aumento de poluição decorrentes de materiais plásticos ... 43

1.5 Elementos do Estado Socioambiental de Direito na Constituição Federal de 1988, cidades sustentáveis e políticas de substituição do uso das sacolas plásticas ... 58

1.6 Considerações intermediárias ... 72

2 Requisitos da constitucionalidade formal das leis municipais de substituição das sacolas plásticas comuns por ecológicas ... 77

2.1 Considerações iniciais ... 77

2.2 Repartição das competências materiais comuns e federalismo cooperativo nas políticas de gestão de resíduos sólidos......78

2.3 Princípio da subsidiariedade, federalismo assimétrico e controle social nas políticas públicas de substituição de sacolas plásticas......94

2.4 Competência legislativa municipal no tema da substituição do uso das sacolas plásticas comuns por ecológicas......108

2.5 Princípio da legalidade na regulação das atividades econômicas mediante políticas de substituição do uso das sacolas plásticas......119

2.6 Considerações intermediárias......128

3 Requisitos da constitucionalidade material das leis municipais que determinam a substituição das sacolas plásticas comuns por ecológicas......133

3.1 Considerações iniciais......133

3.2 Colisão de princípios constitucionais e carga argumentativa da sustentabilidade ecológica......134

3.3 Problemática da poluição por resíduos plásticos, restrições estatais ao exercício da livre-iniciativa econômica e consumo sustentável......144

3.4 Aplicação do princípio da proporcionalidade no contexto dos comandos de substituição do uso das sacolas plásticas em face da Lei n. 7.281/2011, do Município de Marília, e do tema de repercussão geral n. 970 do STF......156

3.5 Exame das diferenças entre as leis municipais que determinam a substituição do uso das sacolas plásticas e edição de lei federal com padrões mínimos de uniformização do tema......172

3.6 Fortalecimento democrático no controle judicial das políticas públicas municipais de substituição do uso das sacolas plásticas......182

3.7 Considerações intermediárias......189

Conclusão......193

Referências......199

Introdução

A Constituição Federal de 1988 (CF/1988) estruturou a ordem política e jurídica da República Federativa do Brasil com elementos do Estado Socioambiental de Direito, estabelecendo a sustentabilidade ecológica como um direito fundamental, necessário para a preservação da sadia qualidade de vida e para a dignidade da pessoa humana (CF/1988, art. 225).[1]

O combate às atividades poluentes e a proteção dos ecossistemas foram prescritos como deveres de observância obrigatória pela sociedade e pelo Estado (CF/1988, art. 225).[2] No âmbito das responsabilidades estatais, o poder público confere concretude ao princípio da sustentabilidade ecológica pela fiscalização das atividades poluidoras, pela criação e proteção das unidades de conservação e pela implementação de programas que promovam o desenvolvimento sustentável, incluindo as políticas de gestão e gerenciamento dos resíduos sólidos.

Para cumprir os objetivos ambientais estabelecidos na CF/1988, os programas estatais podem ser instrumentalizados por

---

1 SARLET, Ingo Wolfgang; FENSTERSEIFER, Tiago. **Direito constitucional ambiental**. 5. ed. São Paulo: Revista dos Tribunais, 2017a. p. 57.

2 BRASIL. **Constituição da República Federativa do Brasil**. Disponível em: http://www.planalto.gov.br/ccivil_03/Constituicao/Constituicao.htm. Acesso em: 27 jan. 2020.

meio da edição de atos regulatórios (comando e controle) ou por políticas de incentivos econômicos, com adesão voluntária das pessoas.

Uma das fontes de poluição que deve ser combatida pelo Estado é a decorrente de resíduos plásticos. No comércio varejista, os sacos e as sacolas plásticas geralmente são utilizados pelos consumidores para acondicionar os produtos adquiridos nas compras. A maleabilidade, a resistência, a baixa densidade e o baixo custo dos produtos fabricados com plásticos foram fatores que contribuíram para a sua fácil aceitação no mercado consumidor.[3]

No entanto, os resíduos plásticos se tornaram uma das maiores fontes poluentes na atualidade, contribuindo para esse cenário o modelo de consumo não sustentável e o hábito da população de descarte ambientalmente inadequado dos resíduos. Essa afirmativa foi confirmada com a apresentação do relatório "Solucionar a poluição plástica: transparência e responsabilização", elaborado pela organização não governamental *World Wide Fund for Nature* (WWF), no ano de 2019.[4] A título ilustrativo, o relatório apresenta dados especificando que a quantidade de resíduos plásticos gerada no planeta a partir de 2000 equivale ao somatório de toda a quantia que já havia sido produzida até aquele ano. Além do mais, a situação ambiental se agrava porque aproximadamente a metade dos plásticos produzidos é descartada em menos de três anos.[5]

No Brasil, para diminuir os impactos ambientais originários do uso excessivo e do descarte inadequado dos resíduos plásticos, alguns Municípios editaram leis determinando a substituição do uso – pelos estabelecimentos comerciais – das sacolas plásticas comuns, que utilizam o petróleo como fonte de matéria-prima (polietileno), por

---

[3] ZANIN, Maria; MANCINI, Sandro Donnini. **Resíduos plásticos e reciclagem**: aspectos gerais e tecnologia. São Carlos: Edufscar, 2009. p. 56.

[4] WWW – World Wide Fund for Nature. **Relatório solucionar a poluição plástica**: transparência e responsabilização. 2019. Disponível em: http://promo.wwf.org.br/solucionar-a-poluicao-plastica-transparencia-e-responsabilizacao. Acesso em: 3 out. 2019.

[5] WWF, op. cit., p. 8.

sacolas ecológicas, assim consideradas aquelas produzidas com matérias-primas menos prejudiciais ao meio ambiente.[6] Esse movimento legislativo se iniciou no ano de 2008, com a edição, pelo Município de Belo Horizonte, da Lei n. 9.529/2008,[7] regulamentada pelo Decreto n. 14.367/2011.[8] Em seguida, outras capitais e alguns Municípios do interior do Estado de São Paulo também editaram leis proibindo o uso das sacolas plásticas comuns nos limites de seus territórios.

Contudo, a solução legislativa escolhida pelos Municípios não foi isenta de questionamentos pelos grupos econômicos prejudicados com a opção de gestão pública ambiental adotada pelo legislador.[9] Em consequência, a constitucionalidade das leis municipais que impuseram aos comerciantes a substituição do uso das sacolas plásticas comuns pelas ecológicas foi questionada no âmbito judicial,

---

6 MINISTÉRIO PÚBLICO FEDERAL. Procuradoria-Geral da República. **Parecer no Recurso Extraordinário n. 732.686/SP**. Disponível em: portal.stf.jus.br/processos/detalhe.asp?incidente=4359491. Acesso em: 30 jan. 2020.

7 MUNICÍPIO DE BELO HORIZONTE. **Lei n. 9.529, de 27 de fevereiro de 2008**. Dispõe sobre a substituição do uso de saco plástico de lixo e de sacola plástica por saco de lixo ecológico e sacola ecológica, e dá outras providências. Disponível em: https://www.normasbrasil.com.br/norma/lei-9529-2008-belo-horizonte-mg_171828.html. Acesso em: 15 marc. 2020.

8 MUNICÍPIO DE BELO HORIZONTE. **Decreto Municipal n. 14.367, de 12 de abril de 2011**. Regulamenta a Lei n. 9529/2008, que "Dispõe sobre a substituição do uso de saco plástico de lixo e de sacola plástica por saco de lixo ecológico e sacola ecológica e dá outras providências". Disponível em: https://leismunicipais.com.br/a/mg/b/belo-horizonte/decreto/2011/1436/14367/decreto-n-14367-2011-regulamenta-a-lei-n-9529-08-que-dispoe-sobre-a-substituicao-do-uso-de-saco-plastico-de-lixo-e-de-sacola-plastica-por-saco-de-lixo-ecologico-e-sacola-ecologica-e-da-outras-providencias. Acesso em: 16 mar. 2020.

9 Nesse sentido, o Sindicato da Indústria de Material Plástico do Estado de São Paulo ajuizou a ADI 0303908-12.2011.8.26.0000, no Tribunal de Justiça do Estado de São Paulo, impugnando a constitucionalidade da Lei do Município de Marília n. 7.281/2011, que estabelece a obrigatoriedade de os estabelecimentos comerciais substituírem o uso das sacolas plásticas comuns.

e o Supremo Tribunal Federal reconheceu a repercussão geral da matéria no Recurso Extraordinário n. 732.686/SP (Tema 970).[10]

A fim de aclarar as questões federativas e econômicas que gravitam em torno do assunto, este livro investiga a competência municipal para legislar, suplementarmente, sobre as políticas de gestão e gerenciamento de resíduos sólidos, com recorte na apreciação dos limites da competência municipal para instituir leis que determinam a substituição do uso das sacolas plásticas comuns por sacos e sacolas ecológicas.

O problema pode ser formulado a partir das seguintes questões: o Município possui competência constitucional para legislar sobre a substituição do uso de sacolas plásticas comuns por sacolas ecológicas? Quais parâmetros devem ser observados pelo legislador municipal, em caso afirmativo?

A hipótese adotada inicialmente sugere uma resposta afirmativa, visto que a CF/1988 adotou um modelo de Estado com elementos estruturantes do Estado Socioambiental de Direito, estrutura estatal que se coaduna com a atribuição de uma carga argumentativa em favor do princípio da sustentabilidade ecológica.

No entanto, o princípio da sustentabilidade ecológica, quando analisado em abstrato, possui uma consideração equitativa com outros valores constitucionais. No caso, a eventual primazia do princípio da sustentabilidade, na hipótese de conflito com outro princípio ou valor constitucional, deverá ser constatada quando da apreciação das circunstâncias apresentadas no caso em concreto, pela aplicação da técnica de ponderação de pesos pelo Poder Judiciário.

Além disso, em relação ao aspecto da constitucionalidade formal das leis municipais que determinam a substituição do uso das sacolas plásticas comuns por ecológicas, o princípio da subsidiariedade orienta a que as decisões de políticas públicas ambientais sejam tomadas o mais próximo possível dos cidadãos, para facilitar o controle social das ações estatais.

---

[10] BRASIL. Supremo Tribunal Federal. **Recurso Extraordinário n. 732.686/SP**. Rel. Ministro Luiz Fux. Tribunal Pleno. Data do julgamento: 20.10.2017. Data da publicação: 13.11.2017.

Alguns questionamentos devem ser apresentados em relação às determinações de substituição do uso das sacolas plásticas. No âmbito do planejamento integrado das políticas públicas, será essa a via adequada para enfrentar a problemática da poluição por sacos plásticos, tendo em vista que o Brasil possui 5.570 Municípios,[11] cada um podendo disciplinar a matéria de acordo com critérios próprios? Essa sistemática não acarretaria um tumulto econômico e jurídico? Caso o assunto seja centralizado no âmbito da legislação nacional, como garantir a participação social no processo deliberativo? E como respeitar as peculiaridades das estruturas de depósitos de rejeitos de cada Município?

A justificativa da pesquisa advém da própria relevância do tema sob a ótica das políticas públicas de desenvolvimento sustentável, porque a poluição decorrente de resíduos plásticos repercute na eficiência dos programas de saneamento básico, bem como na qualidade de vida e na saúde dos seres humanos. Nesse ponto, convém ponderar que as sacolas plásticas fabricadas com polietileno constituem os resíduos sólidos que mais poluem o ambiente urbano, além de causar a mortandade da vida animal e da flora e de gerar impacto na infraestrutura de saneamento básico, com entupimento da drenagem urbana.[12]

A relevância econômica do tema se evidencia porque a capacidade de resiliência dos recursos naturais constitui um evento limitador do crescimento econômico.[13] A pesquisa também tem relevância jurídica, pois apresenta uma diretriz de interpretação sobre a estrutura federativa ambiental acolhida na CF/1988, destacando que o Supremo Tribunal Federal ainda não julgou o tema, reconhecido como repercussão geral (Tema 970).

---

11 BRASIL. Instituto Brasileiro de Geografia e Estatística (IBGE). Disponível em: https://cidades.ibge.gov.br/brasil/panorama. Acesso em: 10 mar. 2020.

12 LORENZETT, Juliana Benitt *et al.* Sacolas plásticas: uma questão de mudança de hábitos. **Revista Monografias Ambientais/UFSM**, v. 11, n. 11, p. 2446-2454, jan.-abr. 2012. Disponível em: https://periodicos.ufsm.br/remoa/article/view/7725/pdf. Acesso em: 21 jan. 2020.

13 BOSSELMANN, Klaus. **O princípio da sustentabilidade**: transformando direito e governança. Tradução de Phillip Gil Franca. São Paulo: Revista dos Tribunais, 2015. p. 53.

Além disso, o estudo discorrerá sobre pontos específicos que circundam o tema (cidades sustentáveis, princípio da legalidade, princípio da proporcionalidade etc.), a fim de apresentar um raciocínio interpretativo que harmonize o conteúdo das leis municipais que determinam a substituição do uso das sacolas plásticas comuns por ecológicas com a estrutura de repartição de competências ambientais fixada na CF/1988 e com o princípio constitucional da proporcionalidade ou da vedação do excesso legislativo.

O objetivo geral deste livro será demonstrar se o Município possui competência legislativa constitucional para instituir leis determinando a substituição do uso de sacolas plásticas comuns por ecológicas. Além disso, a obra apresentará os seguintes objetivos específicos: a) demonstrar os elementos estruturantes do Estado Socioambiental de Direito delineado na CF/1988; b) demonstrar que o sistema federativo ambiental adotado na CF/1988 é o cooperativo, com fortalecimento dos entes periféricos em razão da incidência do princípio da subsidiariedade; c) demonstrar os elementos que justificam o posicionamento do tema da substituição do uso das sacolas plásticas (comuns por ecológicas) como de preponderante interesse local; d) apresentar uma possível forma de interpretação das leis municipais que determinam a substituição do uso das sacolas plásticas comuns por ecológicas, que não colida com o princípio da proporcionalidade.

O marco referencial teórico para a configuração do conceito de sustentabilidade ecológica será aquele desenvolvido doutrinariamente por Klaus Bosselmann[14], e, para a delimitação dos requisitos da sociedade de risco, a referência central será o estudo apresentado por Ulrich Beck.[15] Além do mais, os estudos doutrinários de Robert Alexy sobre a compreensão de princípios e regras jurídicas e a ponderação jurídico-constitucional serão utilizados como base para o conhecimento sobre princípios constitucionais (conceito e técnica de resolução de conflitos normativos).[16]

---

14 BOSSELMANN, op. cit.

15 BECK, Ulrich. **Sociedade de risco:** rumo a uma outra modernidade. Tradução de Sebastião Nascimento. 2. ed. 6. reimpr. São Paulo: Editora 34, 2016.

16 ALEXY, Robert. **Teoria dos direitos fundamentais.** Tradução de Virgílio Afonso da Silva. São Paulo: Malheiros, 2008.

Complementarmente, alguns fundamentos para a aplicação do princípio da subsidiariedade na repartição da competência constitucional dos temas ambientais serão extraídos dos votos proferidos pelo Min. Edson Fachin, no julgamento do Recurso Extraordinário n. 730.721/SP[17] e na Ação Direta de Inconstitucionalidade n. 3.937/SP.[18]

O método de pesquisa utilizado para o desenvolvimento da pesquisa será o dedutivo, partindo-se das ideias iniciais de que a CF/1988 estruturou a República Federativa do Brasil com aspectos conformadores do Estado Socioambiental de Direito. Além do mais, também se partirá da premissa de que a repartição constitucional de competência das matérias ambientais - incluindo a gestão e o gerenciamento de resíduos sólidos - se caracteriza pelo federalismo cooperativo, com aplicação do princípio da subsidiariedade.

A técnica de pesquisa utilizada será a documental, por meio de consultas bibliográficas em livros que descrevem a sustentabilidade ecológica, a sociedade de risco, a estruturação do Estado Socioambiental de Direito, o federalismo cooperativo, a democracia participativa, as técnicas de resolução dos conflitos entre princípios constitucionais, o consumo sustentável e o diálogo institucional. Além disso, será realizada a análise de algumas fontes de pesquisa primárias (algumas leis municipais que regulamentam a substituição do uso das sacolas plásticas comuns por sacolas ecológicas) e decisões judiciais referidas ao tema da pesquisa.

Em termos de estrutura de desenvolvimento da pesquisa, o livro será dividido em três capítulos. No Capítulo 1, será abordado o fato de que a CF/1988 estruturou a ordem normativa da República Federativa do Brasil com elementos estruturantes do Estado Socioambiental de Direito, reconhecendo a sustentabilidade ecológica como um direito fundamental (CF/1988, art. 225) relacionado à

[17] BRASIL. Supremo Tribunal Federal. **Recurso Extraordinário n. 730.721/SP**. Relator Ministro Edson Fachin. Segunda Turma. Data do julgamento: 05.10.2015. Data da publicação: 06.10.2015.

[18] BRASIL. Supremo Tribunal Federal. **Ação Direta de Inconstitucionalidade n. 3.937/SP**. Relator: Ministro Marco Aurélio. Data do julgamento: 01.09.2017. Data da publicação: 01.02.2019 (Voto de Ministro Edson Fachin).

sadia qualidade de vida, à dignidade da pessoa humana e à proteção da saúde.[19] Nesse contexto, o legislador constituinte estabeleceu um capítulo específico que disciplina as normas de proteção ecológica (CF/1988, Capítulo VI, Título VIII), inclusive com a constitucionalização de princípios fixados pela Organização das Nações Unidas (ONU), além de prescrever normas sobre a sustentabilidade ambiental de maneira transversal pelo texto constitucional.[20]

Consequentemente, a Lei n. 12.305/2010,[21] que institui a Política Nacional de Resíduos Sólidos (PNRS), e as leis municipais que expedem mandamentos de substituição do uso das sacolas plásticas comuns – produzidas com polietileno – por sacolas ecológicas, se conformam com o sistema estruturante do Estado Socioambiental de Direito, delineado pelo legislador constituinte originário e com os modelos de cidades sustentáveis e inteligentes, projetadas levando em consideração os impactos ambientais causados pela ação humana.

O Capítulo 2 discorrerá sobre o modelo de organização federativa adotado pela CF/1988, apresentando a discriminação constitucional das competências materiais e legislativas ambientais entre os entes federativos. Nesse contexto, será apresentada a estrutura do federalismo cooperativo ambiental, baseada no texto constitucional, explicitando que o fortalecimento das unidades periféricas,[22] em

---

19 BRASIL. Supremo Tribunal Federal. **Mandado de Segurança 22164-0 SP.** Relator Ministro Celso de Melo. Tribunal Pleno. Data do julgamento: 30.10.1995. Data da publicação: 10.11.1995. Disponível em: http://portal.stf.jus.br/processos/detalhe.asp?incidente=1606388. Acesso em: 10 nov. 2019.

20 ANTUNES, Paulo de Bessa. **Federalismo e competências ambientais no Brasil.** 2. ed. São Paulo: Atlas, 2015. p. 63.

21 BRASIL. Presidência da República. Casa Civil. Subchefia para Assuntos Jurídicos. **Lei n. 12.305, de 2 de agosto de 2010**. Institui a Política Nacional de Resíduos Sólidos; altera a Lei n. 9.605, de 12 de fevereiro de 1998; e dá outras providências. Disponível em: http://www.planalto.gov.br/ccivil_03/_ato2007-2010/2010/lei/L12305.htm. Acesso em: 2 fev. 2020.

22 Este trabalho adotará a expressão unidades periféricas como sinônimo de Estados e Municípios no contexto do sistema federativo brasileiro para distingui-los da unidade central representada pela União federal.

cumprimento ao princípio da subsidiariedade, é um instrumento constitucional de democratização na execução e no controle das políticas públicas de gestão dos resíduos sólidos.[23]

O Capítulo 3 descreve estudos sobre a colisão entre princípios constitucionais e os critérios materiais que devem ser observados pelo legislador para que as leis municipais que expedem comandos de substituição do uso das sacolas plásticas comuns por ecológicas não sejam incompatíveis com o princípio constitucional da proporcionalidade. A seguir, serão analisados os dispositivos de algumas leis municipais que regulamentam o tema, demarcando os seus respectivos pontos divergentes. O apontamento dessas divergências será feito para evidenciar a necessidade de um grau de uniformização no regramento da matéria, que apenas poderá ser atingido com a votação de uma norma geral de eficácia nacional. Nesse capítulo também será abordado que o estabelecimento do diálogo entre as instituições, no julgamento do Recurso Extraordinário n. 732.686/SP, poderá contribuir para a construção de um comando normativo que tenha mais participação da sociedade e se adapte à atual estrutura de gestão de resíduos sólidos existente no País.

Por fim, a conclusão expõe a síntese dos principais resultados e análises decorrentes da presente pesquisa.

---

23 BRASIL. Supremo Tribunal Federal. **Ação Direta de Inconstitucionalidade n. 3.937/SP**. Relator: Ministro Marco Aurélio. Data do julgamento: 01.09.2017. Data da publicação: 01.02.2019 (Voto de Ministro Edson Fachin).

I

O desafio da gestão de resíduos plásticos no âmbito do Estado Socioambiental de Direito

1.1 CONSIDERAÇÕES INICIAIS

Este capítulo analisa de que forma o sistema de produção em larga escala adotado depois do advento da Revolução Industrial e o modelo de consumo não sustentável contribuíram para o agravamento da crise ecológica, que adquiriu patamar global. Nesse contexto, será estudado como a geração excessiva e o descarte inadequado dos resíduos sólidos, em especial dos materiais plásticos, estão inseridos nesse processo de redimensionamento da degradação ambiental.

Inicialmente, será abordada a estrutura constitucional dos paradigmas do Estado Liberal e Social e da respectiva positivação dos direitos fundamentais de primeira e segunda gerações. Além disso, será apresentado como, a partir da década de 1970 do século XX, eclodiram movimentos sociais exigindo dos agentes estatais e dos organismos internacionais providências concretas relativas à proteção do meio ambiente.

Em um segundo momento, serão expostas as características da sociedade de risco. Nessa conjuntura, será abordada a necessidade da cooperação internacional no enfrentamento das degradações ambientais de proporções planetárias, com ênfase no princípio ambiental da prevenção. Também será comentado sobre a temática da globalização de capitais e sua repercussão na possibilidade de imposição de medidas de proteção ao meio ambiente, bem como as temáticas da sustentabilidade ecológica, da solidariedade e da responsabilidade ambiental, enfatizadas no princípio do poluidor pagador.

Por fim, discorre-se sobre os elementos conformadores do Estado Socioambiental de Direito e das cidades sustentáveis delineados na CF/1988, e como a PNRS e as leis municipais que determinam a substituição do uso das sacolas plásticas comuns por ecológicas estão inseridas nessa forma de organização estatal.

1.2 DIREITOS FUNDAMENTAIS NAS CONCEPÇÕES LIBERAIS E SOCIAIS DE ESTADO, DIMENSÃO GLOBAL DA POLUIÇÃO POR PLÁSTICOS E INSTRUMENTOS PREVENTIVOS DE DEGRADAÇÃO AMBIENTAL

A Revolução Industrial também se caracterizou pela mecanização dos meios de produção e pelo desenvolvimento tecnológico utilizado no processo produtivo, fatores que viabilizaram a produção em grande escala.[1] Além de outros efeitos nocivos para o meio ambiente, esse paradigma de produção também produziu lixo e toxicidades em patamares industriais, tornando uma característica distintiva do ser humano.[2]

Nesse sentido, nas economias europeias do século XIX os recursos financeiros foram realocados para as indústrias e houve aumento da demanda por produtos manufaturados, em virtude do crescimento da renda da população, evento que propiciou a ascensão econômica da classe social burguesa em detrimento da aristocracia rural.[3]

---

1 SERRA, Tatiana Barreto. **Política de resíduos sólidos:** gestão econômica, responsável e ambientalmente adequada. São Paulo: Verbatim, 2015. p. 22-23.

2 MARQUES, Luiz. **Capitalismo e colapso ambiental.** 3. ed. Campinas: Editora Unicamp, 2018. p. 196.

3 BAGNOLI, Vicente. **Direito econômico e concorrencial.** 7. ed. São Paulo: Revista dos Tribunais, 2017. p. 25.

Além da elevação econômica, a estruturação do Estado Liberal[4] possibilitou à burguesia a titularidade do poder político. Ao tratar sobre esse fenômeno, Eros Roberto Grau afirma que, no Estado Liberal, o monopólio do poder pertence à burguesia, "que assume o controle do Estado".[5]

Nessa perspectiva, o Estado Constitucional se origina como Estado Liberal e com fundamento nos valores da legalidade e da liberdade. Nesse ponto, registra-se que o direito à liberdade não se limitava ao âmbito das relações econômicas do sistema capitalista, mas também ao modo de exercício do poder político, que deveria sofrer restrições legais e controles da sociedade e dos órgãos constituídos.[6]

Sendo assim, o Estado Liberal está relacionado com um modelo político e econômico que resiste à sua intervenção nas relações do mercado, que deve se autorregular de maneira eficiente por meio da lei da oferta e da procura.[7] Nessa concepção econômica, as relações mercantis

---

4 Assim, a definição de Estado Liberal: "Como vemos, o Estado de direito (ou Estado constitucional) nasce como Estado liberal: abstencionista, neutrón ou de mínima intervenção (inclusive legislativa), de modo a deixar para a sociedade, formada pela soma de indivíduos moral e economicamente competentes, a definição e realização de seu projeto de sucesso ou felicidade. Há uma nítida cisão entre a esfera pública e a privada, que é normativa e teoricamente valorizada. Propunha-se, como ideologia, a ser mais do que uma forma oca de 'governo das leis' (sua acepção formal como reino da lei geral e abstrata). Ao contrário, cultuava-se a ideia, ainda que sob a fórmula de um 'conceito essencialmente contestado', de um governo justo, fundado em três eixos ou pilares: a legalidade, a separação dos poderes e os direitos individuais" (SAMPAIO, José Adércio Leite. **Teoria da Constituição e dos direitos fundamentais**. Belo Horizonte: Del Rey, 2020. p. 63).

5 GRAU, Eros Roberto. **A ordem econômica na Constituição de 1988.** 19. ed. São Paulo: Malheiros, 2018a. p. 15.

6 MIRANDA, Jorge. **Teoria do Estado e da Constituição.** 5. ed. Rio de Janeiro: Forense, 2019. p. 44.

7 BAGNOLI, op. cit., p. 28.

são praticadas sem marco regulatório estatal,[8] inclusive quanto ao aspecto da sustentabilidade ecológica. A regulação das relações de mercado ocorre mediante a celebração de contratos, instrumento em que são delineados os direitos e deveres das partes contratantes.[9]

Nesse quadro que surgiu a indústria petroquímica, com data simbólica em 1907, com a invenção, por Leo Baekeland, belga radicado nos Estados Unidos, do primeiro produto plástico,[10] o baquelite.[11]

A organização constitucional do Estado, que limita o poder dos governantes e assegura a liberdade dos indivíduos, ocorre pela repartição do poder estatal de maneira horizontal, com a separação das funções estatais em Legislativa, Executiva e Judiciária. Essas funções devem ser exercidas por órgãos distintos e que se controlam reciprocamente, por meio de um sistema denominado freios e contrapesos,[12] que visa ao "equilíbrio necessário à realização do bem da coletividade e indispensável para evitar o arbítrio".[13]

A divisão horizontal das funções estatais não fixa uma independência absoluta entre os poderes, mas uma estrutura de coordenação regulamentada, em que os poderes se complementam entre si.[14]

---

[8] Idem, p. 28.

[9] ZIPPELIUS, Reinhold. **Teoria geral do Estado.** Tradução de António Franco e António Francisco de Souza. São Paulo: Saraiva, 2016. p. 434.

[10] Nesse sentido, a definição de plástico: "Os plásticos são uma classe mais abrangente de materiais que engloba os que contém como componente básico um polímero sintético e que, embora sejam sólidos à temperatura ambiente em seu estado final, em algum estágio de seu processamento são passíveis de serem moldados por ação normalmente conjunta de calor e pressão. Nessa definição, além dos termoplásticos, enquadram-se as resinas termofixas, como baquelite e resina de polyester insaturado" (ZANIN; MANCINI, op. cit., p. 53).

[11] MARQUES, op. cit., p. 205.

[12] CANOTILHO, José Joaquim Gomes. **Direito constitucional e Teoria da Constituição.** 7. ed. 20. reimpr. Coimbra: Almedina, 2003a. p. 556.

[13] SILVA, José Afonso da. **Curso de direito constitucional positivo**. 42. ed. São Paulo: Malheiros, 2019a. p. 112.

[14] ZIPPELIUS, Reinhold. op. cit., p. 468.

Além do mais, o outro modo de limitação do poder estatal e fortalecimento dos direitos fundamentais no contexto do Estado Constitucional - a exemplo da experiência dos Estados Unidos da América - passou pela distribuição vertical do poder político, por meio da organização estatal de forma federativa. Essa forma de Estado se notabilizou, inicialmente, por uma distribuição expressa e rígida das competências constitucionais entre os entes integrantes da Federação, modelo denominado federalismo dual.[15]

Dessa forma, o sistema federativo apareceu no período de idealização do Estado Liberal, e a federalização do Estado atendia aos anseios liberais, pois a estruturação política do Estado previa a separação vertical do poder, mediante a descentralização do poder político.[16]

O Estado Liberal também se estruturou de maneira a concretizar a primeira geração dos direitos fundamentais, fundada nos valores das liberdades individuais e da proteção da propriedade privada. Acerca da relevância da constitucionalização desses direitos, Konrad Hesse afirma que os direitos fundamentais estabelecem os patamares mínimos para a existência humana com dignidade e liberdade. Nesse caso, a liberdade individual depende da liberdade da vida comunitária, devendo ser atribuída às pessoas a capacidade de decidirem, por si, os assuntos de seus interesses.[17]

Por consequência, o Estado Liberal não foi delineado para instituir programas com o propósito de inibir o aumento da degradação ambiental, com medidas restritivas à liberdade econômica. Até porque esses problemas ainda não se colocavam claramente em seu contexto histórico originário.

Nesse cenário social, a industrialização contribuiu para promover a migração de parte da população rural para os centros urbanos.[18]

---

15 LOPES FILHO, Juraci Mourão. **Competências federativas.** 2. ed. Salvador: Jus Podivm, 2019. p. 21.

16 Idem.

17 HESSE, Konrad. **Temas fundamentais do direito constitucional**. Saraiva: São Paulo, 2009. p. 33.

18 BAGNOLI, op. cit., p. 25.

A mão de obra de parte das pessoas que migraram para os centros urbanos foi absorvida pelas fábricas, não raras vezes em condições precárias de trabalho e desprovidas de integral proteção trabalhista.

Sendo assim, a concentração do capital desencadeou crises econômicas e sociais que ocasionaram "um excedente de trabalhadores desempregados, de modo que os empresários e empregadores acabaram por desejar transferir ao Estado os encargos de cuidar das pessoas".[19]

Nesse contexto, sindicatos e associações de trabalhadores começaram a demandar do Estado a concretização de prestações que garantissem um padrão mínimo de sobrevivência para as pessoas. A título de exemplo, o Brasil possuía 275.512 operários industriais urbanos em 1920, concentrados nas capitais, em especial no Rio de Janeiro e em São Paulo. Os operários se organizaram em movimentos que reivindicavam a regulamentação dos direitos trabalhistas – como horário de trabalho, férias, descanso semanal – e de direitos sociais – como aposentadoria e seguro decorrente de acidente de trabalho.[20]

A premissa do Estado Liberal de não ingerência estatal nas relações de mercado não se apresentou satisfatória para equacionar o agravamento das desigualdades materiais entre as classes sociais. Essas pretensões das classes sociais menos favorecidas sob o aspecto econômico foram reconhecidas nas Constituições e denominadas direitos fundamentais sociais.[21] Um exemplo histórico de aproximação a essa mudança já seria perceptível nas normas da Constituição Alemã de Weimar (1919), que fixou normas limitativas do mercado e garantias no sentido de se atingir um equilíbrio social.[22]

Outro exemplo histórico dessas mudanças vem da experiência norte-americana. A fim de sanar os efeitos da depressão econômica de 1929, os Estados Unidos adotaram um plano econômico denominado

---

19 FONTE, Felipe de Melo. **Políticas públicas e direitos fundamentais**. 2. ed. São Paulo: Saraiva, 2015. p. 95.

20 CARVALHO, José Murilo. **Cidadania no Brasil.** 22. ed. Rio de Janeiro: Civilização Brasileira, 2016. p. 63-65.

21 HESSE, op. cit., p. 46.

22 BAGNOLI, op. cit., p. 44.

New Deal, que idealizava a intervenção estatal na economia, assumindo o Estado a função de agente propulsor do mercado. Esse plano foi instituído por Franklin Delano Roosevelt e estabeleceu uma elevada taxação de impostos para a elite estadunidense,[23] além de um extenso programa de proteção social na área da saúde e da seguridade social para as classes de baixa renda. Tal política econômica acarretou uma diminuição na desigualdade do poder aquisitivo entre as classes sociais, com o aumento do número de famílias com acesso aos bens de consumo, consolidando o Estado Social e de Bem-Estar.[24]

Dessa forma, a demanda pela concretização dos direitos sociais foi propulsora para a estruturação do Estado Social e de Bem-Estar, que apresenta como uma de suas diretrizes a equalização da distribuição das riquezas produzidas na sociedade de classes. Nessa estruturação estatal, "a luta pelo 'pão de cada dia' – em comparação com a subsistência material até a primeira metade do século XX e com o Terceiro Mundo, ameaçado pela fome – deixa de ter a urgência de um problema básico",[25] que afeta a harmonia da convivência comunitária.

Os direitos sociais têm fundamento no princípio da igualdade material e são classificados como de segunda geração.[26] No entan-

---

23 KRUGMAN, Paul. **A consciência de um liberal.** Tradução de Alexandre de Oliveira Kappaun. Rio de Janeiro: Record, 2010. p. 62.

24 "O Estado social e de bem-estar surgiu no Ocidente como resposta ao avanço do pensamento comunista no século XX, tendo como escopo a relativização do liberalismo clássico para tornar o Estado mais atuante na sociedade em prol da justiça social. O Estado liberal se tornou fatigado devido aos movimentos operários que denunciavam a contradição entre a lei, que proclamava a igualdade de todos, e a dura realidade experimentada pelos proletários. Ao fazer valer a liberdade e a propriedade, direitos que interessavam mais à classe burguesa, a igualdade era apenas formal. Em outras palavras, embora os documentos proclamassem a igualdade de todos, a realidade era de imensa desigualdade econômica e política na sociedade europeia dos séculos XVIII e XIX" (FACHIN, Zulmar; SAMPAR, Rene. **Teoria do Estado.** 4. ed. Rio de Janeiro: Lumen Juris, 2019. p. 76-77).

25 BECK, op. cit., p. 24-25.

26 BONAVIDES, Paulo. **Teoria geral do Estado**. 11. ed. São Paulo: Malheiros, 2018. p. 140.

to, a concretização desses direitos requer a alocação de recursos financeiros, exigindo ações positivas do Estado por meio de políticas públicas a serem implementadas na medida de suas possibilidades financeiras e orçamentárias, de acordo com o princípio da reserva do possível.[27]

Nesses direitos estão incluídos o acesso universal à saúde, educação, moradia, transporte e tutela do emprego e das condições de trabalho (CF/1988, art. 6º). Essa configuração do modelo de Estado Social e de Bem-Estar, desenvolvido desde o século XX, não apresentava ainda elementos claramente voltados à tutela ecológica como referência central – o que, de certo modo, contribuiu para o agravamento da crise ecológica.

Em uma época em que diversos países foram se desenvolvendo com base na premissa do Estado Social e de Bem-Estar, em especial a partir da segunda metade do século XX, houve um aumento da degradação e dos desastres ecológicos, inclusive nos ambientes urbanos, perceptíveis nos âmbitos regional e global. A título de exemplo, na Alemanha, a utilização de fertilizantes sintéticos aumentou, entre 1951 e 1983, de 143 para 378 kg/ha e o uso de insumos químicos agrícolas cresceu, entre 1975 e 1983, de 25 mil para 35 mil toneladas. Apesar de a produtividade por hectare também haver aumentado nesse período, de forma alguma o crescimento foi vertiginoso como a utilização de pesticidas e fertilizantes.[28]

No contexto da aferição da amplitude planetária da crise ambiental e da crise do Estado Social e de Bem-Estar, eclodiram, na década de 70 do século XX, movimentos sociais reivindicando a restauração do equilíbrio ecológico como elemento essencial para a garantia da qualidade da vida humana.[29]

Nesse momento a ciência constatou que o desenvolvimento tecnológico aumentou os riscos de impactos ambientais a patamares

[27] FONTE, op. cit., p. 136.

[28] BECK, op. cit., p. 44.

[29] RUIZ, Gerardo Ruiz-Rico. **El derecho constitucional al medio ambiente**: dimensión jurisdiccional. Valencia: Tirant lo Blanch, 2000. p. 56-57.

transnacionais, apurando que tais riscos constituem "um **produto** de **série** do maquinário industrial do progresso, sendo **sistematicamente** agravados com seu desenvolvimento ulterior".[30] Essa nova estrutura social foi denominada sociedade de risco, cujas características foram assim apresentadas por José Rubens Morato Leite:

> A Teoria da Sociedade de Risco, característica da fase seguinte ao período industrial clássico, representa a tomada de consciência do esgotamento do modelo de produção, sendo esta marcada pelo risco permanente de desastres e catástrofes. Acrescente-se o uso do bem ambiental de forma ilimitada, pela apropriação, a expansão demográfica, a mercantilização, o capitalismo predatório – alguns dos elementos que conduzem a sociedade atual a situações de periculosidade.
>
> A sociedade de risco é aquela que, em função de seu contínuo crescimento econômico, pode sofrer a qualquer tempo as consequências de uma catástrofe ambiental.[31]

Nessa conjuntura, faz-se imperativo que o exercício das atividades econômicas – que geram significativos impactos ambientais – seja pautado pelo primado da proporcionalidade dos riscos, considerando-se mais provável a ocorrência de eventos danosos quanto mais graves forem os seus efeitos para a saúde humana e o meio ambiente.[32]

A realidade da globalização dos riscos ambientais começou a ser debatida no âmbito internacional aproximadamente nos anos 1970, quando o Clube de Roma[33] realizou simulações para

[30] BECK, op. cit., p. 26, grifos nossos.

[31] LEITE, José Rubens Morato. Sociedade de risco e Estado. *In:* CANOTILHO, José Joaquim Gomes; LEITE, José Rubens Morato (org.). **Direito constitucional ambiental brasileiro**. 6. ed. São Paulo: Saraiva, 2015. p. 157-158.

[32] CANOTILHO, José Joaquim Gomes. Direito constitucional ambiental português: tentativa de compreensão de 30 anos das gerações ambientais no direito constitucional português. *In:* CANOTILHO, José Joaquim Gomes; LEITE, José Rubens Morato (org.). **Direito constitucional ambiental brasileiro**. 6. ed. São Paulo: Saraiva, 2015. p. 32.

[33] Nesse sentido: "Clube de Roma foi uma reunião de cientistas que, na década

demonstrar a incompatibilidade entre a disponibilidade dos recursos naturais não renováveis e a crescente demanda por bens e serviços da população com padrões consumistas.[34]

Nesse cenário, o sistema de processamento de produtos industrializados em grande escala proporcionado pela Revolução Industrial, o exponencial crescimento demográfico e a falta de consciência da população sobre a crise ecológica – que também repercute no descarte incorreto dos resíduos plásticos – foram fatores que contribuíram para a aceleração do desequilíbrio ecológico a proporções planetárias. Klaus Bosselman descreve, nessa perspectiva, que o industrialismo viabilizou a velocidade no crescimento econômico sem a responsabilização pelos custos ambientais gerados.[35]

Ingo Wolfgang Sarlet e Tiago Fensterseifer descrevem que o planeta ainda apresenta um processo de crise ecológica caracterizado por desequilíbrios significativos nos ecossistemas, provocados pela intervenção direta do homem, além do problema ambiental mais preocupante e discutido na atualidade, que se refere aos efeitos das mudanças climáticas:

> O fenômeno das mudanças climáticas, como resultado da ação humana – agora já oficialmente e mundialmente reconhecido pela comunidade científica no âmbito do Painel Intergovernamental sobre Mudanças do Clima (IPCC) da Organização das Nações Unidas – inclui, entre os seus

---

de 60, elaboraram uma série de modelos matemáticos sobre os riscos do crescimento contínuo com base em recursos naturais esgotáveis. Seu relatório, publicado em 1972 no livro 'Limites do Crescimento', analisou o planeta fazendo projeções, algumas catastróficas sob a perspectiva da sustentabilidade planetária, sobre industrialização, crescimento populacional, produção de alimentos, recursos naturais e poluição. Foi um importante sinal de alerta que teve a finalidade de conscientizar a sociedade sobre limites que deviam ser impostos à própria sociedade, para seu próprio bem" (ZANIN; MANCINI, op. cit., p. 35).

34 HADDAD, Paulo Roberto. **Meio ambiente, planejamento e desenvolvimento sustentável.** São Paulo: Saraiva, 2016. p. 31.

35 BOSSELMANN, op. cit., p. 42.

> efeitos, a maior intensidade e frequência de episódios climáticos extremos, a alteração nos regimes de chuvas, como ocorre na hipótese de chuvas intensas em um curto espaço de tempo, um desregramento climático cada vez maior e imprevisível, caracterizado, entre outros aspectos, pela constante quebra de recordes de temperaturas altas em todo o mundo, pelo desaparecimento paulatino das camadas de gelo, acompanhado ainda de um aumento do nível dos oceanos e do nível médio de temperatura do globo terrestre, entre outros eventos.[36]

Para ilustrar o avanço exponencial da crise ambiental, informa-se que no século XX a geração de resíduos sólidos urbanos (RSU) decuplicou. Em 2010, foram gerados, no planeta, 1,3 bilhão de toneladas de RSU por ano, com estimativa de que, em 2025, alcance a quantia de 2,2 bilhões de toneladas anuais. Essa quantia é equivalente ao aumento percentual de 70%. Nesse contexto, o Brasil está entre os dez maiores produtores de lixo do mundo, e cada brasileiro gerou em média, no ano de 2010, 378 kg de lixo anual, quantia superior a 1 kg de resíduos diário *per capita*.[37]

No cenário atual, o gerenciamento dos resíduos eletroeletrônicos merece especial atenção, por apresentar significativo aumento de descarte e estar relacionado a hábitos não sustentáveis de consumo. Convém, inicialmente, apontar que, enquanto os aparelhos elétricos transferem energia (exemplos: ferro de passar roupa, lâmpada, chuveiro, geladeira), os eletrônicos transferem dados (exemplos: computador, telefone celular, aparelho de som, televisão) e dependem de programação com *chip*. O curto espaço de tempo de uso desses produtos pelos consumidores acarreta uma acentuada disposição do lixo eletrônico. A ONU estima que até 50 milhões de toneladas de resíduos sólidos eletrônicos estão sujeitas a descarte anual no planeta. Esses aparelhos estão sujeitos a descarte mesmo em bom estado de

---

36 SARLET; FENSTERSEIFER, 2017a, p. 42-43.

37 MARQUES, op. cit., p. 203.

uso. O tempo médio de utilização do aparelho celular, por exemplo, é de aproximadamente 18 meses.[38]

Trata-se da obsolescência subjetiva ou compulsão pelo consumo, em que os veículos publicitários induzem o padrão consumista não sustentável dos consumidores. O lançamento de um novo modelo de produto eletroeletrônico torna obsoleto o produto que o antecedeu.[39]

Por consequência, a obsolescência subjetiva também contribui para o aumento da geração de resíduos plásticos, pois normalmente esses produtos são acondicionados em embalagens plásticas e transportados pelos consumidores em sacolas plásticas.

Outro dado merece destaque. Atualmente, a humanidade também está produzindo uma quantidade elevada de lixo espacial, que constitui mais de 90% dos objetos em órbita. Os dados são no sentido de que, dos cerca de 20 mil objetos artificiais lançados na órbita terrestre, somente 1,5 mil são satélites em operação, sendo o restante composto por pedaços de foguetes e espaçonaves que se encontram no espaço. Ademais, estima-se que, para cada objeto catalogado, a quantidade de fragmentos seja de 10 a 20 vezes mais elevada.[40]

Como visto, o hábito do descarte inadequado dos rejeitos sólidos também está imerso no contexto de crise ambiental global, contribuindo para o esgotamento dos recursos naturais renováveis

---

38 OLIVEIRA, Luísa Bresolin de. O princípio da prevenção na gestão e no gerenciamento dos resíduos sólidos eletrônicos. *In:* LEITE, José Rubens Morato; IGLECIAS, Patrícia Faga (org.). **Direito ambiental para o século XXI**: novos contornos jurisprudenciais e na regulamentação dos resíduos sólidos. 6. ed. São Paulo: Revista dos Tribunais, 2015. p. 149.

39 MARQUES, op. cit., p. 197.

40 OLIVEIRA, A. J. Mais de 90% dos objetos em órbita são lixo espacial. **Revista Superinteressante**, Rio de Janeiro, 8 de março de 2019. Disponível em: super.abril.com.br/ciencia/mais-de-90-dos-objetos-em-orbita-sao-lixo-espacial/. Acesso em: 1º mar. 2020.

e para a incidência de doenças infecciosas, como a leptospirose e a dengue.[41] No Brasil, a geração excessiva de produtos descartados pela sociedade consumista não foi acompanhada por uma gestão pública adequada da disposição final dos rejeitos sólidos, que não raras vezes são despejados em vazadouros a céu aberto (lixões)[42] ou em aterros controlados.[43]

---

41 BRASIL. Ministério da Saúde (Blog da Saúde). **Lixo mal descartado pode causar acidentes e doenças.** Dez. 2017. Disponível em: http://www.blog.saude.gov.br/index.php/53136-lixo-mal-descartado-pode-causar-acidentes-e-doencas. Acesso em: 1º fev. 2020.

42 Nesse sentido: "Vazadouros a céu aberto, popularmente chamados de lixões, são ainda, infelizmente, os tipos mais comuns de disposição de lixo em países em desenvolvimento. Os resíduos são simplesmente jogados em uma área a céu aberto, sem qualquer tipo de controle ou tratamento (NARAYANA, 2009 *apud* TCHOBANOGLOUS *et al.*, 1993). Além dos problemas ambientais causados pelos lixões, como a contaminação do ar por emissões da degradação da matéria orgânica e a contaminação dos lençóis freáticos e corpos d'água próximos, por não haver qualquer tipo de impermeabilização do solo, a questão social também é um fator preocupante. A existência de famílias catadoras de lixo nesses lugares, que tentam triar materiais para vender e obter alguma renda, é um problema social e de saúde pública, pois elas entram em contato com contaminantes e muitas vezes se expõe a condições de sobrevivência desumanas" (OLIVEIRA, Maria Clara Brandt Ribeiro de. **Gestão de resíduos plásticos pós-consumo:** perspectiva para a reciclagem no Brasil. 2012. Dissertação (Mestrado em Ciência em Planejamento Energético) – Instituto Alberto Luiz Coimbra de Pós-Graduação e Pesquisa de Engenharia (COPPE), Universidade Federal do Rio de Janeiro, Rio de Janeiro, 2012. Disponível em: http://antigo.ppe.ufrj.br/ppe/production/tesis/maria_deoliveira.pdf. Acesso em: 1º fev. 2020).

43 Nesse sentido: "**Aterro controlado de resíduos sólidos:** instalação inadequada de disposição de resíduos sólidos no solo, cercada, na qual são implementadas algumas ações de controle associados a esses resíduos, como: espalhamento e recobrimento dos resíduos com material inerte em intervalos máximos de uma semana, não considerando tecnicamente os mecanismos de formação de gases e líquidos percolados, ou seja, não há captação e tratamento desses componentes da decomposição dos resíduos sólidos, de acordo com as especificações das normas brasileiras" (CUNHA, Mateus Almeida. A gestão municipal dos resíduos sólidos: cenários e desafios. *In:* MARCHI, Cristina Maria Dacach Fernandez (org.). **Gestão de resíduos sólidos**: conceito e perspectivas de atuação. Curitiba: Appris Editora, 2018. p. 22).

Para ilustrar a situação relativa à produção e disposição dos resíduos sólidos, apenas em 2013, no Brasil, foram contabilizados 2.906 vazadouros a céu aberto ativos, sendo produzidas 189 mil toneladas de resíduos sólidos por dia, das quais somente 1,4% foram recicladas.[44] Nesse contexto, entre o período de 2011 e 2015, o Brasil aumentou a geração de resíduos sólidos urbanos de 62 milhões de toneladas para 79,9 milhões, o que corresponde a um crescimento de mais de 30%; da quantia produzida em 2015, 7,3 milhões de toneladas não foram coletadas.[45] Nessa conjuntura, o descarte inadequado dos rejeitos - em lixões ou aterros controlados - contribui para a poluição dos solos e dos lençóis freáticos, podendo ocasionar a captação de água contaminada para o abastecimento da população.

Além disso, a circunstância de pobreza extrema de parte da população, em especial dos países subdesenvolvidos, impele os indivíduos a buscarem, nos lixões, os alimentos necessários para a sobrevivência, sem os equipamentos necessários para se protegerem da contaminação a que se encontram expostos. Com o propósito de eliminar o problema, no Brasil, o art. 48 da Lei de Política Nacional de Resíduos Sólidos (LPNRS) proíbe, "nas áreas de disposição final de resíduos ou rejeitos, as seguintes atividades: I – utilização dos rejeitos dispostos como alimentação; II – catação [...]".[46]

Além dos dilemas ambientais descritos, Luiz Marques aponta que a geração excessiva de rejeitos foi o evento propulsor para o surgimento do contrabando do lixo, a partir das denominadas ecomáfias.[47]

---

44 FERNANDES, Diogo da Rocha. **Gestão e gerenciamento de resíduos sólidos urbanos:** diretrizes jurídico-ambientais para a sustentabilidade. Natal: Amazon, 2018. p. 36.

45 MARQUES, op. cit., p. 196.

46 BRASIL, 2010.

47 Nesse sentido: "No mundo todo, o trato do lixo aparece como um ramo da nova *dark economy*, um negócio em que empresas agem em simbiose com o crime organizado, as assim chamadas 'máfias do lixo' ou ecomáfias. Na Itália, segundo o dossiê *Ecomafie 2012*, apenas em 2011 desapareceram sem deixar rastro 14 milhões e meio de toneladas de materiais poluentes, num negócio dominado por 41 clãs mafiosos que alcança a cifra anual de três

A fim de mitigar as ameaças de cataclismos decorrentes da crise ambiental e atender às crescentes demandas sociais pelo implemento de políticas públicas de restauração do equilíbrio ecológico, o Programa das Nações Unidas para o Meio Ambiente (PNUMA) estabeleceu o princípio ambiental da prevenção, que prescreve restrições ao exercício das atividades poluidoras. As diretrizes assentadas por esse princípio são de que as ações estatais em relação à tutela da sustentabilidade ecológica devem ser, preferencialmente, preventivas e não reparatórias.

A aplicação do princípio da prevenção se faz na origem do dano ambiental, com o propósito de evitar a sua ocorrência, porque já se sabe, por meio de estudos científicos, que determinado empreendimento causa impacto no meio ambiente, ou seja, os danos ecológicos são previamente diagnosticados pelos técnicos. Portanto, aplica-se o princípio da prevenção em face da certeza científica do perigo ambiental em virtude do exercício da atividade econômica.[48]

No âmbito das orientações da ONU, o princípio da prevenção, mesmo não descrito com essa denominação, está previsto na Declaração de Estocolmo sobre o ambiente humano (Declaração de Estocolmo), proclamada pela Conferência das Nações Unidas sobre o Meio Ambiente Humano (Conferência de Estocolmo), reunida de 5 a 16 de junho de 1972, em Estocolmo.[49]

Ademais, o princípio da prevenção também foi estabelecido na Declaração do Rio sobre o Meio Ambiente e Desenvolvimento

---

bilhões de euros. A região da Campânia é vítima ao mesmo tempo de maiores taxas de incidência de câncer que o resto da Itália, e de máfias acusadas de queimar lixo tóxico e de afundar mais de 30 navios no mar Tirreno com cargas tóxicas e mesmo radiativas" (MARQUES, op. cit., p. 196).

48 MILARÉ, Édis. **Direito do ambiente.** 10. ed. São Paulo: Revista dos Tribunais, 2015. p. 263.

49 "Princípio 5. Os recursos não renováveis da terra devem empregar-se de forma que se evite o perigo de seu futuro esgotamento e se assegure que toda a humanidade compartilhe dos benefícios de sua utilização" (ORGANIZAÇÃO DAS NAÇÕES UNIDAS. **Declaração de Estocolmo sobre o Meio Ambiente Humano – 1972.** Disponível em: http://www.direitoshumanos.usp.br/index.php/Meio-Ambiente/declaracao-de-estocolmo-sobre-o-ambiente-humano.html. Acesso em: 26 jan. 2020).

(Declaração do Rio), proclamada na Conferência das Nações Unidas sobre o Meio Ambiente e Desenvolvimento (Conferência do Rio), reunida de 3 a 14 de junho de 1992, no Rio de Janeiro. Nesse sentido, o princípio 17 da Declaração do Rio previu a necessidade de se realizar avaliação prévia de impacto ambiental "para as atividades planejadas que possam vir a ter um impacto adverso significativo sobre o meio ambiente e estejam sujeitas à decisão de uma autoridade nacional competente".[50] No âmbito do ordenamento jurídico interno, o princípio da prevenção constitui um dos princípios norteadores da PNRS.[51]

A necessidade de prevenção está relacionada com as políticas de gestão e controle de riscos[52] das empresas, que devem instituir mecanismos para diagnosticar e monitorar as suas estruturas físicas e humanas, com a finalidade de evitar acidentes que causem significativos danos ambientais. Um exemplo de suposta falha nos mecanismos de gerenciamento de riscos ambientais das empresas foi o acidente, ocorrido em 25 de janeiro de 2019, no Município de Brumadinho/MG, em decorrência do rompimento da barragem de rejeitos da Companhia Vale do Rio Doce, que vitimou 270 pessoas.[53]

Também nesse sentido, Luísa Bresolin de Oliveira, ao tratar dos resíduos sólidos eletrônicos, afirma que o princípio da prevenção é aplicado para aprimorar a gestão e o gerenciamento dos resíduos sólidos:

> O Princípio da Prevenção é aplicável no fito do aprimoramento do gerenciamento e da gestão integrada dos resíduos

---

50 ORGANIZAÇÃO DAS NAÇÕES UNIDAS. **Declaração do Rio sobre Meio Ambiente e Desenvolvimento de 1992**. Disponível em: http://www.mpf.mp.br/sc/municipios/itajai/gerco/volume-v. Acesso em: 11 mar. 2020.

51 BRASIL, 2010, art. 6º, inc. I.

52 LEITE, op. cit., p. 208.

53 FREITAS, Raquel; ALMEIDA, Fabiana. Um ano após a tragédia da Vale, dor e luta por justiça unem famílias de 259 mortos e 11 desaparecidos. **Portal G1 Minas**, Brumadinho, 25 de janeiro de 2020. Disponível em: https://g1.globo.com/mg/minas-gerais/noticia/2020/01/25/um-ano-apos-tragedia-da-vale-dor-e-luta-por-justica-unem-familias-de-259-mortos-e-11-desaparecidos.ghtml. Acesso em: 7 maio 2020.

> sólidos eletrônicos. Preventivamente, uma série de medidas pode ser empregada em diferentes fases do ciclo de vida dos aparelhos eletrônicos, por exemplo, ao se evitar a contaminação ambiental por metais pesados decorrentes da disposição a céu aberto de resíduos eletrônicos.[54]

No impacto ambiental proveniente do descarte inadequado dos resíduos sólidos, os danos causados às águas subterrâneas, ao solo e ao ar já são previamente conhecidos pela comunidade científica. Dessa forma, as políticas públicas voltadas para a disposição final ambientalmente adequada dos rejeitos[55] e para a destinação final ambientalmente adequada dos resíduos[56] são harmônicas com os objetivos visados com a aplicação do princípio da prevenção, que consiste na diminuição dos danos ecológicos.

Esses programas estatais de gestão e gerenciamento de resíduos sólidos são direcionados para a prevenção dos danos, pois incidem depois da geração dos resíduos (ação *a posteriori*), com o propósito de implantar a gestão correta dos bens descartados, de maneira a mitigar os danos ambientais. Todavia, o princípio da prevenção também pode atuar antes da geração dos resíduos (ação *a priori*), com o desiderato de evitar a sua produção, sendo classificado, nesse caso, como prevenção de resíduos.[57]

---

54 OLIVEIRA, 2015, p. 147.

55 Assim, a "disposição final ambientalmente adequada" trata-se da "distribuição ordenada de rejeitos em aterros, observando normas operacionais específicas de modo a evitar danos e riscos à saúde pública e à segurança e a minimizar os impactos ambientais adversos" (BRASIL, 2010, art. 3º, inc. VIII).

56 Nesse sentido, ver art. 3º, inc. VII: "destinação final ambientalmente adequada: destinação de resíduos que inclui a reutilização, a reciclagem, a compostagem, a recuperação e o aproveitamento energético ou outras destinações admitidas pelos órgãos competentes do Sisnama, do SNVS e do Suasa, entre elas a disposição final, observando normas operacionais específicas de modo a evitar danos ou riscos à saúde pública e à segurança e a minimizar os impactos ambientais adversos" (BRASIL, 2010).

57 ARAGÃO, Maria Alexandra de Sousa. **O direito dos resíduos**. Coimbra: Almedina, 2003. p. 12.

Nessa perspectiva, os agentes governamentais devem atentar para a observância do princípio da prevenção dos danos, ao instituírem políticas públicas destinadas ao aprimoramento da gestão integrada[58] e do gerenciamento dos resíduos plásticos,[59] por meio de ações que se mostrem eficientes quanto à destinação adequada dos resíduos produzidos, prioritariamente devolvendo-os aos ciclos produtivos, mediante o procedimento de reutilização ou reciclagem.

Quanto às ações estatais, as políticas de gestão dos resíduos sólidos devem monitorar todo o ciclo de vida dos produtos. A análise sistêmica se faz necessária, pois não é somente na fase de consumo que são produzidos os resíduos, mas durante a totalidade do ciclo de vida do produto.[60] O monitoramento realizado de forma a abranger todas as fases da existência do produto propiciará uma análise mais realista da problemática da geração dos resíduos sólidos.

Dessa forma, a medição dos resíduos produzidos no ciclo de vida integral das sacolas plásticas ecológicas é importante para aferir a sua eficiência ambiental, ao ser comparada com as sacolas comuns, a ponto de justificar a substituição pelos comerciantes. Nesse caso, os benefícios ambientais gerados pela produção das sacolas ecológicas devem ser apurados desde a concepção até o descarte do produto.[61]

É recomendável que esses estudos sejam apresentados na exposição de motivos do projeto de lei que propõe a substituição do

---

[58] Conforme art. 3º, inc. XI: "gestão integrada de resíduos sólidos: conjunto de ações voltadas para a busca de soluções para os resíduos sólidos, de forma a considerar as dimensões política, econômica, ambiental, cultural e social, com controle social e sob a premissa do desenvolvimento sustentável" (BRASIL, 2010).

[59] De acordo com art. 3º, inc. X: "gerenciamento de resíduos sólidos: conjunto de ações exercidas, direta ou indiretamente, nas etapas de coleta, transporte, transbordo, tratamento e destinação final ambientalmente adequada dos resíduos sólidos e disposição final ambientalmente adequada dos rejeitos, de acordo com o plano municipal de gestão integrada de resíduos sólidos ou com o plano de gerenciamento de resíduos sólidos, exigidos na forma da Lei" (BRASIL, 2010).

[60] OLIVEIRA, 2015, p. 147.

[61] ZANIN; MANCINI, op. cit., p. 19-20.

uso das sacolas plásticas comuns pelas ecológicas, a fim de conferir transparência às políticas públicas estatais.

Nesse contexto, as leis municipais que determinam a substituição do uso das sacolas plásticas comuns por ecológicas estão em harmonia com o princípio da prevenção de resíduos, pois têm a finalidade de evitar a geração de resíduos plásticos comuns, que causam contundente impacto ambiental e sanitário.

1.3 COOPERAÇÃO INTERNACIONAL NO CONTROLE DA POLUIÇÃO POR SACOLAS PLÁSTICAS, GLOBALIZAÇÃO ECONÔMICA E TERCEIRA GERAÇÃO DOS DIREITOS FUNDAMENTAIS

Como apresentado, a preocupação de determinados segmentos científicos e sociais com os efeitos globais da crise ambiental foi um relevante fator propulsor para a realização da Conferência de Estocolmo,[62] a fim de que fossem fixadas orientações coordenadas na implantação de medidas de recuperação dos ecossistemas e controle das atividades poluentes.

No entanto, a Conferência de Estocolmo também se caracterizou pelo conflito diplomático entre os países desenvolvidos e os países em desenvolvimento. A colisão de interesses ocorreu porque os países desenvolvidos propunham a participação dos em desenvolvimento na adoção de medidas de proteção ecológica, mesmo

62 Nesse sentido: "A Conferência de Estocolmo culminou com a adoção de três principais documentos: a **Declaração de Princípios de Estocolmo**, com 26 princípios de cunho político, mas não sem importância para o direito internacional; o **Plano de Ação para o Meio Ambiente**, que contém 109 recomendações para desenvolvimento de políticas; e a resolução que instituiu o **Programa das Nações Unidas para o Meio Ambiente** (*United Nations Environment Programme* – UNEP), órgão subsidiário da Assembleia Geral das Nações Unidas, sem personalidade juridical, portanto, criado para desenvolver programas internacionais e nacionais de proteção ao meio ambiente" (ACIOLLY, Hildebrando Pompeo Pinto; SILVA, Geraldo Eulálio do Nascimento e; CASELLA, Paulo Borba. **Manual de direito internacional público**. 24. ed. São Paulo: Saraiva, 2019. p. 662. Grifos no original).

que à custa da limitação dos seus desenvolvimentos econômicos. Em contraposição à tese defendida pelos países desenvolvidos, os em desenvolvimento não estavam dispostos a adotar medidas ambientais limitadoras do desenvolvimento econômico, até mesmo porque a maior parte da poluição planetária havia sido causada pelos desenvolvidos.[63]

Apesar das divergências programáticas entre os países participantes, a Conferência de Estocolmo elaborou três documentos significativos: a Declaração de Princípios de Estocolmo; o Plano de Ação para o Meio Ambiente; e a resolução que criou o PNUMA.[64]

A discussão no âmbito supranacional do tema da sustentabilidade ambiental do planeta se fez necessária, pois os danos ambientais podem ultrapassar as fronteiras geográficas dos países, além de poderem ser duradouros no tempo e até mesmo irreversíveis, exigindo ações colaborativas e integradas dos entes estatais no controle das atividades poluentes e na recuperação ecológica do planeta.[65] Nessa perspectiva, os Estados, por mais eficientes que sejam suas políticas internas na preservação dos ecossistemas, precisam que as outras Nações também implementem políticas de combate à poluição, para que seus habitantes usufruam de uma vida com qualidade ambiental. Dessa forma, devem atuar de maneira conjunta, integrada e cooperativa na implementação de políticas de controle das atividades poluidoras e recuperação das áreas degradadas.[66]

A título de ilustração, as políticas de controle e combate a focos de incêndios na floresta amazônica devem ser implementadas de forma coordenada pelos países inseridos no bioma, pois queimadas de grandes proporções podem causar danos ambientais transnacionais.

---

63 Idem, p. 662.

64 Idem, ibidem.

65 CANOTILHO, 2015, p. 24.

66 CANOTILHO, José Joaquim Gomes. Estado constitucional ecológico e democracia sustentada. *In:* CUNHA, Sérgio Sérvulo da; GRAU, Eros Roberto (org.). **Estudos de direito constitucional em homenagem a José Afonso da Silva.** São Paulo: Malheiros, 2003b. p. 103.

Ademais, os habitantes de países geograficamente distantes dos focos poluentes também podem sofrer os efeitos nocivos das queimadas das florestas tropicais, já que essas queimadas contribuem para o aquecimento global, fenômeno ambiental cujos efeitos nocivos prejudicam toda a humanidade. Ulrich Beck leciona sobre a potencial transnacionalidade dos efeitos dos danos provocados contra a natureza:

> Também as florestas são desmatadas há muitos séculos – inicialmente através de sua conversão em pastos e em seguida através da exploração inconsequente da madeira. Mas o desmatamento contemporâneo acontece globalmente – e, na verdade como consequência implícita da industrialização – com consequências sociais e políticas inteiramente diversas. São afetados, por exemplo, também e especialmente países com ampla cobertura florestal (como Noruega e Suécia), que sequer dispõem de muitas indústrias poluentes, mas têm de pagar pelas emissões de poluentes de outros países altamente industrializados com a extinção de florestas, plantas e animais.[67]

Além do mais, a troca de informações entre os países sobre o nível de degradação dos ecossistemas deve ser transparente e pautada na veracidade, não sendo possível a omissão de fatos que contribuam para o planejamento de países que também serão atingidos por poluições geradas fora dos limites de seu espaço soberano.

Sendo assim, a defesa do meio ambiente pode ser realizada pela normatização supralegal, que estabeleça parâmetros razoáveis de comportamento dos agentes econômicos compatíveis com a sustentabilidade ecológica, respeitando a soberania dos Estados signatários. José Joaquim Gomes Canotilho menciona a necessidade de um pluralismo legal global para a tutela do meio ambiente:

> O postulado globalista pode resumir-se assim: a proteção do ambiente não deve ser feita a nível de sistemas jurídicos isolados (estatais ou não), mas sim a nível de sistemas

[67] BECK, op. cit., p. 25-26, grifos nossos.

> jurídico-políticos, internacionais e supranacionais, de forma a que se alcance um *standard* ecológico ambiental razoável a nível planetário e, ao mesmo tempo, se estruture uma responsabilidade global (de estudos, organizações, grupos) quanto às exigências de sustentabilidade ambiental.[68]

No âmbito das declarações de princípios da ONU, o princípio da cooperação internacional foi estabelecido na Declaração de Estocolmo[69] e na Declaração do Rio.[70] Mesmo tendo pouca densidade normativa, por possuírem natureza jurídica de *soft law*, os princípios ambientais fixados nas Declarações de Estocolmo e do Rio apresentam relevantes diretrizes de tutela ecológica a serem incorporadas nos ordenamentos jurídicos internos dos Estados. Esses princípios foram estabelecidos em convenções-quadros, que tratam de inúmeros temas diferentes, em texto único, relacionados com um tema central.[71]

Assim, é recomendável seja adotada a cooperação internacional, pela celebração de Convenções pelos Organismos Internacionais, no controle da utilização de sacolas e demais utensílios plásticos, porque o

---

68 CANOTILHO, 2003b, p. 103, grifos nossos.

69 Nesse sentido: "Princípio 24: Todos os países, grandes e pequenos, devem ocupar-se com espírito e cooperação e em pé de igualdade das questões internacionais relativas à proteção e melhoramento do meio ambiente. É indispensável cooperar para controlar, evitar, reduzir e eliminar eficazmente os efeitos prejudiciais que as atividades que se realizem em qualquer esfera, possam ter para o meio ambiente, mediante acordos multilaterais ou bilaterais, ou por outros meios apropriados, respeitados a soberania e os interesses de todos os estados" (ORGANIZAÇÃO DAS NAÇÕES UNIDAS, 1972).

70 Conforme: "Princípio 14: Os Estados deveriam cooperar efetivamente para desestimular ou evitar o deslocamento e a transferência a outros Estados de quaisquer atividades e substâncias que causem degradação ambiental grave ou se considerem nocivas à saúde humana" (ORGANIZAÇÃO DAS NAÇÕES UNIDAS, 1992).

71 VARELLA, Marcelo Dias. O surgimento e a evolução do direito internacional do meio ambiente: da proteção da natureza ao desenvolvimento sustentável. *In:* VARELLA, Marcelo Dias; PLATIAU-BARROS, Ana Flávia (org.). **Proteção internacional do meio ambiente**. Brasília: Unitar, Uniceub, Universidade de Brasília. 2009. p. 9.

impacto ambiental de seu descarte inadequado pode ser transnacional. A título demonstrativo, os plásticos descartados pelas pessoas podem se remover para rios transfronteiriços, causando danos ecológicos e mortandade de animais em países distantes da ação degradadora causada pelo agente poluente. As águas marítimas também recebem uma quantidade excessiva desse tipo de resíduos, que podem se deslocar pelas correntes para países cujos habitantes não praticaram o ato poluente.[72]

Nesse cenário, a Comunidade Internacional pode se utilizar do conhecimento científico para estabelecer os critérios das matérias-primas consideradas ecologicamente viáveis e recomendáveis para substituírem as sacolas plásticas comuns, uniformizando a temática no âmbito internacional. A título ilustrativo, na Colômbia, o Arquipélago de San Andrés, Providência e Santa Catalina, de forma similar às políticas de comando e controle adotadas por alguns Municípios brasileiros, editou uma lei proibindo o ingresso, o uso e a comercialização das sacolas plásticas comuns.[73]

Em relação ao controle da poluição por sacos plásticos nas zonas marítimas, o Anexo V da Convenção Internacional para Prevenção da Poluição Proveniente de Embarcações (Marpol 73/78) proíbe a remessa de todo tipo de produtos plásticos no mar, inclusive as sacolas plásticas de lixo.[74]

Ademais, além dos efeitos globais de alguns impactos causados ao ambiente, a cooperação integrada entre as nações na construção de

---

72 WWF, op. cit., p. 8.

73 COLÔMBIA. **Ley n. 1973, de 19 de julio de 2019.** Por medio de la cual se regula y prohíbe el ingreso, comercialización y uso de bolsas y otros materiales plásticos en el departamento Archipiélago de San Andrés, Providencia y Santa Catalina e Islas menores que lo componen, y se dictan otras disposiciones. Disponível em: http://www.secretariasenado.gov.co/senado/basedoc/ley_1973_2019.html#INICIO. Acesso em: 13 maio 2020.

74 ORGANIZAÇÃO DAS NAÇÕES UNIDAS. Convenção Internacional para Prevenção da Poluição Proveniente de Embarcações (Marpol 73/78). Anexo V. Regra 3. Disponível em: https://www.ccaimo.mar.mil.br/sites/default/files/marpol_anexo5-05ago.pdf. Acesso em: 29 fev. 2020.

políticas de desenvolvimento sustentável também se faz necessária em decorrência do rearranjo econômico ocasionado pela globalização.

O sistema de economia globalizado, com redução das barreiras de proteção das economias locais, representa um aumento da integração econômica entre os países, inclusive entre países desenvolvidos e em desenvolvimento, abrangendo um maior fluxo de capitais, serviços e capital humano.[75] Nesse sentido, a irreversibilidade do processo de globalização econômica é um fator para que as medidas de proteção ambiental sejam estabelecidas a níveis supranacionais.[76]

Nesse contexto, a formação dos mercados comuns ou blocos comunitários com o propósito de favorecer o livre comércio entre os países, pela remoção das barreiras comerciais entre os seus integrantes, pode contribuir com o aumento da edição de normas de proteção ambiental. O incentivo será dado na medida em que o bloco comunitário impor, como exigência de ingresso ou permanência no bloco, que os países adotem padrões mínimos de sustentabilidade ambiental na fabricação dos produtos comercializados entre seus membros integrantes.[77]

No entanto, a globalização econômica facilita a migração de empresas poluidoras para países economicamente pobres e com legislações menos protetivas do ambiente natural, o que exige uma atuação integrada e coordenada dos Estados para inibir essa prática. A ação estatal conjunta se faz necessária porque, no contexto da sociedade risco, as "indústrias de risco foram transferidas para os países de mão de obra barata".[78] Essas migrações são facilitadas pelas condições humanas precárias constitutivas do arcabouço social dos países do Terceiro Mundo, cujas sociedades ainda enfrentam o problema da escassez material.[79]

75 STIGLITZ, Joseph E. **Globalização:** como dar certo. Tradução de Pedro Maia Soares. São Paulo: Companhia das Letras, 2007. p. 62.

76 TRENNEPOHL, Terence. **Direito ambiental empresarial**. 2. ed. São Paulo: Saraiva, 2017. p. 88.

77 Idem, p. 86-87.

78 BECK, op. cit., p. 49.

79 Idem, p. 24.

A perspectiva na melhoria das condições materiais de vida das pessoas que habitam a região em que será instalado o empreendimento causador do impacto ambiental constitui um incentivo para que sejam diminuídas as exigências técnicas para o gerenciamento dos riscos ambientais e humanos advindos do exercício da atividade econômica impactante para o ambiente.[80]

Além disso, as externalidades[81] negativas da poluição plástica geradas nos países desenvolvidos estão sendo transferidas para os países menos desenvolvidos, porquanto 4% dos plásticos produzidos mundialmente foram exportados em 2016, o que equivale a 13 milhões de toneladas métricas, cujos responsáveis por aproximadamente 50% da exportação foram os países que integram o Grupo dos Sete (G7).[82]

O combate à transferência de resíduos entre países foi objeto de atuação cooperativa internacional. Em 1989, foi celebrada a Convenção da Basileia sobre o Controle de Movimentos Transfronteiriços de Resíduos Perigosos. Essa Convenção foi aprovada, no Brasil, pelo Congresso Nacional, por meio do Decreto Legislativo n. 34/1992, e promulgada pelo Decreto Executivo n. 875/1993.[83]

---

80 Idem, p. 49-50.

81 Nesse sentido: "As externalidades correspondem, pois, a custos ou benefícios circulando **externamente** ao mercado, vale dizer, que se quedam incompensados, pois, para eles, o mercado, por limitações institucionais, não consegue imputar um preço. E, assim, o nome externalidade ou efeito externo não quer significar fatos ocorridos fora das unidades econômicas, mas sim fatos ou efeitos ocorridos fora do mercado, externos ou paralelos a ele, podendo ser vistos como efeitos parasitas" (NUSDEO, Fabio. **Curso de economia:** introdução ao direito econômico. 10. ed. São Paulo: Revista dos Tribunais, 2016. p. 128. Grifos nossos).

82 WWF, op. cit., p. 10.

83 BRASIL. Presidência da República. Subchefia para Assuntos Jurídicos. **Decreto Executivo n. 875, de 19 de julho de 1993**. Promulga o texto da Convenção sobre o Controle de Movimentos Transfronteiriços de Resíduos Perigosos e seus Depósitos. Disponível em: http://www.planalto.gov.br/ccivil_03/decreto/D0875.htm. Acesso em: 26 jan. 2020.

No contexto do impedimento da migração dos resíduos, Alexandra Aragão aponta que o princípio da correção na fonte, aplicada à gestão de resíduos, estabelece que a poluição deve ser corrigida no local em que gerada:

> Entendendo a fonte num sentido espacial, a correção implica a proibição de transporte de produtos nocivos para o ambiente do local onde são produzidos e onde deveriam ser eliminados, tratados ou reciclados, para outro local distante, ainda que aí a sua eliminação, tratamento ou reciclagem seja menos dispendiosa para o produtor.[84]

Nessa perspectiva, as políticas públicas ambientais municipais de substituição das sacolas plásticas comuns por ecológicas pelos estabelecimentos comerciais são harmônicas com o princípio da correção na fonte dos impactos ambientais e sanitários gerados pela produção excessiva e pelo descarte inadequado de materiais plásticos.

Além do mais, a conscientização internacional dos efeitos da crise ambiental na vida dos indivíduos propulsionou a que parâmetros indicados por organismos internacionais que avaliam o desenvolvimento da nação apenas pelo crescimento de seu produto interno bruto (PIB) tivessem a sua eficiência questionada para aferir a melhora no bem-estar da população. Isso ocorre porque a geração de riquezas, mesmo sendo um indicador relevante quando não considera as externalidades negativas advindas das atividades poluentes, não é causa suficiente para garantir a melhoria da qualidade de vida dos indivíduos.

Dessa forma, a sociedade deve se conscientizar de que a proteção e a restauração do equilíbrio ecológico,[85] com o propósito de

---

84 ARAGÃO, Alexandra. Direito constitucional do ambiente da União Europeia. *In:* CANOTILHO, José Joaquim Gomes; LEITE, José Rubens Morato (org.). **Direito constitucional ambiental brasileiro**. 6. ed. São Paulo: Saraiva, 2015. p. 75.

85 Nesse sentido: "O equilíbrio pode ser conceituado como uma igualdade, absoluta ou aproximada, entre forças opostas. Para atingir uma situação de igualdade, ainda que aproximada, das forças em oposição, torna-se preciso que essas

evitar o esgotamento dos recursos naturais não renováveis e o aumento da temperatura do planeta, são necessárias para a preservação da vida do ser humano. A humanidade depende das condições ecológicas adequadas para a sua sobrevivência e o desequilíbrio ecossistêmico pode acarretar cataclismos que levem ao perecimento de milhares de pessoas.

Assim sendo, a agressão ao ambiente natural não pode ser justificada pelo crescimento econômico com parâmetros somente na produção de determinados setores econômicos, desconsiderando-se as externalidades ecológicas suportadas pela sociedade. A título ilustrativo, o "sistema de aferição da riqueza dos países conhecido como Produto Interno Bruto (PIB), por exemplo, arbitrariamente inclui alguns valores e exclui outros".[86] Devem ser contabilizados, portanto, os elevados custos financeiros a serem gastos na reconstrução de regiões atingidas por desastres ecológicos,[87] despesas que poderiam ser evitadas com políticas públicas adequadas na preservação do equilíbrio ambiental.

forças sejam identificadas e mensuradas. Salienta Krebbs que uma comunidade equilibrada ideal teria pontuação alta sobre todas as medidas de estabilidade. Tal comunidade tem interações bióticas envolvendo competição e predação, e estes processos iriam funcionar em uma densa e dependente maneira de regular a dimensão da população" (MACHADO, Paulo Affonso Leme. **Direito ambiental brasileiro.** 26. ed. São Paulo: Malheiros, 2018a. p. 60).

86 GORE, Al. **O futuro:** seis desafios para mudar o mundo. Tradução de Rosemarie Ziegelmaier. São Paulo: HSM Editora, 2013. p. 27.

87 Conforme: "O setor de seguros é um dos que já sentem o inegável impacto econômico do aquecimento global. Nas últimas três décadas, as companhias de seguros sofreram um aumento de 15 vezes nas quantias pagas às vítimas de fenômenos climáticos extremos. Furacões, enchentes, secas, tornados, incêndios florestais e outros desastres naturais foram os responsáveis por esses prejuízos. E muitos deles podem ser fatores que são agravados pelo aquecimento global. Esses desastres naturais são devastadores, tanto do ponto de vista econômico como pessoal. Só o furacão Katrina causou prejuízos cobertos pelos seguros avaliados em U$ 60 bilhões" (GORE, Al. **Uma verdade inconveniente.** Tradução de Isa Mara Lando. São Paulo: Manole, 2006. p. 102).

Em consequência, o desenvolvimento da nação também deve ser aferido pelo aumento das melhorias das condições de vida das pessoas – incluindo as condições ambientais – e não simplesmente pelo grau de elevação do seu Produto Interno Bruto (PIB).[88] Amartya Sen descreve que a maior geração de riquezas não pode ser um fim em si mesmo, mas deve ser um meio para que as pessoas tenham a oportunidade de melhorar a sua qualidade de vida:

> Uma concepção adequada de desenvolvimento deve ir muito além da acumulação de riqueza e do crescimento do Produto Nacional Bruto e de outras variáveis relacionadas à renda. Sem desconsiderar a importância do pensamento econômico, precisamos enxergar muito além dele.
>
> [...]
>
> Pela mesma razão, o crescimento econômico não pode sensatamente ser considerado um fim em si mesmo. O desenvolvimento tem de estar relacionado sobretudo com a melhora da vida que levamos e das liberdades que desfrutamos.[89]

Alinhados com essa nova dimensão do conceito de desenvolvimento, começaram a ser instituídos pelas organizações internacionais indicadores de sustentabilidade para se aferir os impactos provocados pelas ações humanas na qualidade ambiental do planeta.

Nesse sentido, o Índice de Sustentabilidade Ambiental (ESI), elaborado por estudos apoiados pelo Fórum de Davos, faz uma avaliação estrutural da problemática ambiental e sua análise "envolve cinco dimensões: sistemas ambientais, estresses, vulnerabilidade humana,

---

88 Desse modo: "O PIB é uma adição de bens e serviços vendidos e comprados, sem nenhuma distinção entre os que são ou não benefícios para a sociedade. Despesas com acidentes, poluição, contaminações tóxicas, criminalidade, ou guerras, são consideradas tão relevantes quanto investimentos em habitação, educação, saúde, ou transporte público" (VEIGA, José Eli da. **Para entender o desenvolvimento sustentável.** São Paulo: Edipro, 2015. p. 120).

89 SEN, Amartya. **Desenvolvimento como liberdade.** Tradução de Laura Teixera Mota. 6. reimpr. São Paulo: Companhia das Letras, 2017. p. 28-29.

capacidade social e institucional, e responsabilidade global".[90] Outro indicador, o Índice de Desempenho Ambiental (EPI), também elaborado por estudos apoiados pelo Fórum de Davos, é direcionado para dois objetivos de tutela ecológica: "a) reduzir os estresses ambientais na saúde humana; e b) promover vitalidade ecossistêmica e consistente gestão dos recursos naturais".[91]

O marcador denominado Pegada Ecológica, criado pela organização não governamental WWF (*World Wide Fund for Nature*), foi instituído com a finalidade de medir os impactos exercidos pelo consumo da humanidade, incluindo a fase de disposição dos rejeitos, em comparação com a capacidade regenerativa da natureza.[92] Para o WWF, um bom vetor para aferir o desenvolvimento da nação é verificar o seu índice de IDH, como medida da avaliação da qualidade de vida, e a sua Pegada Ecológica, como medida do impacto que os indivíduos causam no meio ambiente.[93]

A qualidade ambiental também constitui uma referência para se aferir o nível qualitativo do desenvolvimento da sociedade, pois, por maiores que sejam os recursos financeiros dos indivíduos, o seu nível de vida pode ser afetado negativamente se a pessoa habitar em regiões com índices muito elevados de poluição.

Ademais, na conta financeira do país devem ser contabilizadas depreciações advindas do esgotamento de seus recursos naturais, o que não é feito pelo PIB. Em sentido contrário, o indicador denominado Produto Nacional Líquido Verde (PNL Verde) considera, nessa contabilidade, a depreciação de seus recursos naturais. Em determinadas situações, "os custos do saneamento ambiental podem ser iguais ou superiores aos retornos sobre os recursos extraídos; o PIB pode estar aumentando, mas o PNL Verde pode estar diminuindo".[94]

90 VEIGA, op. cit., p. 130.

91 Idem, ibidem.

92 Idem, p. 132.

93 Idem, p. 133.

94 STIGLITZ, op. cit., p. 259.

Nessa conjuntura de valores, a qualidade ambiental foi reconhecida como um direito fundamental necessário para garantir a sadia qualidade de vida e a dignidade da pessoa humana. Os direitos fundamentais foram ampliados em suas dimensões pela incorporação do seu aspecto ecológico, sendo reconhecido que o homem necessita da conexão com o ambiente natural para que possa desenvolver suas aptidões psíquicas e evitar doenças. Dessa forma, torna-se indispensável a manutenção e um constante monitoramento de um nível mínimo de qualidade dos recursos naturais para o reconhecimento de uma vida humana digna; a redução no nível desses parâmetros afrontaria o núcleo vital da dignidade humana.[95]

As três dimensões dos direitos fundamentais são indivisíveis, complementares e interdependentes para a conformação da estrutura do princípio da dignidade da pessoa humana,[96] não havendo superioridade apriorística de quaisquer delas em relação às demais,[97] devendo eventual conflito entre princípios constitucionais ser solucionado pela técnica da ponderação de pesos.

Uma vida digna necessita, então, da concretização do direito à liberdade individual contra atos abusivos dos agentes estatais e de particulares (primeira geração dos direitos fundamentais), da garantia de condições sociais mínimas de existência (segunda geração dos direitos fundamentais) e da preservação e restauração dos ecossistemas para que se usufrua da vida humana com qualidade ecológica (terceira geração dos direitos fundamentais).

De acordo com a visão antropocêntrica ou subjetiva, o direito ao meio ambiente equilibrado é percebido somente como um direito subjetivo do ser humano. Consequentemente, a proteção ambiental não se dá como um direito autônomo, mas sim de forma instrumental, na medida em que serve aos interesses da humanidade, cujos membros exigem o reconhecimento da qualidade de vida ecológica

---

95 SARLET; FENSTERSEIFER, 2017a, p. 58-59.

96 SARLET; FENSTERSEIFER, 2017a, p. 66-68.

97 SARLET; FENSTERSEIFER, 2017a, p. 158.

como um direito fundamental.[98] Nesse contexto, "a visão antropocêntrica tradicional caracteriza-se pela preocupação única e exclusiva com o bem-estar do homem".[99] No Brasil, essa concepção não foi acolhida pelo texto constitucional.

A CF/1988 adotou a concepção objetivo-subjetiva em relação ao direito fundamental ao meio ambiente, pois reconheceu a manutenção do meio ambiente equilibrado como um direito subjetivo do homem e também uma tutela autônoma do ambiente natural. O reconhecimento da tutela ambiental como direito subjetivo está expresso no enunciado de que todos possuem o "direito ao meio ambiente ecologicamente equilibrado, bem de uso comum do povo e essencial à sadia qualidade de vida".[100] A sua tutela como direito objetivo consta no dever imposto ao Poder Público e à coletividade de "proteger a fauna e a flora, vedadas, na forma da lei, as práticas que coloquem em risco sua função ecológica, provoquem a extinção de espécies ou submetam os animais a crueldade".[101]

Sendo assim, o modelo de proteção ecológica estabelecido no texto constitucional, na medida em que expressa uma conotação ampla de meio ambiente, inclusive como bem de uso comum do povo, é denominado, pela doutrina, antropocentrismo alargado.[102]

---

[98] LEITE, op. cit., p. 166.

[99] Idem, p. 166.

[100] BRASIL, 1988, art. 225, *caput*.

[101] BRASIL, 1988, art. 225, § 1º, inc. VII.

[102] Nesse sentido: "A Carta de 1988 adotou o 'antropocentrismo alargado' porque considerou o ambiente como bem de uso comum do povo, atribuindo-lhe inegável caráter de **macrobem**. O art. 225 estabelece uma visão ampla de ambiente, não restringindo a realidade ambiental a mero conjunto de bens materiais (florestas, lagos, rios) sujeitos ao regime jurídico privado, ou mesmo público *stricto sensu*; pelo contrário, confere-lhe caráter de unicidade e de titularidade difusa. Nessa perspectiva difusa de **macrobem**, o ambiente deixa de ser visto como entidade singular concreta (árvores, animais, lagos) que dependam, para a sua preservação, de sujeitos determinados, passando a ser concebido como um bem abstrato de valor intrínseco – pois seu valor não está diretamente ligado a ninguém isoladamente –, sendo necessário, contudo, para que se possa atingir a própria qualidade da vida

Desse modo, a proibição de tratamento cruel com as espécies animais visa protegê-las contra as agressões humanas, sendo uma forma de reconhecer a relevância de suas vidas, independentemente das supostas utilidades que tenham para a raça humana.[103]

A CF/1988 também apresentou diretrizes para a preservação dos biomas nacionais, determinando a criação de territórios cujos componentes deverão ser protegidos, somente sendo autorizada a sua modificação ou supressão por lei, além de ser proibida forma de uso que venha a comprometer a integridade dos elementos legitimadores de sua proteção.[104]

De acordo com a CF/1988, o direito à qualidade ambiental é difuso e de titularidade da sociedade, orientado pelo primado da solidariedade, enquadrando-se entre os direitos fundamentais de terceira geração, com eficácia plena e aplicabilidade imediata. Essas normas são de eficácia plena, porque "incidem diretamente sobre os interesses a que o constituinte quis dar expressão normativa",[105] e são de aplicabilidade imediata, pois possuem os instrumentos suficientes para a sua executoriedade.[106]

Além disso, por constituírem natureza de cláusulas pétreas, as normas constitucionais de proteção ecológica não podem ser excluídas do texto constitucional sequer pelo veículo de emenda constitucional supressiva (CF/1988, art. 60, § 4º, inc. IV).[107] Nesse contexto, as leis municipais que implementam políticas de substituição das sacolas plásticas comuns por ecológicas também visam garantir a concretização da terceira geração dos direitos fundamentais.

---

humana. Trata-se da proteção da natureza levando em conta a necessidade do sistema ecológico, mesmo sendo este pouco conhecido pela ciência e pela cognição humana" (LEITE, op. cit., p. 169).

103 BRASIL, 1988, art. 225, § 1º, inc. VII.

104 BRASIL, 1988, § 1º, inc. III.

105 SILVA, José Afonso da. **Aplicabilidade das normas constitucionais.** 8. ed., 2. tir. São Paulo: Malheiros, 2015. p. 100.

106 Idem, ibidem.

107 LEITE, op. cit., p. 236.

1.4 SUSTENTABILIDADE, ÉTICA E RESPONSABILIDADE AMBIENTAL EM FACE DO AUMENTO DE POLUIÇÃO DECORRENTES DE MATERIAIS PLÁSTICOS

Em virtude da conscientização da sociedade civil acerca do redimensionamento da crise ecológica, como já apresentado, o Clube de Roma realizou, no ano de 1972, simulações relativas à incompatibilidade entre a disponibilidade dos recursos naturais renováveis e a demanda por bens e serviços da população com padrões consumistas.[108] Esses estudos, publicados na obra *Os limites do crescimento*, apresentaram que o meio ambiente natural não estava possuindo a resiliência suficiente para absorver o impacto causado pelo aumento do processo produtivo empreendido para atender às demandas de consumo da população. Dessa forma, o Clube de Roma apurou que o sistema de desenvolvimento econômico empreendido até então conflitava com a sustentabilidade ecológica.[109]

Nesse contexto, a Convenção de Estocolmo estabeleceu, na Declaração de Princípios, o primado da sustentabilidade ecológica, que apresenta diretiva no sentido de que os recursos não renováveis devem ser utilizados por todos e de maneira que não se esgote no futuro.[110] No entanto, as Nações Unidas, ao contrário das conclusões do Clube de Roma, expuseram posição favorável à viabilidade de conciliação entre o desenvolvimento econômico e a sustentabilidade ambiental.

O princípio da sustentabilidade ecológica enuncia que a fruição dos recursos naturais renováveis pelos agentes econômicos deve ser realizada a taxas menores ou idênticas à taxa natural de regeneração da natureza, bem como que as disposições de resíduos no meio ambiente devem ser mantidas no nível igual ou abaixo da capacidade de absorção do solo, tornando o meio ambiente natural um componente limitador do crescimento econômico.[111] Sendo assim,

---

108 HADDAD, op. cit., p. 31.

109 BOSSELMANN, op. cit., p. 45.

110 ORGANIZAÇÃO DAS NAÇÕES UNIDAS, 1972, princípio 5.

111 HADDAD, op. cit., p. 52.

as políticas de não geração de resíduos – como a substituição do uso das sacolas plásticas comuns por ecológicas – e as ações de descarte ambientalmente adequado dos resíduos estão inseridas na concepção de sustentabilidade ecológica.

Nesse sentido, deve haver uma integração entre as políticas públicas ambientais e as políticas de destinação adequada dos resíduos sólidos. No Brasil, o ordenamento jurídico prevê que a "Política Nacional de Resíduos Sólidos integra a Política Nacional do Meio Ambiente".[112]

Com base nisso, a gestão integrada dos resíduos sólidos, de maneira a propiciar a sua destinação final ambientalmente adequada, é um instrumento de política pública que contribui com a sustentabilidade ecológica, pois reduz as ações impactantes ao meio ambiente.

O modelo de gestão sustentável dos resíduos sólidos requer uma ordem prioritária de medidas, de acordo com o escalonamento previsto no princípio da hierarquia dos resíduos.[113] Nessa perspectiva, há de se conferir prevalência às ações preventivas (prevenção de resíduos e prevenção de danos, nessa ordem) em relação às reparadoras. A ordem de preferência foi consagrada no lema dos 3 Rs (reduzir, reutilizar, reciclar), refletindo os níveis de proteção de maior para menor grau.[114] Atualmente, existem novas ideias que preconizam a adoção da prática dos 5Rs, incluindo os comportamentos de repensar a necessidade da aquisição da mercadoria e recusar os produtos que não são ambientalmente adequados.[115] No Brasil, o princípio da hierarquia foi expressamente acolhido na LPNRS.[116]

Assim, a sustentabilidade se refere "à preservação da substância ou da integridade dos sistemas ecológicos. Neste sentido, o

---

[112] BRASIL, 2010, art. 5º, *caput*.

[113] OLIVEIRA, 2015, p. 148.

[114] Idem, ibidem.

[115] HYPEVERDE. **Entenda o significado dos 5Rs da sustentabilidade**. Atualizado em 21 de dezembro de 2018. Disponível em: https://www.hypeverde.com.br/5-rs-da-sustentabilidade/. Acesso em: 8 maio 2020.

[116] BRASIL, 2010, art. 9º.

desenvolvimento precisa estar nos limites dos sistemas ecológicos",[117] para que se qualifique como sustentável sob o aspecto ecológico. As características do princípio da sustentabilidade ecológica foram assim descritas por José Joaquim Gomes Canotilho:

> De modo mais analítico, considera-se que a sustentabilidade ecológica deve impor: (1) que a taxa de consumo de recursos renováveis não pode ser maior que a taxa de regeneração; (2) que os recursos não renováveis devem ser utilizados em termos de poupança ecologicamente racional, de forma que as futuras gerações possam também, futuramente, dispor destes (princípios da eficiência, princípio da substituição tecnológica, etc.); (3) que os volumes de poluição não possam ultrapassar quantitativa e qualitativamente a capacidade de regeneração dos meios físicos e ambientais; (4) que a medida temporal das "agressões" humanas esteja numa relação equilibrada com o processo de renovação temporal; (5) que as ingerências "nucleares" da natureza devem primeiro evitar-se e, a título subsidiário, compensar-se e restituir-se.[118]

No Brasil, as medidas estatais adotadas pelos Municípios visando à substituição do uso das sacolas plásticas comuns por outras, ecológicas, pelos comerciantes estão alinhadas com a ideia de sustentabilidade ecológica e com o princípio da hierarquia dos resíduos, porque foram instituídas com a finalidade de eliminar a disposição de resíduos comprovadamente impactantes e com baixa capacidade de biodegradação nos solos.

A fim de evitar imprecisão na utilização dos conceitos, o termo sustentabilidade ecológica aqui empregado não pode ser confundido com o conceito de desenvolvimento sustentável, mais amplo, alcançando

---

117 BOSSELMANN, op. cit., p. 48.

118 CANOTILHO, José Joaquim Gomes. O princípio da sustentabilidade como princípio estruturante do direito constitucional. **Tékhne**, Barcelos, n. 13, p. 7-18, p. 9, jun. 2010. Disponível em: http://www.scielo.mec.pt/scielo.php?script=sci_arttext&pid=S1645-99112010000100002&lng=pt&nrm=iso. Acesso em: 23 jan. 2020.

os aspectos econômicos, sociais e ambientais da sustentabilidade.[119] Quanto à dimensão ambiental da sustentabilidade, o desenvolvimento sustentável deve se pautar pela sustentabilidade ecológica, que limita o crescimento econômico à capacidade de assimilação da natureza.[120]

Sendo assim, as conotações econômicas e sociais que englobam o significado de desenvolvimento sustentável não autorizam a modificação da amplitude do conceito de sustentabilidade ecológica, restrito ao aspecto ambiental do significado de desenvolvimento sustentável.[121]

Nesse contexto, "o desenvolvimento é sustentável quando tende a preservar a integridade e a manutenção dos sistemas ecológicos, e insustentável se tende a fazer o contrário."[122] Consequentemente, as políticas de desenvolvimento econômico que ultrapassem os limites de absorção dos recursos naturais não podem ser qualificadas como sustentáveis, mesmo que gerem riquezas econômicas e melhorias sociais ao país, porque a ótica ambiental do conceito de desenvolvimento sustentável não pode ser relegada.

O argumento da melhoria das condições sociais não é, portanto, suficiente para permitir que o desenvolvimento das atividades econômicas ocorra de forma a superar o limite da capacidade de resiliência dos recursos naturais. A título ilustrativo, a promessa de geração de empregos não pode ser utilizada como fundamento para que se autorize o funcionamento de um empreendimento que imponha danos ambientais insuportáveis e irreparáveis para o ecossistema, sem as devidas e proporcionais medidas mitigadoras e compensatórias.

De acordo com as ideias apresentadas, o modelo de desenvolvimento que proporciona a geração de resíduos plásticos e seu descarte inadequado em proporções superiores à capacidade de resiliência da natureza deverá ser qualificado como insustentável.

---

119 BOSSELMANN, op. cit., p. 48.

120 Idem, ibidem.

121 Idem, p. 47.

122 Idem, p. 78.

Além disso, não se faz possível precisar quais são os limites dos recursos naturais suficientes para atender às necessidades das gerações futuras, tendo em vista o crescimento vertiginoso da população. Nesse caso, ao dever de responsabilidade da geração atual para com as gerações futuras deve ser agregado uma prudência adicional, devido ao desconhecimento sobre o equilíbrio entre a disponibilidade de recursos naturais e o crescimento populacional.[123]

A percepção da necessidade de o desenvolvimento econômico sofrer limites na capacidade de absorção da natureza foi prescrita no ordenamento jurídico brasileiro na LPNRS, que positivou o princípio de ecoeficiência ecológica. Esse princípio fixa a necessidade de harmonizar a disponibilidade de bens e serviços, a preços competitivos, com a redução do impacto ambiental e do consumo dos recursos naturais, a níveis que equivalem à capacidade de absorção do planeta.[124]

Nessa conjuntura, a competividade dos bens ecológicos pode ser estimulada pelo Estado mediante a aplicação de políticas tributárias de incentivos fiscais para os produtos que agreguem a sustentabilidade no seu processamento. Nesse caso, o Estado intervirá na economia por indução, prescrevendo normas dispositivas com preceitos benéficos para estimular os agentes econômicos a adotarem determinados comportamentos, considerados relevantes para o desenvolvimento da nação.[125]

Nessa técnica de intervenção, o poder público não invade a esfera de liberdade dos destinatários da norma, que aderem ao seu comando voluntariamente, atraídos pelos benefícios oferecidos. O Estado dá um impulso para que os indivíduos se orientem de acordo com os valores contidos na norma, não sancionando o comportamento daqueles que não realizarem a adesão. Nesse caso, inexiste disposição de comando e controle obrigando os agentes da iniciativa privada a se comportarem no mercado em consonância com as normas de regulação estatais.[126]

---

123 BOSSELMANN, op. cit., p. 53.

124 BRASIL, 2010, art. 6º, inc. V.

125 GRAU, 2018a, p. 143.

126 GRAU, 2018a, p. 143.

Normalmente, com a instituição da hipótese de incidência tributária, o Estado visa adentrar no patrimônio dos administrados pela criação de tributos, com o propósito de carrear os recursos financeiros necessários para implementar políticas públicas, constituindo a principal fonte de arrecadação estatal. Isso ocorre porque, no sistema econômico liberal, o ente público normalmente não atua no domínio econômico em concorrência com os agentes do setor privado.[127]

Entretanto, o Código Tributário Nacional autoriza que a exação também seja utilizada para fomentar a prática de comportamentos que contribuam com o bem-estar da população e sejam compatíveis com as diretrizes preconizadas na Carta Magna (extrafiscalidade tributária).[128] Sendo assim, faz-se legítimo o oferecimento de estímulos fiscais para as empresas que produzem produtos sustentáveis ou que agreguem, no processamento de seus produtos, a sustentabilidade ecológica.[129] Nesse contexto, a Lei n. 12.305/2010 prescreveu que os incentivos fiscais constituem um dos instrumentos da PNRS.[130]

Contudo, apesar da relevância de sua conotação ambiental (sustentabilidade ecológica), o desenvolvimento sustentável deve considerar, ademais, os aspectos sociais (sustentabilidade social) e econômicos (sustentabilidade econômica) da sustentabilidade.[131] Esses aspectos devem ser analisados de forma ponderada, igualitária e sem a fixação de uma hierarquia antecedente.[132]

A implementação do direito ao ambiente equilibrado possui, ainda, conexão com o combate à pobreza,[133] pois as maiores mazelas

---

[127] SCAFF, Fernando Facury. Notas sobre a extrafiscalidade ambiental no Brasil. *In:* TUPIASU, Lise; NETO, João Paulo Mendes (org.). **Tributação, meio ambiente e desenvolvimento.** São Paulo: Método, 2016. p. 19-20.

[128] Idem, p. 18.

[129] Idem, p. 21.

[130] BRASIL, 2010, art. 8º, inc. IX.

[131] SARLET, Ingo Wolfgang; FENSTERSEIFER, Tiago. **Princípios de direito ambiental.** 2. ed. São Paulo: Saraiva, 2017b. p. 63.

[132] SARLET; FENSTERSEIFER, 2017a, p. 158.

[133] Idem, p. 124.

ecológicas estão presentes nas regiões mais pobres, além de as pessoas menos favorecidas serem as principais afetadas com a degradação ambiental.[134]

A título de ilustração, os indivíduos que não possuem recursos financeiros suficientes para adquirir habitações em locais incluídos no zoneamento urbano poderão invadir áreas arborizadas para construir ilegalmente suas casas (assentamentos irregulares), gerando significativos impactos ecológicos. Em contrapartida, essas regiões normalmente são desprovidas de estruturas adequadas de saneamento básico, e os dejetos ali produzidos poderão contaminar o solo, os córregos, os rios, os mares e as águas subterrâneas, expondo essas mesmas pessoas à incidência de doenças.[135] Além disso, em época de chuvas, as casas construídas nesses locais são propensas a desabamento, causando a morte das pessoas que ali residem, como o ocorrido na Baixada Santista entre os dias 2 e 3 de março de 2020.[136] Esses fatos evidenciam que as medidas de preservação ambiental devem estar acompanhadas pela implementação de políticas públicas universais de infraestrutura urbana.

No âmbito da ordem normativa internacional, a Nova Agenda Urbana, documento produzido pela ONU na Conferência das Nações Unidas sobre Habitação e Desenvolvimento Humano Sustentável (Habitat III), reconheceu a necessidade de equacionar o problema dos assentamentos irregulares para se atingir o desenvolvimento sustentável:

---

134 ANTUNES, Paulo de Bessa. **Direito ambiental.** 20. ed. São Paulo: Atlas, 2019. p. 18.

135 VELASCO, Clara. Perda por falta de saneamento em favelas chega a R$ 2,5 bilhões ao ano. **Globo (Portal G1)**, 16 de maio de 2016. Disponível em: http://g1.globo.com/economia/noticia/2016/05/perda-por-falta-de-saneamento-em-favelas-chega-r-25-bilhoes-ao-ano.html. Acesso em: 23 mar. 2020.

136 FOLHA DE S.PAULO. Número de mortos na Baixada Santista sobe para 40; Santos decreta luto. **Folha de S.Paulo**, 7 de março de 2020. Disponível em: https://www1.folha.uol.com.br/cotidiano/2020/03/numero-de-mortos-na-baixada-santista-sobe-para-40-santos-decreta-luto.shtml. Acesso em: 23 mar. 2020.

> 25. Reconhecemos que a erradicação da pobreza em todas suas formas e dimensões, incluindo a pobreza extrema, é o maior desafio global e um requisito indispensável para o desenvolvimento sustentável. Reconhecemos também que a crescente desigualdade e a persistência de múltiplas dimensões da pobreza, incluindo o número crescente de moradores de favelas e assentamentos informais, estão afetando tanto países desenvolvidos quanto em desenvolvimento e que a organização espacial, a acessibilidade e o desenho do espaço urbano, bem como a infraestrutura e a prestação de serviços básicos, em conjunto com políticas de desenvolvimento, podem promover ou dificultar a coesão social, a igualdade e a inclusão.[137]

A relevância das medidas de combate à pobreza para o desenvolvimento sustentável também foi reconhecida na Declaração do Rio, que estabeleceu, no Princípio 5, a necessidade da cooperação internacional "para erradicar a pobreza, a fim de reduzir as disparidades de padrões de vida e melhor atender às necessidades da maioria da população do mundo".[138]

Há de se ressaltar que as diretrizes impostas pela Declaração do Rio relativas à necessidade de medidas de combate à pobreza não diminuem a relevância do aspecto ambiental do desenvolvimento sustentável. Dessa forma, os países em desenvolvimento não podem promover, sob o pretexto da necessidade de se industrializarem, políticas econômicas incompatíveis com a preservação dos ecossistemas.[139]

A Declaração do Rio não é, portanto, promotora da ideia de que os países em desenvolvimento podem esgotar os seus recursos

---

137 ORGANIZAÇÃO DAS NAÇÕES UNIDAS. **Nova Agenda Urbana**. Conferência das Nações Unidas sobre Habitação e Desenvolvimento Urbano Sustentável (Habitat III). Quito, 2016. Disponível em: http://habitat3.org/wp-content/uploads/NUA-Portuguese-Brazil.pdf?fbclid=IwAR2koIM7MtgBh6i57G4fxWeWpbK52Jr7sXIrGdBbJF81bF2GSzY527FWdAY. Acesso em: 3 mar. 2020.

138 ORGANIZAÇÃO DAS NAÇÕES UNIDAS, 1992.

139 BOSSELMANN, op. cit., p. 58.

naturais sob o argumento de que o estão fazendo como medida para acelerar o crescimento econômico, aumentar a arrecadação e distribuir a renda com políticas públicas focalizadas no combate à pobreza.

Além disso, o Estado deve praticar a justiça ambiental, a fim de que os riscos ambientais decorrentes da implantação de polos industriais, lixões e outras formas de poluição não sejam transferidos para as zonas urbanas periféricas, em que residem as populações de baixa renda.

Uma vez analisados os aspectos ambientais e sociais da sustentabilidade, passamos a discutir a sua dimensão econômica, com fundamento no direito humano ao desenvolvimento, que deve ser concretizado pela redistribuição de renda e adoção de modelos de produção e consumo sustentáveis.

No âmbito das declarações de princípios ambientais internacionais, que também reconhecem o direito do homem ao desenvolvimento, a Declaração de Estocolmo (Princípio 8)[140] e a Declaração do Rio (Princípio 4)[141] estabeleceram que o desenvolvimento deve obedecer a padrões de sustentabilidade ecológica.

Dentro da conjuntura dos três aspectos da sustentabilidade, as leis que determinam a substituição do uso das sacolas plásticas comuns pelas ecológicas também devem observar o aspecto econômico da sustentabilidade. Nesse sentido, as medidas estatais não devem distorcer a competição dos agentes econômicos que atuam nesse segmento do mercado.

Nesse contexto, o consumo mundial de sacolas biodegradáveis ampliou, de 14 milhões de quilos, em 1966, para aproximadamente

[140] "Princípio 8: O desenvolvimento econômico e social é indispensável para assegurar ao homem um ambiente de vida e trabalho favorável e para criar na terra as condições necessárias de melhoria da qualidade de vida" (ORGANIZAÇÃO DAS NAÇÕES UNIDAS, 1972).

[141] "Princípio 4: A fim de alcançar o desenvolvimento sustentável, a proteção ambiental constituirá parte integrante do processo de desenvolvimento e não pode ser considerada isoladamente deste" (ORGANIZAÇÃO DAS NAÇÕES UNIDAS, 1992).

68 milhões de quilos, em 2000, com crescimento a uma taxa anual de aproximadamente 20%, representando 0,1% da produção de plásticos no mundo, segundo dados de 2005. No Brasil já existem empresas que produzem plásticos biodegradáveis, com destaque para a PHB Industrial e a Biomater.[142]

Além do dever para com o equilíbrio ambiental do planeta, que encontra primazia nos valores postulados no princípio da sustentabilidade ecológica, os seres humanos também têm responsabilidade para com seus semelhantes.

Em vista disso, os indivíduos devem usufruir os recursos naturais com equidade e responsabilidade, porque esses bens são esgotáveis, o que torna necessário um compromisso intergeracional quanto ao consumo dos bens ecológicos, em especial daqueles não renováveis.[143] Esse fato se evidencia porque, enquanto as necessidades humanas são inesgotáveis, os recursos naturais necessários para satisfazê-las têm limites insuperáveis até mesmo pela tecnologia atual,[144] situação que exige um aproveitamento racional dos recursos naturais.

Consequentemente, as políticas de desenvolvimento econômico devem se pautar pelo cumprimento dos parâmetros da sustentabilidade ecológica, de forma a preservar padrões satisfatórios de equilíbrio ecológico para as gerações futuras. Essa responsabilidade foi denominada princípio da solidariedade intergeracional, e os interesses das gerações futuras são revelados por três âmbitos de problemas, de acordo com José Joaquim Gomes Canotilho:

> O interesse destas gerações são particularmente evidenciáveis em três campos problemáticos: (i) o campo das **alterações irreversíveis** dos ecossistemas terrestres em consequência dos efeitos cumulativos das atividades

---

[142] FECHINE, Guilhermino José Macedo. **Polímeros biodegradáveis:** tipos, mecanismos, normas e mercado mundial. São Paulo: Mackenzie, 2013. p. 89-90.

[143] MACHADO, Paulo Affonso Leme. **Direito à informação e meio ambiente.** 2. ed. São Paulo: Malheiros, 2018b. p. 86.

[144] NUSDEO, 2016, p. 26.

> humanas (quer no plano espacial, quer no plano temporal); (ii) o campo do **esgotamento dos recursos,** derivado de um aproveitamento não racional e da indiferença relativamente à capacidade de renovação e de estabilidade ecológica; (iii) o campo dos **riscos duradouros.**[145]

Dessa forma, verifica-se uma transformação do fundamento da obrigação de responsabilidade, pois, enquanto na sociedade por classes o dever de solidariedade encontra justificativa no ideal de igualdade, na sociedade de risco o elemento volitivo que impulsiona a solidariedade é o sentimento de insegurança e de medo.[146] Isso ocorre porque, na sociedade de risco, o temor dos desastres ambientais impulsiona os indivíduos a compartilharem ações direcionadas para a restauração dos ambientes naturais degradados. Nesse sentido, deve ser registrado que os riscos dos efeitos nocivos dos desastres ambientais também atingem os agentes causadores da degradação ambiental (efeito bumerangue).[147]

Sendo assim, a nova dimensão modificativa do comportamento humano, propiciada pela inovação tecnológica, requer uma postura ética pautada pela responsabilidade em relação ao meio ambiente, devido à comprovada vulnerabilidade da natureza em relação à ação humana. O imperativo de responsabilidade apresentado por Hans Jonas é no sentido de que os indivíduos não detêm o direito de optar pela inexistência das gerações futuras em favor da geração atual.[148]

No âmbito ético, a ampliação do poder do homem de transformar de maneira significativa e irreversível o meio ambiente gera influência na extensão de sua responsabilidade. Como ensina Marco Túlio Reis Magalhães, "não só se modifica a magnitude da

---

145 CANOTILHO, 2015, p. 30, grifos nossos.

146 BECK, op. cit., p. 59-60.

147 Idem, p. 27.

148 JONAS, Hans. **O princípio responsabilidade:** ensaio de uma ética para a civilização tecnológica. Tradução de Marijane Lisboa e Luiz Barros Montez. Rio de Janeiro: PUC Rio, 2011. p. 48.

responsabilidade, como também se modifica qualitativamente sua natureza, de modo que os atos de poder produzem um conteúdo de dever",[149] invertendo a ótica relacional entre poder e dever.

A humanidade não deve adotar, nesse cenário, um comportamento de permissividade quanto aos riscos ambientais decorrentes do aumento exponencial da geração e do descarte inadequado dos resíduos plásticos. Uma vez constatados os riscos, é preciso adotar atitudes concretas para resolvê-los ou mitigar os seus efeitos, devendo esse agir ser norteado pela ética da responsabilidade.[150]

No campo das declarações de princípios ambientais internacionais, o princípio da solidariedade entre indivíduos que pertençam à mesma geração e entre aqueles que pertencem a gerações diferentes (aspecto intergeracional) está previsto na Declaração do Rio sobre o Meio Ambiente.[151]

No entanto, além da questão da responsabilidade ética dos indivíduos para com o equilíbrio ecológico, o exercício de determinadas atividades econômicas pode gerar externalidades negativas ambientais, cujos custos não são imputados aos agentes responsáveis por sua geração. Esse fenômeno decorre de uma falha de sinal do mercado, na medida em que o sistema de preços não consegue incorporar todas as informações relevantes quanto aos custos ou benefícios da atividade econômica.[152]

Destaca-se que a externalidade negativa não decorre obrigatoriamente de um comportamento ilícito do agente causador do custo,

---

149 MAGALHÃES, Marco Túlio Reis. Proteção ambiental, modernidade e a ética da responsabilidade de Hans Jonas. *In:* SANTOS, Bruno Grego dos; BERNARDO, Leandro Ferreira; FRACOLOSSI, Willian (org.). **Temas avançados da advocacia pública.** Maringá: Unicorpore, 2012. v. II. p. 193.

150 MAGALHÃES, op. cit., p. 198.

151 "Princípio 3: O direito ao desenvolvimento deve ser exercido de modo a permitir que sejam atendidas equitativamente as necessidades de desenvolvimento e de meio ambiente das gerações presentes e futuras" (ORGANIZAÇÃO DAS NAÇÕES UNIDAS, 1992).

152 NUSDEO, 2016, p. 128-129.

que pode praticar o impacto ambiental mesmo cumprindo as regras de mercado vigentes,[153] dentre as quais as condicionantes ambientais impostas no licenciamento da atividade.

Apesar de não captados pelo mercado, os custos ambientais não deixam de existir e são transferidos para terceiros. Nesse ponto, quando os terceiros puderem ser identificados, o custo se denominará externo; quando os terceiros não são identificáveis, o custo se denominará social.[154]

As externalidades negativas advindas da atividade poluente são assumidas pelos indivíduos que convivem com o ambiente degradado, quer seja respirando o ar poluído, quer seja bebendo água contaminada com rejeitos despejados pela atividade poluidora. A título de exemplo, no caso do descarte inadequado dos resíduos plásticos, a externalidade negativa será assumida pelas vítimas de alagamentos urbanos causados pelo entupimento dos bueiros.

Nesse contexto, a externalidade negativa da atividade poluidora acarreta um custo social, não identificado no sistema de preços, transferido para os indivíduos que integram a comunidade. A ausência de precificação da externalidade ambiental se dá na medida em que, ao se precificar o produto, não se consideram no seu valor de mercado os danos ambientais gerados pela atividade poluidora, cujos efeitos nocivos são suportados pela sociedade. Lise Tupiassu discorreu sobre a correlação necessária entre os danos ambientais e a externalidade negativa:

É cediço que a doutrina das externalidades pode ser aplicada na seara ambiental.

> Segundo François Lévêque, esse conceito se aplica, em especial, nos casos relacionados à poluição. A poluição do ar e dos rios causada pelas indústrias, ou os diferentes efeitos danosos causados pela rede de transportes, tais como acidentes, poluição sonora etc., implicam em externalidades negativas. A poluição de um rio, por exemplo, impede a

153 Idem, p. 129.

154 Idem, p. 130.

> sociedade de consumir a água e o pescado dele provenientes - externalidades de consumo - e, ao mesmo tempo, impede o pescador de manter a sua produção - externalidade de produção.[155]

Além disso, o dano ambiental não detectado pelo sistema de preços será repassado para o Estado, uma vez que a entidade pública deverá implantar políticas públicas para mitigar os efeitos da poluição causada pelo agente poluidor. Dessa forma, percentual da arrecadação estatal será direcionado para a descontaminação de rios, reflorestamento, descontaminação do ar, dentre outras medidas de proteção ambiental.[156]

No que se refere à reparação, os danos ambientais podem ser difusos, atingindo um número indeterminado de indivíduos, inclusive das gerações futuras. Consequentemente, a complexidade dos critérios que envolvem a compensação econômica decorrente de um significativo impacto ambiental inviabiliza que a solução mais eficiente para o caso seja aquela acordada entre o agente poluidor e os indivíduos atingidos pelo desequilíbrio ecológico.[157]

A fim de que a relação do agente poluidor para com a sociedade seja equitativa, o princípio do poluidor pagador prescreve que os custos gerados pela degradação ambiental sejam internalizados pelo agente causador do impacto. Essa compensação não se limita aos custos do dano ambiental, alcançando, inclusive, os custos advindos da reparação, prevenção e repressão do impacto ambiental.[158] No campo das diretrizes ambientais impostas pela ONU, o princípio do poluidor pagador está previsto na Declaração do Rio.[159] No Brasil,

---

155 TUPIASSU, Lise. Fundamentos econômicos da tributação ambiental. *In:* TUPIASU, Lise; MENDES NETO, João Paulo (org.). **Tributação, meio ambiente e desenvolvimento**. São Paulo: Método, 2016. p. 50.

156 TUPIASSU, op. cit., p. 58.

157 Idem, p. 54-55.

158 LEITE, op. cit., p. 218.

159 "Princípio 16: As autoridades nacionais devem procurar promover a internalização dos custos ambientais e o uso de instrumentos econômicos, tendo em vista a abordagem segundo a qual o poluidor deve, em princípio,

no âmbito da legislação ambiental infraconstitucional, o princípio do poluidor pagador está prescrito na LPNRS.[160]

O princípio do poluidor pagador estabelece que, mediante atos de intervenções estatais com propósitos compensatórios, o poluidor seja responsabilizado economicamente pelos danos ambientais causados e não assimilados pelo mercado mediante o sistema de preços, para que se atinja o equilíbrio ótimo[161] de mercado.[162]

Nas políticas públicas de substituição de uso das sacolas plásticas comuns por outras, ecológicas, a absorção dos custos econômicos advindos com a logística de substituição dos produtos encontra legitimidade no princípio do poluidor pagador. Entretanto, deve haver uma proporcionalidade entre os custos suportados pelos empresários e os efeitos ambientais e sanitários benéficos com a implementação da medida, que devem ser medidos periodicamente com o início da aplicação da legislação restritiva da liberdade econômica.

---

arcar com o custo da poluição, com a devida atenção ao interesse público e sem provocar distorções no comércio e nos investimentos internacionais" (ORGANIZAÇÃO DAS NAÇÕES UNIDAS, 1992).

160 BRASIL, 2010, art. 6º, inc. III.

161 "O critério da eficiência privilegia o aspecto do aproveitamento dos recursos, i.e., em que circunstâncias os recursos disponíveis podem ser mais bem aproveitados, trazendo para o conjunto da população o maior grau de satisfação possível. Na definição clássica de Alfredo Pareto, 'o sistema será eficiente quando não for possível cogitar de situação em que um indivíduo posso ser colocado em situação ainda melhor sem que, para tanto, outro indivíduo tenha sua situação prejudicada'. Dir-se-á que o sistema terá alcançado sua situação ótima. Daí as expressões 'ótimo de Pareto' ou 'Pareto-eficiente'. Para que se chegue a um sistema Pareto-eficiente, importa introduzir outro conceito caro aos economistas: o mercado. É este o ambiente no qual o Pareto-eficiente se desenvolve e se revela. O mercado é apresentado com um ambiente no qual há uma multiplicidade de compradores e produtores de produtos concorrentes, de modo que a partir do constante choque de oferta e demanda se alcance um equilíbrio, i.e, um preço de mercado para um bem" (SCHOUERI, Luis Eduardo. **Direito Tributário.** 8. ed. São Paulo: Saraiva, 2018. p. 32-33).

162 TUPIASSU, op. cit., p. 56.

Essas políticas vão ao encontro dos elementos que conformam o Estado Socioambiental de Direito estruturado na CF/1988.

1.5 ELEMENTOS DO ESTADO SOCIOAMBIENTAL DE DIREITO NA CONSTITUIÇÃO FEDERAL DE 1988, CIDADES SUSTENTÁVEIS E POLÍTICAS DE SUBSTITUIÇÃO DO USO DAS SACOLAS PLÁSTICAS

A CF/1988 estruturou a ordem normativa da República Federativa do Brasil de forma compatível com as premissas de um Estado Socioambiental de Direito, estabelecendo a sustentabilidade ecológica como um direito fundamental da pessoa humana,[163] qualificado como de terceira geração, cuja titularidade pertence à sociedade e que possui relação com a sadia qualidade de vida e a dignidade da pessoa humana.[164]

De acordo com o texto constitucional, o dever de proteção ambiental não atinge apenas os entes estatais, mas também inclui os indivíduos que integram a sociedade. O gozo da cidadania, então, se estende ao dever de proteção dos bens de uso coletivo, como os ambientais. Nesse contexto, o indivíduo é simultaneamente credor (possuidor do direito) e devedor (possuidor do dever) da proteção do patrimônio ecológico do país, devendo colaborar com o Estado na implementação das políticas públicas ambientais.[165]

A imprescindibilidade da colaboração dos indivíduos nas políticas de restauração do equilíbrio ecológico se evidencia na medida em que o poder público não possui uma estrutura administrativa suficiente para controlar a totalidade dos focos poluentes.

No Brasil, o valor da sustentabilidade ecológica foi incorporado ao texto constitucional como aspecto constitutivo do Estado Socioambiental de Direito. Esse modelo estruturante estatal se caracteriza pelo

---

[163] BRASIL, 1988, art. 225.

[164] SARLET; FENSTERSEIFER, 2017a, p. 53-58.

[165] GOMES, Carla Amado. **Risco e modificação do acto autorizativo concretizador de deveres de proteção ambiental**. Coimbra: Coimbra Editora, 2007. p. 149.

cumprimento irrestrito das leis, inclusive pelos governantes. Ademais, essa estrutura de Estado requer a participação ativa da população na discussão e no controle das políticas de desenvolvimento sustentável.[166]

José Joaquim Gomes Canotilho apresenta a obrigatória relação que existe entre o Estado de Direito e o Estado Ambiental, afastando a possibilidade de práticas arbitrárias sob o argumento do propósito da tutela ecológica:

> 13. No seu conjunto, as dimensões jurídico-ambientais e jurídico-ecológicas permitem falar de um **Estado de direito ambiental e ecológico.** O Estado de direito, hoje, só é Estado de direito se for um Estado protector do ambiente e garantidor do direito ao ambiente: mas o Estado ambiental e ecológico só será Estado de direito se cumprir os deveres de **juridicidade** impostos à actuação dos poderes públicos.[167]

Assim, a configuração do Estado Socioambiental de Direito depende da previsão do aperfeiçoamento dos mecanismos democráticos na construção do arcabouço normativo que disciplina a sustentabilidade ecológica. Consequentemente, o Estado Totalitário e as ditaduras,[168] mesmo que suas estruturas normativas contenham instrumentos de proteção dos ecossistemas, não devem ser reconhecidos pela comunidade internacional como modelos de Estado Socioambiental de Direito.

Além da qualificação do direito ao ambiente equilibrado, a CF/1988 positivou a proteção ambiental como uma obrigação estatal, impondo ao "Poder Público e à coletividade o dever"[169] de defender o meio ambiente, preservando-o para as gerações futuras. A implementação dos deveres estatais de proteção ambiental se efetiva pela

166 CANOTILHO, 2003b, p. 102.

167 CANOTILHO, 2010, p. 13, grifos nossos.

168 "A diferença entre o totalitarismo e a ditadura, na visão de Arendt, é que na última se verifica o déficit legislativo e o abuso do Poder Executivo. O Estado totalitário, por sua vez, não se funda sob tal compreensão: o terror é o ponto elementar do sistema" (FACHIN; SAMPAR, op. cit., p. 87).

169 BRASIL, 2010, art. 225, *caput*.

concretização de normas constitucionais que direcionam ações e programas relacionados à sustentabilidade, bem como mediante a fiscalização das atividades poluidoras, no exercício do poder de polícia administrativo, com aplicação de sanções aos agentes infratores.

Em fundamentação de uma decisão judicial do Superior Tribunal de Justiça, o Ministro Herman Benjamin reconheceu o delineamento do Estado de Direito Ambiental estabelecido na CF/1988 e trouxe os requisitos necessários para a concretude dos valores ambientais na sociedade:

> No regime jurídico dos recursos naturais, aí inseridas as florestas, o **Estado de Direito Ambiental** assenta-se não só na generosa previsão de direitos e obrigações de preservação e uso sustentável (= quadro que deságua inclusive em um direito a ter direitos ambientais), mas também, nomeadamente, na eficácia dos mecanismos administrativos e judiciais de implementação; se falharem estes, ruirá todo o edifício da constitucionalidade e legalidade ambientais.[170]

A implementação de estruturas do modelo de Estado Socioambiental de Direito pode ter mais viabilidade de enquadramento em Constituições dirigentes,[171] estruturadas para viabilizar o

---

[170] BRASIL. Superior Tribunal de Justiça. **Recurso Especial n. 1.668.652/PA**. Relator Ministro Herman Benjamim. Segunda Turma. Data do julgamento: 27.11.2018. Data da publicação: 08.02.2019. Grifos nossos.

[171] "A Constituição da República de 1976 é uma **constituição programática** porque contém numerosas **normas-tarefa** e **normas-fim** (cfr., por exemplo, artigos 9º e 80º) definidoras de programas de acção e de linhas de orientação dirigidas ao Estado. Trata-se, pois, de uma lei fundamental não reduzida a um simples **instrumento de governo**, ou seja, um texto constitucional limitado à individualização dos órgãos e à definição de competências e procedimentos da acção dos poderes públicos. A ideia de 'programa' associava-se ao **caráter dirigente** da Constituição. A Constituição comandaria a acção do Estado e imporia aos órgãos competentes a realização das metas programáticas nela estabelecidas. Hoje, em virtude de transformação do papel do Estado, o programa constitucional assume mais o papel de legitimador

implemento de medidas regulatórias do mercado, inclusive por comandos que limitam o exercício das atividades econômicas à proteção ambiental. Isso ocorre porque essas estruturas constitucionais "não se bastam em conceber-se como mero 'instrumentos de governo', mas, além disso, enunciam diretrizes, programas e fins a serem pelo Estado e pela sociedade realizados".[172] Nesse modelo organizacional, o planejamento das políticas públicas, por meio de programas e planos, é o instrumento utilizado para restaurar o comando e a direção da tarefa de implementar a sustentabilidade ecológica.[173]

Nessa perspectiva, a CF/1988 impôs como dever do Poder Público e da coletividade "controlar a produção, a comercialização e o emprego de técnicas, métodos e substâncias que comportem risco para a vida, a qualidade de vida e o meio ambiente",[174] constitucionalizando o princípio da precaução.

Destaca-se que o texto constitucional atribuiu uma dimensão mais ampla para a aplicação do princípio da precaução, se comparada com a Declaração do Rio, pois o controle das atividades poluidoras não foi restringido aos empreendimentos que causem ameaça de danos ambientais graves e irreversíveis, mas deve ser exercido quando a atividade poluidora colocar em risco a qualidade da vida humana e do meio ambiente.[175]

---

da **socialidade estatal** do que a função de um direito dirigente do centro político" (CANOTILHO, 2003, p. 217-218, grifos nossos).

172 GRAU, 2018a, p. 73-74.

173 CANOTILHO, 2015, p. 25.

174 BRASIL, 1988, art. 225, § 1º, inc. V.

175 Paulo Affonso Leme Machado aponta que o Princípio 15 da Declaração do Rio sobre meio Ambiente e Desenvolvimento adotou uma posição mais limitada para a aplicação do princípio da precaução: "Princípio 15. Com o fim de proteger o meio ambiente, o princípio da precaução deverá ser amplamente observado pelos Estados, de acordo com suas capacidades. Quando houver ameaças de danos graves ou irreversíveis, a ausência de certeza científica absoluta não será utilizada como razão para o adiamento de medidas economicamente viáveis para prevenir a degradação ambiental" (MACHADO, 2018a, p. 106).

Ademais, o legislador constituinte também constitucionalizou o princípio da prevenção, ao determinar a exigência de estudo prévio de impacto ambiental, quando da instalação de obra ou atividade com potencial de causar significativo dano ambiental.[176] O estudo de impacto ambiental é um procedimento público, razão pela qual esse estudo não pode ser realizado, exclusivamente, por uma equipe de técnicos contratados pelo proponente do projeto.[177]

No que se refere às políticas de gestão e gerenciamento de resíduos sólidos, o licenciamento para a construção de aterros sanitários exige a elaboração de estudo prévio de impacto ambiental.[178]

No âmbito da reparação e responsabilização pela prática de danos ambientais, a CF/1988 determinou que os infratores ambientais estarão sujeitos à responsabilidade administrativa, civil e penal pela prática de atos ilegais que degradem o meio ambiente, estendendo a possibilidade de responsabilização às pessoas jurídicas.[179]

A CF/1988 também disciplina a temática da proteção ambiental em normas que não constam do capítulo específico da tutela do meio ambiente. Nesse contexto, o instituto da propriedade privada rural adquiriu uma dimensão que transcende os interesses eminentemente particulares na atual ordem constitucional brasileira.[180] A propriedade rural possui uma finalidade social e ambiental, devendo seu uso ser compatível com o crescimento econômico sustentável, pelo uso condizente dos recursos naturais e a conservação do meio ambiente.[181] Sendo assim, o modelo expropriatório de ex-

---

176 BRASIL, 1988, art. 225, § 1º, inc. IV.

177 MACHADO, 2018a, p. 280.

178 Art. 2º, inc. X, de CONAMA – Conselho Nacional do Meio Ambiente. **Resolução CONAMA n. 1, de 23 de janeiro de 1986.** Dispõe sobre critérios básicos e diretrizes gerais para a avaliação de impacto ambiental. Disponível em: https://www.legisweb.com.br/legislacao/?id=95508. Acesso em: 7 jun. 2020.

179 BRASIL, 1988, art. 225, § 3º.

180 SILVA, 2019a, p. 834-835.

181 BRASIL, 1988, art. 186, inc. II.

ploração da terra e das florestas, praticado desde a colonização,[182] não mais coaduna com os elementos conformadores do Estado Socioambiental de Direito estruturado na CF/1988, constituindo fundamento, inclusive, no art. 184, para desapropriação do imóvel por interesse social.

O texto constitucional também prescreve que a ordem econômica deve observar o princípio da defesa do meio ambiente, "inclusive mediante tratamento diferenciado conforme o impacto ambiental dos produtos e serviços e de seus processos de elaboração e prestação".[183] A regulamentação discriminatória dos produtos ecológicos pode ser estabelecida pela incidência de incentivos econômicos, que constituem uma técnica de intervenção estatal na economia para a indução de comportamentos. Dessa forma, a ordem econômica também está sujeita à incidência das normas de proteção do meio ambiente.

Além do plano constitucional, a temática da sustentabilidade ecológica também está sendo regulamentada de maneira esparsa pela legislação infraconstitucional. A Lei das Estatais (Lei n. 13.303/2016), por exemplo, assim disciplina sobre a observância dos critérios de sustentabilidade nas licitações e nos contratos celebrados pelas empresas públicas, sociedades de economia mista e suas subsidiárias:

> Art. 32. Nas licitações e contratos de que trata esta Lei serão observadas as seguintes diretrizes:
>
> [...]
>
> § 1º As licitações e os contratos disciplinados por esta Lei devem respeitar, especialmente, as normas relativas à:

---

182 "Mas, com ou sem direitos, o certo é que até quase meados do séc. XVI, encontraremos portuguêses e franceses traficando ativamente na costa brasileira com o pau-brasil. Era uma exploração rudimentar que não deixou traços apreciáveis, a não ser na destruição impiedosa e em larga escala das florestas nativas donde se extraía a preciosa madeira" (PRADO JUNIOR, Caio. **História econômica do Brasil**. 16. ed. São Paulo: Brasiliense, 1973. p. 25).

183 BRASIL, 1988, art. 170, inc. VI.

> [...]
>
> I - disposição final ambientalmente adequada dos resíduos sólidos gerados pelas obras contratadas;
>
> II - mitigação dos danos ambientais por meio de medidas condicionantes e de compensação ambiental, que serão definidas no licenciamento ambiental;
>
> III - utilização de produtos, equipamentos e serviços que, comprovadamente, reduzam o consumo de energia e de recursos naturais.[184]

A consciência da necessidade de preservação ambiental também se propagou para o ambiente urbano, com o reconhecimento do direito dos indivíduos de viverem em cidades sustentáveis. A consolidação desse direito se impôs porque atualmente a maioria da população vive em cidades urbanas. Nesse contexto, a fim de assegurar o direito à cidade sustentável, o Estado pode se utilizar de medidas de comando e controle em relação às atividades poluentes.

No âmbito dos organismos internacionais, a ONU estabeleceu, como Objetivo 11 –Cidades e Comunidades Sustentáveis – de Desenvolvimento Sustentável (ODS), a meta de transformar as cidades em ambientes sustentáveis e resilientes.[185]

Discriminando os objetivos relativos às cidades sustentáveis, foi estabelecida pela ONU, dentre as metas do Objetivo 11, a necessidade de, até "2030, reduzir o impacto ambiental negativo *per capita* das cidades, inclusive prestando especial atenção à qualidade do ar, gestão de resíduos municipais e outros" (Meta 11.6).[186] Essa meta foi acolhida

---

[184] BRASIL. Presidência da República. Casa Civil. Subchefia para Assuntos Jurídicos. **Lei n. 13.303, de 30 de junho de 2016** (art. 32, § 1º, incs. I, II e III). Dispõe sobre o estatuto jurídico da empresa pública, da sociedade de economia mista e de suas subsidiárias, no âmbito da União, dos Estados, do Distrito Federal e dos Municípios. Disponível em: http://www.planalto.gov.br/ccivil_03/_ato2015-2018/2016/lei/l13303.htm. Acesso em: 26 jan. 2020.

[185] ORGANIZAÇÃO DAS NAÇÕES UNIDAS. **Objetivos de Desenvolvimento Sustentável**. Disponível em: http://www.ipea.gov.br/ods/ods12.html. Acesso em: 25 nov. 2019.

[186] Idem.

pelo Brasil, que modificou a sua redação para, no que concerne à gestão de resíduos, especificar que todas as cidades acima de 500 mil habitantes devem implementar planos de gerenciamento de resíduos sólidos.[187]

A ONU também elaborou o documento denominado Nova Agenda Urbana, quando da realização da Conferência das Nações Unidas sobre Habitação e Desenvolvimento Urbano Sustentável (Habitat III), realizada em Quito, em 20 de outubro de 2016. Nesse documento, foi assumido o compromisso de fortalecimento da gestão sustentável das políticas públicas de resíduos sólidos:

> 71. Comprometemo-nos a fortalecer a gestão sustentável de recursos, incluindo terra, água (oceanos, mares e água doce), energia, materiais, florestas e alimentos, com especial atenção para o manejo ambientalmente correto e a redução de todos os resíduos, produtos químicos perigosos, incluindo poluentes atmosféricos e climáticos de curta duração, gases de efeito estufa e poluição sonora, de modo que sejam considerados os vínculos urbano-rurais e cadeias de valores e suprimento funcionais face à sustentabilidade e ao impacto ambiental, em um esforço para a transição para uma economia circular, também facilitando a conservação, a regeneração, a recuperação e a resiliência do ecossistema frente a desafios novos e emergentes.[188]

No Brasil, a CF/1988 prescreve, em relação às ações estatais de sustentabilidade urbana, que a política de desenvolvimento urbano deve ser executada pelos Municípios, com o objetivo de assegurar a melhoria da qualidade de vida da população e a concretização das funções sociais da cidade.[189]

Consequentemente, o planejamento da expansão do ambiente urbano[190] deve respeitar parâmetros de sustentabilidade ecológica,

---

[187] Idem.

[188] ORGANIZAÇÃO DAS NAÇÕES UNIDAS, 2016.

[189] BRASIL, 1988, art. 182.

[190] Regina Maria Macedo Nery Ferraria assim diferencia a área urbana da rural: "A rigor, urbano quer aludir ao perímetro ou às zonas situadas nos limites

porque o meio ambiente equilibrado é essencial para a sadia qualidade de vida dos indivíduos.[191] A estrutura urbanística deve viabilizar uma cidade revitalizada, planejada, na qual as pessoas se sintam satisfeitas em ali realizarem suas principais atividades, estabelecerem residência e contemplarem a paisagem.[192] Nesse sentido, o direito à cidade deve ser efetivado pela adoção de políticas públicas direcionadas para a melhoria ambiental do ambiente urbano.[193]

Sob a perspectiva da gestão de resíduos sólidos, a Lei n. 11.0445/2007, com redação dada pela Lei n. 14.026/2020, que fixa diretrizes nacionais para o saneamento básico, a fim de melhorar a vida dos indivíduos nas cidades, elenca como princípios a necessidade do "[...] esgotamento sanitário, limpeza urbana e manejo dos resíduos sólidos realizados de forma adequada à saúde pública, à conservação dos recursos naturais e à proteção do meio ambiente".[194] Nesse sentido, as ações de manejo adequado de resíduos sólidos – incluindo as sacolas plásticas – estão inseridas nas políticas públicas de saneamento básico.

---

da cidade, destinado à construção de edificações para abrigar moradias, locais de trabalho e de prestação de serviços, próprios para o atendimento de necessidades essenciais da população, bem como de espaços destinados à sua circulação e lazer. Nesse particular, o urbano se distingue do rural, que indica as áreas de terrenos próprios para o desenvolvimento de culturas agrícolas e para a criação de animais" (FERRARI, Regina Maria Macedo Nery. **Direito municipal.** 5. ed. Belo Horizonte: Fórum, 2018. p. 244).

191 BRASIL, 1988, art. 225.

192 MACHADO, 2018a, p. 470.

193 CABALLERÍA, Marcos Vaquer; El derecho a la vivienda en su relación con los derechos a la ciudad y al medio ambiente. *In:* CARVALHO, Newton Teixeira; REIS, Émilien Vilas Boas; RIOS, Mariza (coord.). **Estado de exceção ambiental**. Belo Horizonte: Del Rey, 2016. p. 105.

194 BRASIL. Presidência da República. Casa Civil. Subchefia para Assuntos Jurídicos. **Lei n. 11.445, de 5 de janeiro de 2007** (art. 2º, inc. III). Disponível em: http://www.planalto.gov.br/ccivil_03/_ato2007-2010/2007/lei/l11445.htm. Acesso em: 26 jan. 2020.

Os serviços de limpeza urbana e gestão dos resíduos sólidos[195] estão, portanto, inseridos nas políticas públicas municipais de desenvolvimento sustentável, pois os Municípios são os entes públicos responsáveis pela correta destinação dos resíduos produzidos no seu perímetro geográfico, devendo gerenciar a coleta e a disposição final dos rejeitos.[196]

No campo municipal, o plano diretor é o instrumento legislativo básico em que são delineadas as políticas de desenvolvimento urbano,[197] devendo obrigatoriamente ser aprovado pela Câmara Municipal para as cidades com mais de vinte mil habitantes.[198] Nesse sentido, o processo de planejamento das políticas municipais, incluindo as ambientais, devem ser integradas pelo plano diretor.

Nesse ponto, destaca-se que o planejamento das ações e políticas estatais requer organização e se implementa pela previsão dos eventos atuais e futuros para se alcançar a meta prevista.[199] Ademais, há de se observar que o planejamento deve ser compatível com a real situação do Município. Nessa perspectiva, na execução das políticas públicas urbanas, o gestor público deve estar ciente da realidade municipal para implantar medidas que correspondam às necessidades da população.[200] José Afonso da Silva descreve que a principal

---

195 Assim, "limpeza urbana e manejo de resíduos sólidos: constituídos pelas atividades e pela disponibilização e manutenção de infraestruturas e instalações operacionais de coleta, varrição manual e mecanizada, asseio e conservação urbana, transporte, transbordo, tratamento e destinação final ambientalmente adequada dos resíduos sólidos domiciliares e dos resíduos de limpeza urbana" (BRASIL, 2007, art. 3º, inc. I, c).

196 MACHADO, 2018a, p. 489.

197 BRASIL. Presidência da República. Casa Civil. Subchefia para Assuntos Jurídicos. **Lei n. 10.257, de 10 de julho de 2001**. Regulamenta os arts. 182 e 183 da Constituição Federal, estabelece diretrizes gerais da política urbana e dá outras providências. Disponível em: http://www.planalto.gov.br/ccivil_03/leis/leis_2001/l10257.htm. Acesso em: 28 jan. 2020.

198 BRASIL, 1988, art. 182, § 1º.

199 CARVALHO FILHO, José dos Santos. **Comentários ao Estatuto da Cidade.** 5. ed. São Paulo: Atlas, 2013. p. 334.

200 SILVA, José Afonso da. **Direito urbanístico brasileiro.** 8. ed. São Paulo: Malheiros, 2018. p. 137.

finalidade do plano diretor, instrumento que materializa a função urbanística do Município, consiste em promover a adequada ordenação do solo urbano, de forma a elevar a qualidade de vida da população.[201]

Em relação à sua estrutura formal, o plano diretor deve apresentar o objetivo geral de ordenar o uso dos espaços habitáveis, com o propósito de melhorar o bem-estar da população. Além disso, o plano diretor também precisa trazer seus objetivos específicos, que consistem nas metas a serem atingidas com os projetos considerados relevantes para o desenvolvimento do Município.[202]

No âmbito do planejamento das políticas de gestão e gerenciamento de resíduos sólidos, incluindo os plásticos, os "procedimentos operacionais e especificações mínimas a serem adotadas nos serviços públicos de limpeza urbana e manejo de resíduos sólidos"[203] devem estar contidos nos Planos Municipais de Gestão Integrada de Resíduos Sólidos.

Em vista disso, a apresentação de planos de gerenciamento da disposição de resíduos plásticos é relevante para a política sanitária urbana, pois o descarte inadequado dos resíduos plásticos pode ocasionar o entupimento das redes de esgoto, gerando alagamento nas vias públicas na época de precipitação fluvial. Essa circunstância poderá causar mortes, prejuízos materiais para a população, além de gastos públicos com a recuperação das áreas atingidas. Nesse sentido, os sacos plásticos são considerados os principais resíduos causadores dos entupimentos das redes coletoras.[204]

Para ilustrar a problemática, em fevereiro de 2020, chuvas ocorridas no Estado de São Paulo propiciaram que aproximadamente

---

[201] Idem, p. 140.

[202] Idem, ibidem.

[203] BRASIL, 2010.

[204] GOVERNO DO ESTADO DO DISTRITO FEDERAL. Agência de Brasília. **Descarte inadequado pode obstruir redes de esgoto**. Disponível em: https://www.agenciabrasilia.df.gov.br/2019/11/25/descarte-inadequado-pode-obstruir-redes-de-esgoto/. Acesso em: 23 jan. 2020.

55 toneladas de lixo fossem arrastadas pelo rio Tietê para o Município de Salto, no interior desse mesmo ente federativo. Também em decorrência das precipitações, as águas do rio Tietê fizeram adentrar nas casas de moradores do Município de Cabreúva uma quantidade elevada de lixo.[205]

Portanto, com o propósito de elevar a qualidade de vida dos indivíduos, a planificação do desenvolvimento das cidades também deve se pautar pelo estabelecimento de diretrizes relativas à revitalização ambiental do solo urbano e ao aumento da instituição de áreas ecológicas, inclusive com autorização de acesso gratuito pela população. Essa necessidade se impõe pelo crescimento vertiginoso da concentração demográfica nas cidades urbanas. De acordo com os dados, o crescimento do processo de urbanização começou em 2005, com projeção de se findar em 2050. Nesse espaço temporal, o número de pessoas vivendo no ambiente urbano vai passar de 3,2 bilhões para 6,3 bilhões, dado representativo de que 67% das pessoas residirão nas cidades urbanas.[206] Consequentemente, os indivíduos passarão a maior parte de seu tempo e desenvolverão a maioria de suas atividades no ambiente urbano, o que torna indispensável a adoção de ações de sustentabilidade para conectar o indivíduo com o ambiente natural.

Nesse cenário de redimensionamento do uso do espaço urbano, a perspectiva do aumento da concentração populacional nos conglomerados urbanos impõe aos administradores públicos a obrigatoriedade de observância da sustentabilidade ecológica nas políticas públicas de desenvolvimento e infraestrutura.

Nessa perspectiva, a utilização do sistema de transporte urbano coletivo e de meios de locomoção que não poluem o ar, como as

[205] JORNAL NACIONAL. Lixo arrastado pelo Rio Tietê chega ao interior de São Paulo. **G1**, 14 de fevereiro de 2020. Disponível em: https://g1.globo.com/jornal-nacional/noticia/2020/02/14/lixo-arrastado-pela-cheia-do-rio-tiete-chega-ao-interior-de-sao-paulo.ghtml. Acesso em: 3 mar. 2020.

[206] LEITÃO, Mirian. **História do futuro:** o horizonte do Brasil no século XXI. Rio de Janeiro: Intrínseca, 2015. p. 399.

bicicletas e os veículos elétricos, devem receber incentivos estatais, pois a diminuição do número de veículos poluentes trafegando pelas vias públicas poderá contribuir para a redução da emissão de gás carbônico na atmosfera. Com essa finalidade, foi publicada a Lei n. 13.724/2018, que instituiu o "Programa Bicicleta Brasil (PBB) para incentivar a inserção da bicicleta como meio de transporte, com vistas à melhoria das condições de mobilidade urbana".[207] Ademais, também se faz recomendável a instituição de políticas de incentivo para as propostas relativas à fabricação de produtos que observem os parâmetros do *ecodesign*.[208]

Dessa maneira, para minimizar os problemas originários da concentração populacional em centros urbanos, os gestores devem apresentar políticas de desenvolvimento fundadas no conceito de cidades sustentáveis. Essas estruturas de cidades procuram equilibrar, de modo eficiente os recursos de que dispõem, priorizando formas de gestão alternativas à expansão urbana com esgotamento, otimizando a utilização da infraestrutura colocada à disposição da sociedade. Carlos Leite descreve o fenômeno nesses termos:

> A cidade sustentável deve buscar novos modelos de funcionamento, gestão e crescimento, diferentes daqueles praticados principalmente no século 20, "expansão com esgotamento". A opção pelos parâmetros advindos da cidade compacta tem sido consenso internacional: modelo de desenvolvimento urbano que otimiza o uso das infraestruturas urbanas e promove a sustentabilidade – eficiência

[207] BRASIL. Presidência da República. Casa Civil. Subchefia para Assuntos Jurídicos. **Lei n. 13.724, de 4 de outubro de 2018**. Instituiu o Programa Bicicleta Brasil (PBB) para incentivar a inserção da bicicleta como meio de transporte, com vistas à melhoria das condições de mobilidade urbana. Disponível em: http://www.planalto.gov.br/ccivil_03/_Ato2015-2018/2018/Lei/L13724.htm. Acesso em: 27 jan. 2020.

[208] Nesse sentido, a definição do termo *ecodesign*: "Assim, surge outro termo, o *ecodesign*, que se traduz no desenvolvimento de produtos com base na ecoeficiência, com tecnologias limpas e sem geração de resíduos impactantes" (ZANIN; MANCINI, op. cit., p. 19).

> energética, melhor uso das águas e redução da poluição, promoção de relativamente altas densidades de modo qualificado, com adequado e planejado uso misto do solo, misturando as funções urbanas (habitação, comércio e serviços).[209]

Além do mais, os fundamentos modernos de gestão das cidades urbanas são balizados pelas estruturas das denominadas cidades inteligentes (*smart cities*) e digitais,[210] que se utilizam da tecnologia da informação para aprimorar o gerenciamento da infraestrutura urbana e melhorar a vida das pessoas. Nesse cenário, administrações públicas implementam programas que visam reduzir a geração de resíduos de papéis, além de tornar os procedimentos mais céleres mediante a implantação de sistemas de processos administrativos digitais.

A título ilustrativo, o Programa "SP Sem Papel", instituído pelo Governo do Estado de São Paulo, possui como meta eliminar a tramitação de papéis nas repartições públicas e, para alcançar essa finalidade, propõe a criação do processo digital no âmbito da Administração Pública Estadual.[211] O modelo de gestão das cidades inteligentes não se limita ao Poder Executivo, pois o Poder Judiciário instituiu os processos judiciais eletrônicos, eliminando a utilização de papéis na prática dos atos processuais.

Os programas estatais de instituição de processos digitais e as políticas de substituição do uso das sacolas plásticas comuns por ecológicas apresentam alguma similaridade em seus objetivos, pois

---

209 LEITE, Carlos; AWAD, Juliana de Cesare Marques. **Cidades sustentáveis, cidades inteligentes:** desenvolvimento sustentável num planeta urbano. Porto Alegre: Bookman, 2012. p. 135-136.

210 KON, Fabio; SANTANA, Eduardo Felipe Zambom. Cidades inteligentes: conceitos, plataformas e desafios. **Jornada de Atualização em Informática**, jul. 2016. Disponível em: https://www.researchgate.net/publication/313793896_Cidades_Inteligentes_Conceitos_plataformas_e_desafios. Acesso em: 12 mar. 2020.

211 ESTADO DE SÃO PAULO. **Programa São Paulo sem papel**. Disponível em: https://www.spsempapel.sp.gov.br/#programa. Acesso em: 16 jan. 2020.

foram instituídos com o propósito de eliminar a geração de determinados tipos de resíduos (papéis e plásticos).

Nesse contexto, as leis municipais que determinam a substituição do uso das sacolas plásticas comuns por sacolas e sacos de lixo ecológicos se harmonizam com o modelo de desenvolvimento das cidades sustentáveis, que se caracteriza pela reordenação do espaço urbano, de forma a possibilitar que os indivíduos vivam de maneira mais integrada com o ambiente natural e causem menos impacto ecológico.[212]

1.6 CONSIDERAÇÕES INTERMEDIÁRIAS

A Revolução Industrial e o paradigma de consumo não sustentável contribuíram para que o crescimento da degradação ambiental tomasse proporções globais, fenômeno que não recebeu um tratamento protetivo satisfatório nas estruturas de modelos estatais (Estado Liberal e Estado Social e do Bem-Estar) até aproximadamente o início da década de 1970.

A estruturação do Estado Liberal buscou, nesse cenário, priorizar a limitação do poder estatal, com ênfase no reconhecimento da liberdade individual (primeira geração dos direitos fundamentais), e o Estado Social e do Bem-Estar se estruturou com o propósito de garantir a igualdade material entre as pessoas (segunda geração dos direitos fundamentais).

A crise ecológica se inseriu no modelo de estrutura social denominado sociedade de risco, que se caracteriza – no plano ambiental – pelas dimensões planetárias dos danos causados aos ecossistemas pelos agentes poluidores. A geração excessiva e o descarte inadequado dos resíduos sólidos, em especial dos materiais plásticos, estão imersos no modelo de sociedade de risco.

De acordo com os dados apresentados, a produção de plásticos atingiu a marca de R$ 396 milhões de toneladas métricas em 2016, resultando em aproximadamente 2 bilhões de toneladas métricas de

212 LEITE; AWAD, 2012, p. 132.

emissão de dióxido de carbono, valor equivalente a quase 6% das emissões mundiais desse material. Ademais, a produção de plástico virgem aumentou em 200 vezes, a contar de 1950, crescendo a um índice de 4% ao ano, a partir de 2000.[213]

No entanto, a conscientização da participação ativa da humanidade no processo de desequilíbrio dos ecossistemas incentivou setores da sociedade a reivindicarem que os organismos internacionais - em especial a ONU - e os Estados estabelecessem normas de proteção da natureza. Assim, as simulações de insustentabilidade do planeta apresentadas pelo Clube de Roma e a Declaração de Estocolmo foram documentos que impulsionaram os Estados a delinearem, em suas constituições, dispositivos de proteção ambiental.

Nessa conjuntura, as Declarações de Estocolmo e do Rio estabeleceram o princípio ambiental da prevenção para abrandar os efeitos nocivos dos danos ecológicos advindos do exercício de atividades econômicas que causam significativo impacto ambiental.

Ainda, a natureza difusa de determinados danos ambientais levou à conscientização de que os programas de proteção do meio ambiente deveriam ser implementados de maneira cooperativa e integrada entre os Estados. A globalização econômica, permitindo a migração de empresas poluentes para os países economicamente mais pobres e com legislações ambientais menos protetivas à natureza, também constitui um fator que realça a necessidade da ação conjunta dos Estados na adoção das políticas de proteção ambiental.

Neste caso, os blocos comunitários podem apresentar uma relevante contribuição na proteção ecológica, na medida em que podem impor, como condição de permanência ou ingresso na organização, a observância de padrões de comportamento econômico que sejam compatíveis com o desenvolvimento sustentável.

O desenvolvimento econômico deve, então, ser sustentável sob o aspecto ecológico, social e econômico. Nesse sentido, o princípio da sustentabilidade ecológica delineia que o crescimento econômico

[213] WWF, op. cit., p. 12.

encontra limites intransponíveis na capacidade de resiliência da natureza. Partindo-se dessa premissa, o desenvolvimento da nação não deve ser medido apenas pelo crescimento de seu PIB, mas também deve considerar a qualidade de vida – inclusive sob o aspecto ambiental – dos indivíduos.

Nessa perspectiva, os organismos internacionais instituíram indicadores de sustentabilidade ecológica, a fim de medir o impacto das ações humanas no meio ambiente. Nesse cenário, a qualidade do meio ambiente também foi reconhecida como direito fundamental do indivíduo (terceira geração), vinculado à sadia qualidade de vida e à dignidade da pessoa humana.

Ainda sob a influência da percepção da necessidade da tutela ecológica como salvaguarda da vida humana, preconizou-se a adoção de uma nova ética ambiental, em que os seres humanos seriam responsáveis pela manutenção do equilíbrio dos recursos naturais, para que eles fossem usufruídos em igualdade de proporções pelas gerações futuras (solidariedade intergeracional). Seguindo esse raciocínio, os recursos naturais – em especial os renováveis – deveriam ser usufruídos racionalmente, para que o maior número de pessoas possível pudesse ter acesso a eles (solidariedade intrageracional).

A responsabilização pelos danos ambientais não ficou apenas no campo ético, sendo também expandida para o âmbito civil, pela instituição do princípio do poluidor pagador, que prescreve que as externalidades negativas ambientais geradas pela atividade poluidora devem ser absorvidas pelo agente causador do dano ambiental.

No Brasil, a CF/1988 prescreveu elementos conformadores do Estado Socioambiental de Direito, ao disciplinar um capítulo específico de normas de proteção do meio ambiente. Além disso, foram estabelecidas normas de proteção ambiental em outros capítulos que integram o texto constitucional, inclusive no capítulo que disciplina a ordem econômica.

Ademais, pode-se inferir, da análise do texto constitucional, que o desenvolvimento urbano deve ser sustentável e o planejamento da expansão das cidades deve observar as normas de proteção ambiental,[214] sendo reconhecido o direito às cidades sustentáveis. O modelo de gestão das cidades sustentáveis prioriza a utilização dos recursos naturais – em especial os renováveis – de maneira equitativa, visando evitar o seu esgotamento, a fim de manter a sua perenidade, inclusive para as gerações futuras.

Nesse sentido, as normas que preconizam a redução na geração de resíduos sólidos, como as leis municipais que determinam a substituição do uso das sacolas plásticas comuns por ecológicas pelos agentes do comércio, harmonizam-se com a estrutura do Estado Socioambiental e com o sistema de gestão sustentável das cidades.

214 BRASIL, 1988, art. 182.

2

Requisitos da constitucionalidade formal das leis municipais de substituição das sacolas plásticas comuns por ecológicas

2.1 CONSIDERAÇÕES INICIAIS

Este capítulo abordará o sistema federativo cooperativo como uma das formas de o Estado se organizar para realizar as tarefas de proteção ambiental e a promoção das políticas públicas relativas ao desenvolvimento sustentável.

Inicialmente, será analisada a estrutura do federalismo cooperativo ambiental delineada na CF/1988, com destaque para a inclusão dos Municípios no sistema federativo brasileiro. Também se objetiva investigar sobre a repartição das competências executivas relativas à gestão e ao gerenciamento dos resíduos sólidos e sobre a formação de consórcios municipais, como uma alternativa de ganho de eficiência na atuação estatal.

Em um segundo momento, será pesquisado sobre o princípio constitucional implícito da subsidiariedade, que fundamenta o exercício das competências ambientais (materiais e legislativas), incluindo a atribuição de gestão e gerenciamento dos resíduos sólidos e as políticas municipais de substituição do uso das sacolas plásticas comuns por ecológicas na estrutura federativa brasileira. Ainda, se abordará a necessidade da efetiva participação social no processo de formulação e controle das políticas públicas ambientais, facilitada pela descentralização de poder. Nesse ponto, será exposta a relevância da educação no aperfeiçoamento democrático das discussões das políticas ambientais, incluindo a substituição do uso das sacolas plásticas comuns por ecológicas.

Além disso, será analisada a estrutura constitucional da repartição de competência legislativa concorrente, especificando a atribuição da União de estabelecer as normas gerais e a competência dos Municípios de legislarem supletivamente de acordo com o interesse local, bem como a inter-relação entre a LPNRS e as leis municipais que determinam a substituição do uso das sacolas plásticas comuns por ecológicas nessa estrutura de repartição de competências.

Por fim, serão cotejados os requisitos formais de elaboração legislativa a serem preenchidos para que as leis municipais que instituem a substituição do uso das sacolas plásticas não sejam maculadas pelo vício da inconstitucionalidade formal.

2.2 REPARTIÇÃO DAS COMPETÊNCIAS MATERIAIS COMUNS E FEDERALISMO COOPERATIVO NAS POLÍTICAS DE GESTÃO DE RESÍDUOS SÓLIDOS

O meio ambiente equilibrado é um direito fundamental de terceira geração com fundamento no valor da solidariedade,[1] devendo ser protegido pelo poder público por meio de políticas públicas voltadas para o desenvolvimento sustentável, a conservação dos ecossistemas e o combate à poluição.[2] A eficácia das ações estatais de controle das atividades causadoras de significativos impactos ambientais depende, não raras vezes, da atuação conjunta e integrada de países, organismos internacionais e sociedade civil, devido à natureza difusa dos danos ecológicos, que podem ultrapassar as fronteiras geográficas.[3]

1 LEITE, José Rubens Morato; BELCHIOR, Germana Parente Neiva. Direito constitucional ambiental. *In:* FARIAS, Talden; TRENNEPOHL, Terence (coord.). **Direito ambiental brasileiro**. São Paulo: Revista dos Tribunais, 2019. p. 68-97.

2 BRASIL, 1988, art. 225.

3 SARLET, Ingo Wolfgang; FENSTERSEIFER, Tiago. **Princípios de direito ambiental.** 2. ed. São Paulo: Saraiva, 2017b. p. 225.

Em respeito à soberania estatal,[4] cada país estabelecerá a sua organização interna de repartição de competências para combater a poluição e implementar políticas de desenvolvimento sustentável. Dessa forma, o delineamento constitucional da repartição geográfica do poder político de cada Estado definirá se, no âmbito interno, o combate à poluição ocorrerá de maneira centralizada ou descentralizada.

As políticas públicas de desenvolvimento sustentável serão implementadas de maneira centralizada nos Estados Unitários.[5] No entanto, os ordenamentos jurídicos dessas estruturas estatais poderão autorizar a descentralização administrativa de suas funções, incluindo as ambientais, com a finalidade de facilitar a administração da nação. Nesse caso, as unidades administrativas criadas são subordinadas ao poder central, não possuindo autonomia política.[6]

---

4 BRASIL, 1988, art. 1º, inc. I. Também: "A ideia de soberania interna aduz para a faculdade de o poder constituinte originário (o povo) estabelecer a organização de seu Estado segundo o seu próprio alvedrio, desde que não viole os objetivos internacionais assumidos, em especial aqueles que garantem a proteção dos direitos humanos. Essa capacidade se materializa no monopólio de legislar o seu próprio Direito e regular a coação física em seu território. A soberania no plano internacional, por sua vez, reconhece os Estados como iguais e independentes, desde que, novamente, não violem os objetivos globais" (FACHIN; SAMPAR, op. cit., p. 16).

5 Nesse sentido: "Se o Estado é concebido como uma ordem de conduta humana e, desse jeito, como um sistema de normas que são vigentes tanto temporal como espacialmente, então o problema de um desmembramento territorial do Estado em províncias ou em chamados Estados-membros é um problema especial do domínio especial de validade das normas que formam a ordem estadual. A configuração corrente do Estado parte do pressuposto singelo de que todas as normas que formam a ordem estadual valem por forma igual para todo o território do Estado ou – na medida em que as referimos à pessoa da autoridade que põe as normas – provêm de uma única instância, de que uma única instância domina, de um centro, todo o território do Estado. Nesta última figuração – é a chamada Estado unitário" (KELSEN, Hans. **Teoria pura do direito**. Tradução de João Baptista Machado. 7. ed. São Paulo: Martins Fontes, 2006. p. 347).

6 MIRANDA, op. cit., p. 194-201.

Em sentido oposto, a CF/1988 optou pela forma de Estado Federal, que se caracteriza pela descentralização do poder político entre os entes federativos e pela sobreposição de normas na mesma base territorial (leis estaduais, nacionais e municipais).[7] Logo, disciplinou que a República Federativa do Brasil é formada pela união indissolúvel da União, dos Estados-membros, do Distrito Federal e dos Municípios (art. 1º), que possuem os atributos da auto-organização e normatização própria, autogoverno e autoadministração, inerentes à autonomia dos entes federativos (art. 18).

O texto constitucional estabelece a autonomia das unidades federativas ao prescrever que os Estados-membros devem se estruturar por suas respectivas Constituições (art. 25) e os Municípios por suas respectivas leis orgânicas (art. 29), que constituem as Constituições municipais.[8] Dessa forma, a CF/1988 apresenta a peculiaridade de atribuir aos Municípios a conotação de ente federativo, fenômeno único no mundo.[9] Entretanto, apesar de integrarem a federação brasileira, eles recebem regramento constitucional assimétrico se comparados com os Estados-membros da Federação, pois não participam da formação da vontade federal, que no Brasil ocorre pela eleição de senadores, que representam os Estados-membros no Senado Federal.[10] Além disso, não possuem um Poder Judiciário e estão sujeitos à intervenção

[7] "Desdobrando melhor estas ideias, no Brasil, por obra e graça do princípio federativo – verdadeira coluna mestra de nosso sistema jurídico –, convivem harmonicamente (e nisso estamos com Kelsen) a **ordem jurídica global** (o Estado Brasileiro) e as **ordens jurídicas parciais**, **central** (União) e **periféricas** (Estados-membros e, para a maioria dos nossos constitucionalistas, também os Municípios e o Distrito Federal). Esta múltipla incidência só é possível por força da cuidadosa discriminação de competências (inclusive tributárias), levada a efeito pela Constituição da República" (CARRAZZA, Roque Antônio. **Curso de direito constitucional tributário**. 30. ed. São Paulo: Malheiros, 2015. p. 169. Grifos nossos).

[8] MEIRELLES, Hely Lopes. **Direito municipal brasileiro.** 18. ed. São Paulo: Malheiros, 2017. p. 86.

[9] MIRANDA, op. cit., p. 208-209.

[10] LOPES FILHO, op. cit., p. 43.

dos Estados-membros em que estão localizados.[11] A participação dos Municípios no pacto federativo foi reconhecida pelo Supremo Tribunal Federal, por exemplo, no julgamento da ADI 3549-5/GO. Nesse sentido o fundamento do voto da Ministra Cármen Lúcia:

> 2. Federativo há mais de um século, o modelo de federação brasileiro foi profundamente alterado pela Constituição da República de 1988, tendo-se nela definida nova relação a ser estabelecida entre os entes federados, passando-se a considerar o Município componente de estrutura federativa e, nessa condição, dotando-o de competências exclusivas que traçam o âmbito de sua autonomia política.[12]

Consequentemente, em virtude do atributo da auto-organização, o arranjo da estrutura política e administrativa dos entes federativos periféricos não pode ser imposto pelo ente central, devendo resultar de um ato do poder constituinte decorrente.[13] Dessa forma, ao contrário do poder constituinte originário, o poder constituinte do Estado-membro é decorrente, pois retira seu fundamento da Constituição Federal, e não de si mesmo.[14]

No entanto, a autonomia de organização política e administrativa dos Estados-membros da Federação encontra limites nos princípios constitucionais estabelecidos, que consistem em normas expressas na Constituição Federal que preestabelecem a forma de organização dos entes federativos periféricos. Raul Machado Horta qualifica essas normas, que atingem os ordenamentos estaduais como normas centrais.[15]

---

11 MENDES, Gilmar Ferreira; BRANCO, Paulo Gustavo Gonet. **Curso de direito constitucional.** 13. ed. São Paulo: Saraiva, 2018. p. 917.

12 BRASIL. Supremo Tribunal Federal. **Ação Direta de Inconstitucionalidade n. 3.549-5/GO**. Tribunal Pleno. Relator(a): Ministra Cármen Lúcia. Data do julgamento: 17.09.2007. Data da publicação: 31.10.2007.

13 SILVA, 2019a, p. 618.

14 MENDES; BRANCO, op. cit., p. 909.

15 "As normas constitucionais federais, que, transpondo o objetivo primário de ordenamento estadual, com maior ou menor intensidade, demonstram a existência de uma forma especial de normas na Constituição Federal, que

As restrições impostas de forma expressa ao poder constituinte decorrente podem ser mandatórias, quando determinam explicitamente aos Estados-membros a adoção de determinados princípios previstos na Constituição Federal.[16] Esses dispositivos são denominados normas constitucionais de reprodução obrigatória, pois se referem a preceitos da Constituição Federal que devem, necessariamente, ser observados pelos Estados-membros da Federação.[17]

Nesse arcabouço constitucional, as leis e atos normativos estaduais e municipais que violarem as normas constitucionais de reprodução obrigatória serão incompatíveis com a Constituição Estadual e com a Constituição Federal.

Como os Tribunais de Justiça não são detentores de competência para julgar a antinomia de leis e atos normativos estaduais e municipais em face da Constituição Federal, as suas decisões proferidas em controle de constitucionalidade, no caso das normas constitucionais de reprodução obrigatória, não serão dotadas do atributo da definitividade. De modo consequente, a fim de evitar a usurpação da competência do Supremo Tribunal Federal, a parte poderá interpor recurso extraordinário em face da decisão proferida pelo Tribunal Justiça que julgar inconstitucional lei estadual ou municipal

---

denominamos de normas centrais. As normas centrais podem exteriorizar-se nos 'princípios desta Constituição', na referência da Constituição de 1988, ou nos 'princípios estabelecidos nesta Constituição', em equivalente denominação da Constituição de 1946, e, ainda, nos 'princípios constitucionais' da Constituição de 1988, que retornou a linguagem da reforma de 1926, ou 'os seguintes princípios', na redação de 1946, num caso e no outro, mediante enumeração exaustiva. As normas centrais abrangem as normas de competência deferidas aos Estados e as normas de preordenação, estas últimas quando a Constituição Federal dispuser no seu texto sobre Poder do Estado, titular de Poder ou instituição estadual" (HORTA, Raul Machado. **Direito constitucional.** 5. ed. Atualizado por Juliana Campos Horta. Belo Horizonte: Del Rey, 2010. p. 300-301).

16 SILVA, 2018, p. 623.

17 DANTAS, Paulo Roberto de Figueiredo. **Direito processual constitucional.** 9. ed. São Paulo: Saraiva, 2019. p. 330.

antinômica com as normas da Constituição Estadual de reprodução obrigatória.[18]

Nesse contexto, o Sindicato das Indústrias de Materiais Plásticos de São Paulo ajuizou ação direta de inconstitucionalidade, no Tribunal de Justiça do Estado de São Paulo, questionando a constitucionalidade da Lei n. 7.281/2011,[19] do Município de Marília, que impõe aos estabelecimentos privados, em seu art. 1º, a obrigação de substituir o uso das sacolas plásticas comuns por ecológicas.[20]

No caso em concreto, o Tribunal de Justiça do Estado de São Paulo julgou a lei inconstitucional, sob o fundamento de que houve violação de norma da Constituição do Estado de São Paulo de reprodução obrigatória da Constituição Federal. Contra tal decisão, foi interposto recurso extraordinário pelo Ministério Público Estadual, que foi conhecido com reconhecimento de repercussão geral pelo Supremo Tribunal Federal (Recurso Extraordinário n. 732.686/SP – Tema 970). Nesse recurso, o Ministério Público Federal opinou pela constitucionalidade da lei e ainda nenhum ministro apresentou voto quanto ao julgamento de mérito da matéria.

Nesse julgamento, o Tribunal de Justiça do Estado de São Paulo considerou que a Lei n. 7.281/2011, do Município de Marília, padecia de vício de iniciativa, pois somente o Chefe do Poder Executivo dos Municípios poderia apresentar projeto de lei que dispusesse sobre a criação de cargos na administração pública municipal, com o consequente aumento de despesas (Constituição do Estado de São

---

18 DANTAS, 2019, p. 330-331.

19 MUNICÍPIO DE MARÍLIA. Câmara Municipal. **Lei Ordinária n. 7.281, de 22 de julho de 2011**. Dispõe sobre a substituição do uso de sacolas plásticas utilizadas em estabelecimentos empresariais para acondicionamento de mercadorias por sacolas retornáveis ou plásticas oxibiodegradáveis, ou similar, que não sejam prejudiciais ao meio ambiente. Disponível em: https://sapl.marilia.sp.leg.br/consultas/norma_juridica/norma_juridica_mostrar_proc?cod_norma=19568. Acesso em: 8 jun. 2020.

20 SÃO PAULO. Tribunal de Justiça do Estado de São Paulo. TJSP. **ADI n. 0230256-30.2009.8.26.0000**. Órgão Especial. Rel. Desembargador José Roberto Bedran, DJ 03.02.2011.

Paulo, art. 24, § 2º, I, c/c art. 144).[21] Nesse caso, o dispositivo previsto na Constituição do Estado de São Paulo – que disciplina que os projetos de lei referentes à criação de cargos na administração pública direta ou indireta são de iniciativa reservada dos Chefes do Poder Executivo (Governador e Prefeitos) – é uma norma de reprodução obrigatória, reproduzindo a prevista no art. 61, § 1º, II, "a", da CF/1988, que fixa essa matéria como de iniciativa privativa do Presidente da República.

Além da auto-organização, outro atributo decorrente da autonomia dos entes federativos é a capacidade de instituir normatização própria. Esse requisito consiste na atribuição conferida constitucionalmente aos entes federativos para editarem leis nos limites de suas competências, desde que não apresentem antinomias com a Constituição Federal.[22] Nesse contexto, a convergência das leis estaduais e municipais para a Constituição Federal confere unidade para o Estado Federal, diferenciando-o da Confederação de Estados.[23] Assim, denota-se que os entes federativos são detentores de competências próprias advindas diretamente do texto constitucional, não havendo hierarquia entre eles, mas âmbitos normativos distintos de atuação.[24]

O Estado federal costuma adotar a forma de Constituição escrita,[25] porque a distribuição de competências dos entes federa-

---

[21] ESTADO DE SÃO PAULO. Assembleia Legislativa do Estado de São Paulo. **Constituição Estadual de 5 de outubro de 1989**. Disponível em: https://www.al.sp.gov.br/repositorio/legislacao/constituicao/1989/compilacao-constituicao-0-05.10.1989.html. Acesso em: 8 jun. 2020.

[22] LOPES FILHO, op. cit., p. 54.

[23] MENDES; BRANCO, op. cit., p. 896-897.

[24] DALLARI, Dalmo de Abreu. **O Estado Federal**. 2. ed. São Paulo: Saraiva, 2019. p. 29.

[25] Em relação ao conceito de constituição escrita: "Quando reúnem num texto escrito, elaborado por um órgão constituinte, as normas fundamentais sobre a estrutura do Estado e os direitos fundamentais. Essas normas escritas podem estar sistematizadas em um só texto constitucional, articulando-se em títulos, capítulos e seções. São as chamadas **Constituições documentais** ou **codificadas**. Pode, entretanto, haver um texto principal de normas constitucionais, ao lado de leis esparsas, mas de valor constitucional, ou

tivos deve estar expressamente fixada no texto constitucional, para que se evite o conflito normativo entre as unidades federadas. Nesse sentido, a lição de Fernanda Dias Menezes de Almeida:

> 4. De outra parte, indissociável com é da noção de autonomia, o exercício de poderes próprios pelo ente autônomo, dentro, porém, de um círculo de competências fixado por um poder mais alto - o poder soberano -, no Estado federal a delimitação da autonomia estadual só pode, obviamente, ser estabelecida na Constituição Federal.
>
> [...]
>
> É na Constituição que se faz a partilha de competências entre o todo e as partes. A Federação, em última análise, é um grande sistema de repartição de competências. E essa repartição de competências é que dá substância à descentralização em Estados autônomos.[26]

Além das características assinaladas, a solução dos conflitos entre os entes federativos deve ser resolvida pelo órgão de cúpula do Poder Judiciário previamente fixado no texto constitucional. No Brasil, essa função é exercida pelo Supremo Tribunal Federal, como determinado pela CF/1988, em seu art. 102, inc. I, alínea "f".[27]

Nesse contexto, em decorrência da repartição constitucional de competências, as normas municipais que expedem comandos de substituição das sacolas plásticas comuns por ecológicas devem

bem existirem apenas leis constitucionais sem uma organização sistêmica, recebendo, então, o nome de **Constituições não documentadas** ou **legais**. Exemplos de uma Constituição associada a lei ou leis esparsas são encontradas no Canadá e na Suécia. De uma coleção de leis constitucionais: a França em 1875 e atualmente Israel" (SAMPAIO, op. cit., p. 121-122, grifos nossos).

26 ALMEIDA, Fernanda Dias Menezes de. A Constituição do Estado Federal e das unidades federadas. **Revista de Informação Legislativa**, v. 24, n. 95, p. 172, jul./set. 1987. Disponível em: https://www2.senado.leg.br/bdsf/bitstream/handle/id/181809/000433660.pdf?sequence=1&isAllowed=y. Acesso em: 29 jan. 2020.

27 AWAZU, Luís Alberto de Fischer. **O federalismo brasileiro e o desenvolvimento nacional.** Rio de Janeiro: Lumen Juris, 2018. p. 181-182.

possuir fundamento de validade na Constituição Federal, tendo em vista que inexiste escalonamento hierárquico entre as normas federais, estaduais e municipais.[28]

Além da capacidade de elaborar a própria Constituição como ato do poder constituinte decorrente e de produzir normatização própria na sua base territorial, as unidades federativas periféricas também são detentoras dos atributos do autogoverno e da autoadministração.[29]

Pelo exercício do autogoverno, as entidades federativas constituem a estrutura de poder necessária para cumprirem as competências materiais que lhes foram atribuídas pela Constituição Federal. No Brasil, em virtude de integrar o sistema federativo, o Município possui a sua organização política delineada na CF/1988, no art. 29, inc. I, mediante o exercício do Poder Executivo pelo Prefeito e do Poder Legislativo pela Câmara Municipal, composta por vereadores eleitos pela população local.

Além disso, o atributo do autogoverno confere às unidades federativas o poder de definir o planejamento de suas políticas e projetos, priorizando as ações que julgar necessárias, para que sejam alcançados os objetivos fixados no art. 3º da CF/1988.[30] Consequentemente, os programas ambientais materializados nas políticas de substituição das sacolas plásticas comuns por ecológicas decorrem da capacidade de autogoverno dos Municípios, que possuem a discricionariedade de implementarem, ou não, essa política pública.

Nesse ponto, registra-se que a participação dos entes periféricos no modelo federativo não pode ser apenas formal, sendo necessário que possuam renda própria que lhes assegure a real autonomia em relação aos demais entes que integram a Federação.[31] Consequentemente, são dotados de competência tributária, que consiste na

---

[28] AWAZU, op. cit., p. 24.

[29] LOPES FILHO, Juraci Mourão, op. cit., p. 59-65.

[30] LOPES FILHO, op. cit., p. 59.

[31] DALLARI, Dalmo de Abreu. **Elementos de teoria geral do Estado**. 33. ed. São Paulo: Saraiva, 2018. p. 254.

autorização, concedida pelo legislador constituinte, para instituírem, mediante lei, os impostos previstos na Constituição Federal.[32]

Todavia, apesar de os Municípios participarem da discriminação constitucional da competência tributária no Brasil, com impostos de sua competência exclusiva (Impostos sobre Serviços de Qualquer Natureza – ISS, Imposto Predial e Territorial Urbano – IPTU, Imposto de Transmissão de Bens Imóveis – ITBI), um número elevado de Municípios depende dos repasses financeiros da União, não possuindo autonomia econômica suficiente para viabilizar a sua autonomia administrativa.[33]

A título ilustrativo, em 94% dos Municípios, as transferências financeiras recebidas constituem aproximadamente 70% de suas receitas correntes. De acordo com o Índice Firjam de Gestão Fiscal de 2015, 83% deles não conseguem arrecadar 20% de suas receitas. Nesse cenário deficitário das contas públicas municipais, somente 83 geram as receitas necessárias para pagar a folha de pagamento de seus servidores, destacando-se que a República Federativa do Brasil possui 5.570 Municípios.[34]

Infere-se, dos dados apresentados, que, apesar de detentores da autonomia formal, a maioria dos Municípios existentes no Brasil depende economicamente do ente central para pagar suas despesas correntes, como as de pessoal, o que de certa forma enfraquece o sistema federativo brasileiro.

Além das receitas tributárias e dos repasses financeiros, os valores das multas impostas em virtude da prática de infrações administrativas podem constituir fontes de receitas dos Municípios. Dessa forma, as multas aplicadas nos estabelecimentos comerciais

---

32 CARRAZZA, op. cit., p. 593.

33 ANDRADE, Mário César da Silva. Dependência financeira dos Municípios brasileiros: entre o federalismo e a crise econômica. **Revista Espaço Acadêmico** (UFSM), n. 185, p. 72, out. 2016. Disponível em: http://www.periodicos.uem.br/ojs/index.php/EspacoAcademico/article/view/31073/17600. Acesso em: 4 mar. 2020.

34 Idem, p. 77.

que não substituírem o uso das sacolas plásticas comuns por ecológicas - caso a conduta seja tipificada como infração administrativa ambiental - são legítimas fontes de arrecadação municipais. É recomendável que os valores arrecadados sejam, prioritariamente, destinados para a viabilização financeira das políticas públicas ambientais, inclusive na construção de aterros sanitários, se necessário.

Dessa forma, a atribuição conferida aos entes federativos de expedir comandos normativos (poder regulamentar) e fiscalizar o cumprimento das normas por seus destinatários pode ser acompanhada do poder de arrecadar os valores decorrentes das aplicações das sanções administrativas lavradas em decorrência do descumprimento das normas.

Nessa lógica, o sistema federativo brasileiro acolheu a teoria dos poderes implícitos, que estabelece serem assegurados, aos entes federativos, os meios necessários, inclusive financeiros, para cumprirem as atribuições constitucionais que lhes forem impostas.[35]

Além dos requisitos já apresentados, a capacidade de autoadministração dos entes federativos é mais um elemento a caracterizar o sistema federativo. Esse atributo consiste no poder conferido a eles de organizarem as suas estruturas administrativas para cumprirem as competências materiais que lhes foram fixadas pelo texto constitucional.[36] O Município necessitará, por exemplo, de estrutura administrativa composta por servidores tecnicamente qualificados, para exercer o seu poder fiscalizatório relativo ao cumprimento das normas que determinam a substituição do uso das sacolas plásticas comuns pelas ecológicas.

Uma vez estabelecidos os elementos que caracterizam o sistema federativo, passemos à análise da estrutura de repartição das competências materiais ambientais.

Inicialmente, aponta-se que a distribuição das competências ambientais não possui regras diferenciadas no texto constitucional,

---

35 LOPES FILHO, op. cit., p. 24-25.

36 Idem, ibidem.

adotando as mesmas diretrizes de repartição de atribuições estabelecidas para as demais matérias.[37]

Nessa perspectiva, nas questões relacionadas a temas ambientais, a CF/1988 prescreve normas relativas à repartição das competências materiais e legislativas entre os entes que integram a Federação. Trata-se das denominadas normas de estrutura, que prescrevem os procedimentos necessários para se instituírem normas válidas no ordenamento jurídico vigente.[38]

Discriminando os conceitos, a competência material ou executiva ambiental "reserva a determinada esfera do poder o direito de estabelecer e executar diretrizes, estratégias e políticas relacionadas ao meio ambiente".[39] O exercício dessa competência confere concretude à legislação ambiental, por meio de práticas administrativas voltadas à proteção da natureza e de implementação de políticas de sustentabilidade,[40] abrangendo as ações de autorização (licenças ambientais) e fiscalização das atividades poluentes.[41]

Nessa conjuntura, a Lei do Município de Marília n. 7.281/2011, que disciplina a substituição do uso das sacolas plásticas comuns por ecológicas, atribuiu o exercício da competência executiva fiscalizatória ao respectivo órgão de fiscalização ambiental do Poder Executivo municipal.[42] Por intermédio dessa lei, o Município de Marília exerceu a sua competência material de implementar uma política pública de desenvolvimento sustentável, pois o ato normativo foi editado com a finalidade de eliminar a produção de resíduos sólidos que causam danos ambientais e sanitários.

---

37 FERREIRA, Heline Silvini. Competências ambientais. *In:* CANOTILHO, José Joaquim Gomes; LEITE, José Rubens Morato (org.). **Direito constitucional ambiental brasileiro**. 6. ed. São Paulo: Saraiva, 2015. p. 244.

38 BOBBIO, Norberto. **Teoria do ordenamento jurídico.** Tradução de Ari Marcelo Solon. 2. ed. São Paulo: Edipro, 2014. p. 46-47.

39 FERREIRA, op. cit., p. 245.

40 SARLET; FENSTERSEIFER, 2017a, p. 193.

41 BIM, Eduardo Fortunato; FARIAS, Talden. Competência ambiental legislativa e administrativa. *In:* FARIAS, Talden; TRENNEPOHL, Terence (coord.). **Direito ambiental brasileiro**. São Paulo: Revista dos Tribunais, 2019. p. 112.

42 MUNICÍPIO DE MARÍLIA, op. cit., art. 5º.

Prosseguindo no desenvolvimento do tema, em relação ao sistema de distribuição de competências materiais, exposto na CF/1988, os assuntos afetos à proteção ambiental foram atribuídos a todos os entes federativos. Nesse sentido, o texto constitucional determinou ser da competência material comum da União, dos Estados-membros, do Distrito Federal e dos Municípios "proteger o meio ambiente e combater a poluição em qualquer de suas formas".[43] Além do mais, o texto constitucional não estabeleceu hierarquia de atribuições entre os entes federados nas matérias de competência comum, que devem ser exercidas igualmente entre eles mesmos.[44]

Ademais, o modelo estruturante prescrito no texto constitucional, em seu art. 225, para o cumprimento dos deveres estatais de proteção ambiental, é o do federalismo cooperativo democrático, que prevê a atuação conjunta e integrada dos entes federativos na implementação das políticas públicas relacionadas à tutela do meio ambiente.[45] Nessas políticas estão inseridas as ações de gestão e gerenciamento de resíduos sólidos, por exemplo, os comandos municipais que impõem a substituição do uso das sacolas plásticas (comuns por ecológicas).

Nesse sistema jurídico, a preservação e a defesa do meio ambiente, bem de uso comum do povo e essencial à sadia qualidade de vida,[46] devem ser realizadas em cooperação e de maneira integrada entre as unidades federadas, cada qual atuando no seu âmbito de atribuição fixado constitucionalmente. Em consequência, o federalismo cooperativo não deve ser interpretado de forma a que o exercício das atividades executivas dos entes federativos se sobreponha de maneira onerosa e inútil.[47]

Ingo Wolfgang Sarlet e Tiago Fensterseifer assim descrevem o modelo federativo cooperativo ambiental delineado no texto constitucional:

---

43 BRASIL, 1988, art. 23, inc. VI.

44 FERREIRA, op. cit., p. 245.

45 SARLET; FENSTERSEIFER, 2017b, p. 51.

46 BRASIL, 1988, art. 225.

47 BIM; FARIAS, op. cit., p. 112.

> O exercício das competências constitucionais (legislativas e executivas) em matéria ambiental, respeitados os espaços político-jurídicos de cada ente federativo, deve rumar para a realização do objetivo constitucional expresso no art. 225 da CF/88, inclusive sob a caracterização de um **dever de cooperação** entre os entes federativos no cumprimento de seus deveres de proteção ambiental.[48]

A atuação conjunta e integrada dos entes federativos na proteção da natureza e no combate à poluição foi regulamentada pela Lei Complementar n. 140/2011,[49] que normatiza a cooperação entre a União, os Estados-membros, o Distrito Federal e os Municípios nas ações administrativas decorrentes do exercício da competência comum relativas à proteção da natureza. Essa Lei Complementar foi a primeira a regulamentar o parágrafo único do art. 23 da CF/1988, sendo instituída com o propósito de garantir o equilíbrio no desenvolvimento nacional.

A LC n. 140/2011 fixou como objetivos principais das unidades federativas, a serem exercidos de forma conjunta, "proteger, defender e conservar o meio ambiente ecologicamente equilibrado, promovendo gestão descentralizada, democrática e eficiente",[50] e "harmonizar as políticas e ações administrativas para evitar a sobreposição de atuação entre os entes federativos, de forma a evitar conflito de atribuições [...]".[51]

---

[48] SARLET; FENSTERSEIFER, 2017b, p. 51, grifos nossos.

[49] BRASIL. Presidência da República. Casa Civil. Subchefia para Assuntos Jurídicos. **Lei Complementar n. 140, de 8 de dezembro de 2011**. Fixa normas, nos termos dos incisos III, VI e VII do *caput* e do parágrafo único do art. 23 da Constituição Federal, para a cooperação entre a União, os Estados, o Distrito Federal e os Municípios nas ações administrativas decorrentes do exercício da competência comum relativa à proteção das paisagens naturais notáveis, à proteção do meio ambiente, ao combate à poluição em qualquer de suas formas e à preservação das florestas, da fauna e da flora; e altera a Lei n. 6.938, de 31 de agosto de 1981. Disponível em: http://www.planalto.gov.br/ccivil_03/leis/lcp/Lcp140.htm. Acesso em: 3 mar. 2020.

[50] BRASIL, 2011, art. 3º, inc. I.

[51] BRASIL, 2011, art. 3º, inc. III.

Nesse sentido, destaca-se que essa LC apresentou comando direcionado aos entes federativos para que atuem em conjunto e harmonicamente, evitando a sobreposição de atuações.

A ação conjunta e coordenada dos entes federativos na proteção do meio ambiente visa "evitar interferências negativas e dispersão de esforços capazes de prejudicar as suas obrigações de proteção".[52] Em consonância com a construção legislativa apresentada, o Ministro Herman Benjamin, em voto proferido no Recurso Especial n. 1.410.732/RN, afirmou que o modelo de federalismo cooperativo deve ser utilizado como instrumento de eficiência nas políticas públicas ambientais.[53]

Nessa perspectiva, a falta de comunicação e de adoção de medidas conjuntas pelos órgãos ambientais – quando da execução de medidas de controle de danos ambientais que ultrapassem os limites territoriais – poderá, inclusive, comprometer a eficiência das ações estatais praticadas isoladamente. A título ilustrativo, recomenda-se que os danos ambientais causados por descartes de sacolas plásticas em rios que banhem mais de um Município sejam solucionados por meio de ações conjuntas e coordenadas daqueles impactados pelos danos. Nesse exemplo, a omissão de um Município poderá inviabilizar a eficiência das políticas públicas adotadas pelos demais.

No campo da legislação infraconstitucional, a LPNRS estabelece a necessidade de observar-se o princípio da cooperação na estrutura nacional de gestão e gerenciamento de resíduos sólidos.[54] Esse tema deve ser tratado sob a ótica do federalismo cooperativo ambiental porque, apesar de a prestação do serviço público de limpeza urbana e o manejo de resíduos sólidos urbanos serem de atribuição dos Municípios,[55] os demais entes que integram a Federação também possuem interesse na redução do descarte inadequado dos resíduos.

---

52 ANTUNES, 2015, p. 25.

53 BRASIL. Superior Tribunal de Justiça. STJ. **Recurso Especial n. 1.410.732/RN.** Relator Ministro Herman Benjamim. Segunda Turma. Data do julgamento: 07.06.2018. Data da publicação: 12.03.2019.

54 BRASIL, 2010, art. 6º, inc. VI.

55 BRASIL, 2010, art. 10.

Nessa conjuntura normativa, os Estados-membros devem buscar a integração do planejamento e da execução das ações de interesses comuns das regiões metropolitanas e das aglomerações urbanas relativas à gestão de resíduos sólidos, estabelecendo preferências pelos projetos de soluções consorciadas entre os Municípios.[56]

Dessa forma, o instituto do consórcio, por possibilitar a gestão compartilhada dos serviços, adquire especial relevo nas políticas de gestão dos resíduos sólidos, sendo recomendada a sua celebração quando configurarem interesses comuns dos entes consorciados.[57] A instituição de consórcios públicos[58] municipais na construção de aterros sanitários é exemplo de um instrumento de cooperação a viabilizar a gestão ambientalmente adequada dos resíduos sólidos.

Nesse sentido, o consórcio intermunicipal, por agregar recursos econômicos, estrutura administrativa e conhecimento técnico dos Municípios consorciados,[59] constitui um instituto jurídico fundado na colaboração, que poderá ser eficiente no gerenciamento compartilhado da destinação final dos rejeitos de Municípios que integrem a mesma região metropolitana. O Tribunal de Contas do Estado do Rio de Janeiro recomendou, por exemplo, que os treze Municípios que integram a Baixada Fluminense criassem um consórcio para resolver o problema da gestão incorreta da disposição dos rejeitos sólidos urbanos e dos rejeitos sólidos de saúde daquela região.[60] Nessa perspectiva, a Lei n. 11.445/2007, com redação dada pela Lei n. 14.026/2020, permite "a formalização de consórcios intermunicipais de saneamento básico, exclusivamente composto de

56 BRASIL, 2010, art. 11, inc. I, c/c parágrafo único.

57 CUNHA, Antônio Renato Cardoso. As espécies de descentralização de serviços públicos e o manejo de resíduos sólido. *In:* LEITE, José Rubens Morato; IGLECIAS, Patrícia Faga (org.). **Direito ambiental para o século XXI**: novos contornos jurisprudenciais e na regulamentação dos resíduos sólidos. 6. ed. São Paulo: Revista dos Tribunais, 2015. p. 204.

58 BRASIL, 1988, art. 241.

59 NASCIMENTO NETO, Paulo. **Resíduos sólidos urbanos**: perspectivas de gestão intermunicipal em regiões metropolitanas. São Paulo: Atlas, 2013. p. 21.

60 CUNHA, 2015, p. 192.

Municípios, que poderão prestar o serviço aos seus consorciados diretamente, pela instituição de autarquia intermunicipal".[61]

A maioria dos Municípios, como descrito, apresenta uma situação fiscal deficitária, fato que contribui para inviabilizar a alocação de recursos em projetos sanitários e de gestão de resíduos sólidos. Esse impedimento financeiro pode ser mitigado pela associação de Municípios com o propósito de implementarem políticas públicas conjuntas relacionadas à gestão de resíduos sólidos.

Ainda nesse cenário, a LPNRS prescreve que os Municípios que optarem por soluções consorciadas terão prioridade ao acesso dos recursos da União destinados a serviços relativos ao gerenciamento de resíduos sólidos e à limpeza urbana.[62]

Assim sendo, a atuação municipal consorciada no gerenciamento da disposição final dos rejeitos sólidos, associada com as políticas de substituição do uso das sacolas plásticas comuns por ecológicas, poderão se mostrar eficazes na redução da poluição ambiental proveniente do descarte inadequado dos resíduos.

2.3 PRINCÍPIO DA SUBSIDIARIEDADE, FEDERALISMO ASSIMÉTRICO E CONTROLE SOCIAL NAS POLÍTICAS PÚBLICAS DE SUBSTITUIÇÃO DE SACOLAS PLÁSTICAS

No sistema federativo cooperativo, a predileção pelo exercício das competências constitucionais comuns e concorrentes pelos entes federativos periféricos também encontra fundamento na incidência do princípio da subsidiariedade,[63] que se aplica

[61] BRASIL, 2007, art. 8º, I.

[62] BRASIL, 2010.

[63] "Para o pensamento liberal, contudo, que se preocupa com os limites do poder coercitivo do Estado e com sua descentralização, o princípio da subsidiariedade acarreta uma justificável preocupação em garantir a máxima autonomia individual, bem como a ideia de conferir à União apenas aquelas competências que não possam ser reservadas aos Estados, ou mais preferencialmente aos Municípios" (ZIMMERMANN, Augusto. **Teoria geral do federalismo democrático.** 2. ed. Rio de Janeiro: Lumen Juris, 2014. p. 204).

tanto para o exercício das competências legislativas como para as executivas.[64]

No Direito Comunitário, um exemplo de sua aplicação está previsto no Tratado da União Europeia (Tratado de Maastricht), firmado em 1992.[65] Nele, o princípio da subsidiariedade prescreve que a Comunidade Europeia não intervirá nas matérias que não forem de sua competência exclusiva, salvo quando a medida não puder ser realizada de forma eficiente pelo Estado, o que justificaria a intervenção dos órgãos comunitários.[66]

Nessa perspectiva, no sistema constitucional brasileiro não há impedimento para que o princípio da subsidiariedade seja aplicado ao federalismo cooperativo instituído pela CF/1988, de maneira semelhante em que incide na União Europeia.[67]

No sistema federativo brasileiro, o princípio da subsidiariedade pode encontrar fundamento na Constituição Federal, porque as condições culturais, políticas e jurídicas foram favorecidas com o reconhecimento de um terceiro ordenamento jurídico de competência dos entes municipais.[68]

---

64 SARLET; FENSTERSEIFER, 2017a, p. 212.

65 HORTA, op. cit., p. 487.

66 Nesse sentido: "Art. 5º. [...]. 1. A delimitação das competências da União rege-se pelo princípio da atribuição. O exercício das competências da União rege-se pelos princípios da subsidiariedade e da proporcionalidade.

[...]

3. Em virtude do princípio da subsidiariedade, nos domínios que não sejam da sua competência exclusiva, a União intervém apenas se e na medida em que os objetivos da ação considerada não possam ser suficientemente alcançados pelos Estados-Membros, tanto ao nível central como ao nível regional e local, podendo contudo, devido às dimensões ou aos efeitos da ação considerada, ser mais bem alcançados ao nível da União" (UNIÃO EUROPEIA. **Tratado da União Europeia**. Disponível em: https://eur-lex.europa.eu/legal-content/PT/TXT/PDF/?uri=CELEX:12016M/TXT&from=EN. Acesso em: 9 mar. 2020).

67 BRASIL. Supremo Tribunal Federal. STF. **Recurso Extraordinário n. 730.721/SP**. Relator Ministro Edson Fachin. Segunda Turma. Data do julgamento: 05.10.2015. Data da publicação: 06.10.2015.

68 HORTA, op. cit., p. 493-494.

Nesses termos, reconhecendo os Municípios como entes que integram a Federação, a CF/1988 acolheu, ainda que implicitamente, o princípio da subsidiariedade, a fim de que as políticas públicas sejam implementados pelas estruturas de poder mais próximas do cidadão, facilitando o controle social.[69] No âmbito do federalismo cooperativo ambiental, esse modelo de exercício do poder viabiliza a interpretação de que é "através dos Municípios que se pode implementar o princípio ecológico de **agir localmente, pensar globalmente**".[70]

Além disso, a participação efetiva dos indivíduos no processo deliberativo e no controle da execução dos projetos estatais, fortalecendo o sistema democrático, é mais viável com a aplicação do princípio da subsidiariedade, pois, quanto maior a descentralização política do poder, maior a proximidade da população com os órgãos e agentes estatais.[71] Em relação ao exercício da competência comum ambiental, a defesa do meio ambiente deve ser realizada de forma descentralizada e democrática.[72]

Dessa forma, na perspectiva de aumentar a participação social nas políticas públicas ambientais, em especial nas ações relativas à gestão dos resíduos sólidos, a repartição das competências ambientais estabelecida na CF/1988 deve ser interpretada levando em consideração a incidência das diretrizes expressas no princípio da subsidiariedade. Consequentemente, o órgão central (União federal) somente deve atuar quando os entes da periferia (Estados e Municípios) não forem detentores de estruturas (jurídicas e materiais) suficientes para solucionar de maneira satisfatória o problema ambiental,[73] salvo as hipóteses de atribuição exclusiva ou privativa da União federal.

Nesse contexto, no âmbito das políticas estatais de combate à poluição causada pela geração excessiva e pelo descarte inadequado das sacolas plásticas comuns, deve-se conferir prevalência às

---

[69] ZIMMERMANN, op. cit.

[70] ANTUNES, 2015, p. 77, grifos nossos.

[71] ZIMMERMANN, op. cit., p. 204.

[72] BRASIL, 2011, art. 3º, inc. I.

[73] SARLET; FENSTERSEIFER, 2017b, p. 55.

legislações municipais, quando editadas para atender às particularidades locais. Deve ser respeitado, porém, o poder atribuído ao órgão central de regulamentar a matéria, caso demonstre que o tratamento uniforme será mais eficiente para o desenvolvimento sustentável nos seus aspectos ambiental, social e econômico. Merece destaque o fundamento do voto proferido pelo Ministro Edson Fachin no julgamento do RE 730721/SP:

> Assim, muito embora seja concorrente e comum a competência para a preservação do meio ambiente, seria simplesmente inconstitucional que o efeito da legislação geral, quer da União, quer a do Estado-membro, pudesse impor níveis de tolerância à poluição incompatíveis com a saúde da população local. É fato notório que um dos principais impactos ambientais nas cidades é causado por resíduos sólidos. Porque é um problema essencialmente ligado ao meio ambiente local, apenas se a legislação federal ou estadual viesse a dispor, de forma clara e cogente – indicando as razões pelas quais é o ente federal o mais bem preparado para fazê-lo –, que os Municípios sobre ela não podem legislar, seria possível afastar a competência municipal para impor limites restrições ao uso de sacolas plásticas.[74]

Portanto, pela incidência da subsidiariedade se presume que a entidade mais periférica da Federação é a que possui mais aptidão para solucionar a demanda de natureza ambiental apresentada pela sociedade. Consequentemente, apenas quando se desconstitui essa presunção, com dados concretos produzidos pelo ente central, é que se pode transferir a atribuição para o ente federado de maior amplitude.[75]

Além disso, em cumprimento à estrutura constitucional de repartição horizontal dos poderes,[76] não é conveniente que o Poder

[74] BRASIL. Supremo Tribunal Federal. STF. **Recurso Extraordinário n. 730.721/SP**. Relator Ministro Edson Fachin. Segunda Turma. Data do julgamento: 05.10.2015. Data da publicação: 06.10.2015.

[75] LOPES FILHO, op. cit., p. 24-25.

[76] BRASIL, 1988, art. 2º.

Judiciário, mesmo quando provocado, faça a opção pelo exercício da competência das políticas ambientais pelo ente central ou regional.[77] No caso, ele deve respeitar a estrutura de repartição de atribuições constitucionais delineada pelo poder constituinte. A autocontenção é necessária para fortalecer a confiança e a lealdade entre as instituições democráticas, impondo um *self-restraint* judicial.[78]

Em relação ao exercício da competência legislativa suplementar dos Municípios,[79] não é cabível subtrair a legitimidade da competência municipal de legislar sobre a proteção ambiental, nos limites de seu território, pelo fato de projeto de lei de idêntica matéria haver sido vetado pelo Governador do Estado.[80] A capacidade legislativa do Município não está vinculada, portanto, ao Estado-membro que integra, mas decorre diretamente da competência que lhe foi atribuída pela Constituição Federal.

No sistema de repartição das competências legislativas adotado pela República Federativa do Brasil, o princípio da subsidiariedade se aplica ao exercício das competências legislativas concorrentes, que limita a atribuição da União ao estabelecimento de normas gerais, reservando aos Estados-membros e ao Distrito Federal o exercício da competência suplementar (CF/1988, art. 24, § 1º).[81] Além disso, no âmbito do preponderante interesse local, os Municípios possuem a competência de "suplementar a legislação federal e a estadual no que couber",[82] assim como "legislar sobre assuntos de interesse local".[83]

---

77 BRASIL. Supremo Tribunal Federal. STF. **Recurso Extraordinário n. 730.721/SP**. Relator Ministro Edson Fachin. Segunda Turma. Data do julgamento: 05.10.2015. Data da publicação: 06.10.2015.

78 SAMPAIO, op. cit., p. 459-460.

79 BRASIL, 1988, art. 30, inc. II.

80 BRASIL. Supremo Tribunal Federal. STF. **Recurso Extraordinário n. 730.721/SP**. Relator Ministro Edson Fachin. Segunda Turma. Data do julgamento: 05.10.2015. Data da publicação: 06.10.2015.

81 HORTA, op. cit., p. 495.

82 BRASIL, 1988, art. 30, inc. II.

83 BRASIL, 1988, art. 30, inc. I.

Além das razões apresentadas, uma circunstância fática que incentiva a aplicação do princípio da subsidiariedade no modelo federativo estruturado na CF/1988 é o fato de o Brasil apresentar elevados desníveis econômicos e sociais entre as suas diversas regiões. Ademais, conta com uma dimensão geográfica continental, com realidades díspares em relação à estrutura administrativa dos entes federativos,[84] que também atingem os órgãos de execução das políticas ambientais.

Por outro lado, o desenvolvimento nacional deve ocorrer de maneira equilibrada e integrada entre os entes federativos, para que seja sustentável sob as óticas ambiental, social e econômica. Esse modelo federativo que considera os diversos aspectos de desigualdades entre as regiões do país se denomina federalismo assimétrico.

Nesse cenário, para que o federalismo cooperativo seja exitoso, o legislador deve implementar medidas que mitiguem as diferenças fáticas que existem naturalmente entre os Estados-membros da Federação.[85] No exercício da competência comum ambiental, a assimetria do sistema federativo brasileiro foi reconhecida, ao se prescrever que a garantia da uniformidade das políticas públicas ambientais deve atender às especificidades regionais e locais.[86] Mais especificamente, a PNRS também acolheu a estrutura federativa assimétrica, ao prescrever que as políticas de gestão e gerenciamento de resíduos sólidos devem observar as diferenças regionais e locais.[87]

Nesse contexto, o sistema de gerenciamento da coleta de resíduos adotado pelo Município de Belo Horizonte/MG pode ser diferente do modelo escolhido pelo de Rio Branco/AC, a depender das peculiaridades de produção e descarte de lixo de cada um. A título de ilustração, a implantação de políticas de gestão de resíduos de logística reversa[88] e de coleta seletiva podem ser mais eficazes naqueles

---

84 ZIMMERMANN, op. cit., p. 63.

85 ZIMMERMANN, op. cit., p. 61.

86 BRASIL, 2011, art. 3º, inc. IV.

87 BRASIL, 2010, art. 6º, inc. IX.

88 "[...] logística reversa: instrumento de desenvolvimento econômico e social caracterizado por um conjunto de ações, procedimentos e meios destinados

com mais desenvolvimento econômico, cuja população possua um grau mais elevado de instrução e acesso facilitado às informações sobre sustentabilidade ambiental. Além do mais, as pessoas que mantêm contato direto com o ambiente natural e sobrevivem da agricultura sustentável podem ser mais receptivas a políticas públicas de sustentabilidade ecológica, se comparadas com indivíduos que praticam a degradação ambiental como meio de sobrevivência.

Dessa forma, em relação ao federalismo assimétrico, a política de substituição do uso das sacolas plásticas comuns por ecológicas pode ser a medida escolhida pelos agentes governamentais, dentre outras opções, como a mais adequada para melhorar a gestão dos resíduos plásticos produzidos nos Municípios. Em suma, a discricionariedade na escolha da política pública a ser adotada dependerá das circunstâncias de cada localidade.

Assim sendo, as peculiaridades ambientais, sociais e econômicas de cada região do País devem ser ponderadas pelo gestor público, na margem de sua discricionariedade, quando da aplicação das medidas de gestão e gerenciamento de resíduos sólidos, incluindo a opção pela política de substituição do uso das sacolas plásticas comuns por outras, ecológicas. A análise integral dos efeitos das políticas públicas de destinação dos resíduos sólidos, incluindo os elementos culturais, sociais, ambientais, econômicos e tecnológicos, foi expressamente acolhida pela PNRS.[89]

No que concerne ao fortalecimento democrático das políticas ambientais, a descentralização política, com preferência para o exercício das competências comuns pelas unidades da periferia, pode contribuir com a aproximação dos indivíduos dos centros de decisão. Dessa forma, o sistema de repartição vertical[90] das competências

a viabilizar a coleta e a restituição dos resíduos sólidos ao setor empresarial, para reaproveitamento, em um ciclo ou em outros ciclos produtivos, ou outra destinação final ambientalmente adequada" (BRASIL, 2010, art. 3º, inc. XII).

89 BRASIL, 2010, art. 6º, inc. III.

90 "[...] Ao contrário, no **modelo vertical**, há atividade conjunta e complementar dos entes, pela qual se somam esforços para consecução de fins cada

constitucionais, em especial quando adota o princípio da subsidiariedade, pode constituir um instrumento de democratização no planejamento, na execução e no controle das políticas públicas, incluindo as políticas de sustentabilidade ecológica.[91]

Consequentemente, a maior participação popular no processo deliberativo ajudará na formação pluralista de poder, contribuindo para a diversidade de opiniões e a busca de composição dos interesses das partes.[92] Assim, o pluralismo federativo legitima o aumento da participação dos indivíduos na gestão das políticas públicas diretamente ou pelo controle das ações governamentais.[93] O modelo federativo de repartição vertical[94] das competências constitucionais pode constituir, então, um instrumento de democratização no planejamento, na execução e no controle das políticas públicas, incluindo as políticas de sustentabilidade ecológica, como a substituição do uso das sacolas plásticas comuns pelas ecológicas.[95]

A sociedade brasileira é diversificada sob os aspectos culturais, religiosos, sociais e econômicos, sendo necessária a realização de um procedimento plural, com fortalecimento das autonomias locais, para que os interesses desses grupos heterogêneos sejam compostos

---

vez mais complexos. Parte-se da premissa de que é indispensável essa conjugação de esforços para se poder efetivar os desígnios do Estado Social. Essa divisão vertical não causa, contudo, hierarquia entre os entes federativos envolvidos, pois todos colhem fundamento de validade igualmente na Constituição Federal" (LOPES FILHO, op. cit., p. 111, grifos no original).

91 ZIMMERMANN, op. cit., p. 156.

92 Idem, p. 171-172.

93 Idem, p. 189.

94 "[...] Ao contrário, no **modelo vertical,** há atividade conjunta e complementar dos entes, pela qual se somam esforços para consecução de fins cada vez mais complexos. Parte-se da premissa de que é indispensável essa conjugação de esforços para se poder efetivar os desígnios do Estado Social. Essa divisão vertical não causa, contudo, hierarquia entre os entes federativos envolvidos, pois todos colhem fundamento de validade igualmente na Constituição Federal" (LOPES FILHO, op. cit., p. 111, grifos no original).

95 ZIMMERMANN, op. cit., p. 156.

de maneira harmoniosa, sem ameaçar a ruptura institucional. Nesse sentido, o voto proferido pelo Min. Edson Fachin no julgamento da ADI 3937/SP:

> Uma sociedade plural se caracteriza pela diversidade; diversidade essa facilmente extraível da realidade continental do território brasileiro. Há diversas crenças religiosas, filosóficas e políticas em constante dialeticidade neste Estado soberano. Multiplicam-se interesses a serem conjugados a partir da ótica oferecida pela Constituição de 1988 e, nesta perspectiva, é preciso alargar a leitura ou realizar uma nova leitura do federalismo brasileiro a partir da Constituição Cidadã. **Se o Estado é plural, não é possível a centralização de competências em um único ente em detrimento de interesses locais e regionais que se destaquem do âmbito de abrangência das normas gerais, sobretudo quando se está em busca da defesa e proteção da saúde (art. 24, XII, CRFB), tal qual na presente Ação Direta de Inconstitucionalidade.**[96]

Desse modo, na adoção das políticas públicas de substituição do uso das sacolas plásticas comuns por ecológicas, é relevante que o processo legislativo seja plural, com oferecimento de oportunidade para que os representantes dos fabricantes das sacolas e os varejistas façam a exposição pública dos potenciais impactos econômicos e sociais advindos da implementação do comando estatal. Ainda, os órgãos de proteção ambiental e as organizações não governamentais criadas com o objetivo de combater a poluição também devem participar do processo, para que exponham os benefícios ambientais decorrentes da medida estatal.

O processo democrático recomenda que as decisões políticas que geram impacto na sociedade, no mercado econômico e no meio ambiente – tais como a substituição das sacolas e sacos de lixo

---

[96] BRASIL. Supremo Tribunal Federal. **Ação Direta de Inconstitucionalidade n. 3.937/SP**. Relator: Ministro Marco Aurélio. Data do julgamento: 01.09.2017. Data da publicação: 01.02.2019 (Voto de Ministro Edson Fachin). Grifos no original.

plásticos –, por colocarem em conflito diversos setores da sociedade, sejam tomadas depois de amplo debate, com a participação efetiva dos diversos atores da sociedade envolvidos no processo, para que o planejamento das ações estatais sejam adequados e compatíveis com a realidade comunitária.[97]

No âmbito das Declarações de Princípios da ONU, o princípio da participação está previsto na Declaração do Rio.[98] No Brasil, no plano da legislação infraconstitucional, ressaltando o valor da participação da sociedade no processo de elaboração e controle das políticas ambientais de gestão e gerenciamento de resíduos sólidos, a PNRS estabelece o princípio do controle social.[99]

Convém apontar que a participação no processo democrático, facilitada pela descentralização do poder político, deve ser efetiva e instrumentalizada por debates aprofundados dos temas a serem deliberados, para que não sejam criadas as condições adequadas para o fortalecimento das oligarquias regionais existentes no Brasil desde a criação do modelo federativo.[100] As elites oligárquicas nacionais são,

---

97 LEITE, op. cit., p. 197-198.

98 "Princípio 10: O melhor modo de tratar as questões ambientais é com a participação de todos os cidadãos interessados, em vários níveis. No plano nacional, toda pessoa deverá ter acesso adequado à informação sobre o ambiente de que dispõem as autoridades públicas, incluída a informação sobre os materiais e as atividades que oferecem perigo a suas comunidades, assim como a oportunidade de participar dos processos de adoção de decisões. Os Estados deverão facilitar e fomentar a sensibilização e a participação do público, colocando a informação à disposição de todos. Deverá ser proporcionado acesso efetivo aos procedimentos judiciais e administrativos, entre os quais o ressarcimento de danos e recursos pertinentes" (ORGANIZAÇÃO DAS NAÇÕES UNIDAS, 1992).

99 BRASIL, 2010, art. 6º, inc. X.

100 "O apogeu do controle pelas oligarquias estaduais se deu na Primeira República, a partir da presidência de Campos Sales. Essa política transformou o poder nacional na resultante de uma coalização entre os chefes das oligarquias locais mais fortes do país, ancorada na hegemonia dos dois estados mais ricos, São Paulo e Minas Gerais. O modelo federalista de Campos Sales representava uma reação à crença de que o centralismo imperial era

"evidentemente, antidemocráticas e impermeáveis à modernização, pois a manutenção da pobreza e da ignorância do povo é indispensável para a preservação de seu comando".[101]

A título de ilustração histórica, na Primeira República (1889-1930), a escolha dos presidentes dos Estados e prefeitos diretamente pela população aproximou os mandatários políticos das elites locais, facilitando a formação das oligarquias regionais, inclusive apoiadas por partidos únicos. Essas alianças oligárquicas permitiram que o controle político nacional se mantivesse com os Estados de Minas Gerais e São Paulo até o fim da República Velha.[102]

O aprofundamento dos debates e a participação efetiva da sociedade civil na formulação das políticas ambientais serão incentivados pela desburocratização do acesso e transparência das informações sobre os impactos ambientais, sociais e econômicos que advirão da aprovação do projeto apresentado. Isso ocorre porque a desinformação sobre os efeitos da degradação ambiental certamente acarreta a inércia e o desinteresse dos indivíduos no assunto a ser debatido e deliberado.[103]

A participação efetiva da sociedade civil nas discussões das especificidades dos projetos de lei que determinam a substituição do uso das sacolas plásticas comuns por ecológicas é viabilizada pela realização de audiências públicas, ambiente em que serão discutidos os potenciais impactos socioambientais locais decorrentes da implementação das medidas estatais. A CF/1988 prevê, em seu art. 58, § 2º, inc. II, ser atribuição das comissões parlamentares a realização de

o instrumento decisivo para a coesão nacional. Foi a opção republicana da principal classe civil, os proprietários de terra, dos militares e das províncias dominantes desde o período imperial. O poder das oligarquias locais assentou-se no controle do eleitorado local como demonstrou Victor Nunes Leal no clássico de 1948, e deu lugar a máquinas partidárias locais" (ABRANCHES, Sérgio. **Presidencialismo de coalizão:** raízes de evolução do modelo político brasileiro. São Paulo: Companhia das Letras, 2018. p. 22).

[101] DALLARI, 2019, p. 99-100.

[102] CARVALHO, op. cit., p. 46-47.

[103] MACHADO, 2018b., p. 34.

audiências públicas com os representantes da sociedade civil, norma que deve ser estendida para o procedimento legislativo municipal devido à incidência do princípio da simetria.[104]

Nas audiências públicas, deverão ser considerados os argumentos favoráveis e contrários à aprovação do projeto de lei, pois as demandas relacionadas às políticas de desenvolvimento sustentável podem colocar em conflito os interesses de ecologistas e dos agentes econômicos, a sofrerem as restrições ao exercício de sua atividade, com a aprovação do projeto.

A título demonstrativo, os projetos de lei que discutem a necessidade de implantação de medidas estatais com o propósito de obrigar os comerciantes a substituírem o uso das sacolas plásticas (comuns por ecológicas) potencialmente colocam em colisão pelo menos três interesses de grupos distintos: a) da sociedade, na preservação do meio ambiente equilibrado, violado com o aumento da geração de resíduos plásticos (aspecto ambiental do desenvolvimento sustentável); b) dos produtores de sacolas plásticas comuns, que arcarão com os custos econômicos e logísticos decorrentes da implementação da medida (aspecto econômico do desenvolvimento sustentável); c) dos trabalhadores que laboram nas indústrias produtoras das sacolas plásticas comuns e dos catadores (aspecto social do desenvolvimento sustentável).

Além do mais, a participação efetiva da sociedade no processo de elaboração das normas também colabora para o desenvolvimento econômico sustentável, pois o debate aberto contribui para o conhecimento e o aprimoramento das necessidades da população. É provável que, depois da compreensão da problemática ambiental, a sociedade incorpore a sustentabilidade ecológica como valor a ser considerado quando da implementação das políticas públicas. Amartya Sen disserta sobre a importância dos debates reflexivos antes da implementação de políticas públicas que afetam de maneira significativa a sociedade:

[104] LOPES FILHO, op. cit., p. 54.

> De fato, pode-se afirmar que uma compreensão adequada de quais são as necessidades econômicas – seu conteúdo e sua força – requer discussão e diálogo. Os direitos políticos e civis, especialmente os relacionados à garantia de discussão, debate, crítica e dissensão abertos, são centrais para os processos de geração de escolhas bem fundamentadas e refletidas. Esses processos são cruciais para a formação de valores e prioridades, e não podemos, em geral, tomar as preferências como dados independentemente de discussão pública, ou seja, sem levar em conta se são ou não permitidos debates e diálogos.[105]

Assim, é importante que os debates democráticos sobre as políticas de desenvolvimento sustentável sejam constantemente incentivados, para que integrem o padrão de comportamento da sociedade. Em consequência, a problemática da poluição das sacolas plásticas deve ser apresentada para a sociedade, a fim de que seus integrantes se conscientizem sobre o fato e adiram voluntariamente às práticas capazes de diminuir a geração dos resíduos. Os veículos de comunicação de massa poderão apresentar relevante contribuição no processo da conscientização dos indivíduos sobre os malefícios sanitários e ambientais decorrentes do descarte inadequado das sacolas plásticas, por meio de campanhas educativas veiculadas nos horários mais acessados pelos indivíduos, os denominados horários nobres.

Ademais, os governantes que ascendem ao poder político se utilizando da força e sem a legitimidade popular apresentam um senso de responsabilidade para com os recursos naturais do país diferente do senso de responsabilidade dos governantes que ascendem ao poder pelo apoio da população. A responsabilidade diferenciada ocorre porque, no sistema democrático, as lideranças políticas necessitam melhorar a qualidade de vida da população para permanecerem no poder, situação que inexiste nos governos cuja legitimidade advém da força.[106] Consequentemente, as demandas sociais

---

[105] SEN, op. cit., p. 202.

[106] STIGLITZ, op. cit., p. 236.

pela proteção da natureza e por políticas de sustentabilidade provavelmente encontrarão mais acolhimento nos países que apresentam uma democracia consolidada.

Para aprimorar a qualidade dos debates dos assuntos relacionados ao desenvolvimento sustentável, a educação ambiental deve ser inserida na grade curricular em todos os níveis de ensino, inclusive o básico, nos termos em que determinado no texto constitucional.[107] Nesse sentido, desde a infância deve ser ensinada, nas escolas, a necessidade da convivência harmônica dos seres humanos com o ambiente natural e como essa relação refletirá de maneira positiva na qualidade de vida das pessoas.[108] No âmbito das declarações ambientais de princípios da ONU, a importância da educação ambiental para o desenvolvimento sustentável foi reconhecida pela Declaração de Estocolmo.[109]

A educação ambiental é, então, um instrumento básico para atingir a efetividade do direito ao equilíbrio ecológico, pois a conscientização da sociedade sobre os efeitos da crise ambiental poderá incentivar seus integrantes a participarem no processo de formulação e controle das políticas de desenvolvimento sustentável.[110]

Nessa perspectiva, a educação ambiental constitui uma relevante política pública, que poderá contribuir para a redução do

---

[107] BRASIL, 1988, art. 225, § 2º, inc. II.

[108] BRASIL, 1988, art. 225, *caput*.

[109] Nesse sentido: "Princípio 19: É indispensável um esforço para a educação em questões ambientais, dirigida tanto às gerações jovens como aos adultos e que preste a devida atenção ao setor da população menos privilegiado, para fundamentar as bases de uma opinião pública bem informada, e de uma conduta dos indivíduos, das empresas e das coletividades inspirada no sentido de sua responsabilidade sobre a proteção e melhoramento do meio ambiente em toda sua dimensão humana. É igualmente essencial que os meios de comunicação de massas evitem contribuir para a deterioração do meio ambiente humano e, ao contrário, difundam informação de caráter educativo sobre a necessidade de protegê-lo e melhorá-lo, a fim de que o homem possa desenvolver-se em todos os aspectos" (ORGANIZAÇÃO DAS NAÇÕES UNIDAS, 1972).

[110] SARLET; FENSTERSEIFER, 2017b, p. 203-204.

descarte inadequado das sacolas plásticas. Os indivíduos, cientes de que seus comportamentos contribuem para o agravamento de problemas sanitários e ambientais, poderão aderir voluntariamente a novos padrões comportamentais, que gerem menos resíduos, como o uso das sacolas retornáveis quando da realização de compras no varejo (supermercados, farmácias etc.).

Em consequência, a modificação comportamental da sociedade poderia tornar, inclusive, desnecessária a adoção de medidas restritivas da liberdade de iniciativa econômica, como as políticas municipais de substituição das sacolas plásticas comuns por ecológicas.

2.4 COMPETÊNCIA LEGISLATIVA MUNICIPAL NO TEMA DA SUBSTITUIÇÃO DO USO DAS SACOLAS PLÁSTICAS COMUNS POR ECOLÓGICAS

A repartição das atribuições estatais relativas às matérias de desenvolvimento sustentável advém da obrigação constitucional imposta ao Poder Público de defesa e preservação do meio ambiente equilibrado para a presente e futuras gerações,[111] deveres que alcançam as três funções estatais (Legislativo, Executivo e Judiciário).[112]

As competências ambientais, como apresentado, podem ser materiais/executivas ou legislativas. A competência legislativa ambiental está relacionada ao poder atribuído aos entes federativos de legislarem sobre temas ambientais,[113] como as políticas de gestão e gerenciamento de resíduos sólidos e a substituição do uso das sacolas plásticas comuns por ecológicas. Pode se extrair, do texto constitucional, as competências legislativas, conforme a seguinte classificação: exclusiva, privativa, reservada, concorrente, suplementar e remanescente.[114]

111 BRASIL, 1988, art. 225.

112 SARLET; FENSTERSEIFER, 2017a, p. 162.

113 FERREIRA, op. cit., p. 245.

114 BIM; FARIAS, op. cit., p. 100.

A matéria estabelecida pelo constituinte como de competência privativa, "embora também seja reservada a um determinado nível de governo, admite delegação ou suplementariedade".[115] Nesse sentido, a CF/1988 disciplina, em seu art. 22, parágrafo único, que lei complementar poderá permitir que os Estados-membros legislem sobre pontos específicos de matérias de competência privativa da União, dos quais os temas relativos à proteção ao meio ambiente não fazem parte.

De outro lado, a competência exclusiva, de titularidade de Estados-membros e Municípios, pertence exclusivamente ao ente federativo especificado, não sendo autorizada a sua delegação (CF/1988, arts. 25, § 2º, e 30, inc. I).[116] No âmbito ambiental, a competência legislativa poderá ser exclusiva do Município quando o tema for de exclusivo interesse de um bairro ou Distrito.[117] A título de exemplo, o Município poderá possuir competência exclusiva para editar uma lei protetiva de uma planta endêmica.

A competência remanescente pertence aos Estados-membros, que estão autorizados a exercerem a atividade legislativa em relação a temas não vedados pelo texto constitucional.[118] No entanto, para que o Estado-membro exerça a atribuição residual ou remanescente, além da inexistência de atribuição expressa, também é necessário que o tema se caracterize como de interesse regional.[119]

No exercício da competência legislativa concorrente, as entidades federativas (União, Estados-membros e Distrito Federal) receberam a atribuição de legislarem em conjunto e de maneira sistemática sobre os assuntos discriminados no texto constitucional, caracterizando-se pela existência de um condomínio legislativo.[120]

Nesse caso, a CF/1988 "estabeleceu uma competência concorrente **não cumulativa**, pois há expressa delimitação do modo de

---

115 FERREIRA, op. cit., p. 245.

116 BIM; FARIAS, op. cit., p. 100.

117 MACHADO, 2018a, p. 466.

118 BRASIL, 1988, art. 225.

119 LOPES FILHO, op. cit., p. 359.

120 Idem, p. 317.

atuação de cada ente federativo dentro da faixa concorrente".[121] Por conseguinte, não pode haver contrariedade entre as normas estaduais e nacionais, uma vez que possuem âmbitos de atuação distintos e fundamento de validade no texto constitucional.[122]

Na competência concorrente, compete à União estabelecer as normas gerais com eficácia em todo o território nacional,[123] que consistem nas diretrizes prescritas pelo ente central a serem observadas pela totalidade das unidades federativas, moldando a atuação legislativa dos entes periféricos.[124] Nesse ponto, convém apontar a advertência apresentada por Eduardo Fortunato Bim e Talden Farias no sentido de que o termo "normas gerais" é indeterminado e existe alguma dificuldade na delimitação de seu conteúdo.[125]

As diretrizes sobre as políticas públicas que exigem a atuação conjunta e coordenada dos entes federativos são estabelecidas por legislação nacional uniformizadora, instituída pela União.[126] Com a edição da norma geral, o ente central exerce o poder de coordenação e planejamento das ações estatais, a serem implementadas de maneira uniforme no território nacional.[127]

A necessidade da edição de normas gerais pela União ocorre porque no federalismo cooperativo o planejamento das políticas públicas se realiza a partir da unidade central, por meio de uma estrutura de coordenação.[128] Essa estrutura federativa,

---

121 Idem, p. 318.

122 Idem, ibidem.

123 BRASIL, 1988, art. 24, § 1º.

124 LOPES FILHO, op. cit., p. 326-327.

125 BIM; FARIAS, op. cit., p. 101.

126 SARLET; FENSTERSEIFER, 2017a, p. 174.

127 BRASIL. Supremo Tribunal Federal. STF. **Ação Direta de Inconstitucionalidade n. 3645-9/PR.** Rel. Ministra Ellen Gracie. Voto do Min. Carlos Ayres Britto. Tribunal Pleno. Data do julgamento: 31.05.2006. Data da publicação: 01.09.2006.

128 LEWANDOWSKI, Enrique Ricardo. Considerações sobre o federalismo brasileiro. **Revista Justiça e Cidadania**, n. 157, set. 2013. Disponível em: https://www.editorajc.com.br/consideracoes-federalismo-brasileiro/. Acesso em: 9 jan. 2020.

distinguindo a cooperação da coordenação, foi assim explicada por Gilberto Bercovici:

> Dentre estas complexas relações de interdependência entre a União e os entes federados, no federalismo cooperativo, devemos distinguir a coordenação da cooperação propriamente dita. A coordenação é, na realidade, um modo de atribuição e exercício conjunto de competências no qual os vários integrantes da Federação possuem certo grau de participação. A vontade das partes é livre e igual, com a manutenção integral de suas competências: os entes federados sempre podem atuar de maneira isolada ou autônoma. A coordenação é um procedimento que busca um resultado comum e do interesse de todos. A decisão comum, tomada em escala federal, é adaptada e executada autonomamente por ente federado, adaptando-a às suas peculiaridades e necessidades.[129]

O preenchimento das lacunas existentes nas normas gerais será realizado pelo exercício da competência legislativa suplementar dos Estados-membros e Municípios (CF/1988, arts. 24, §§ 2º e 3º, e 30, inc. II), de acordo com as peculiaridades regionais e locais.[130] Nesse caso, a norma geral deve ser preexistente, e os entes federativos periféricos apenas colmatarão as lacunas apresentadas no ordenamento jurídico, adaptando a disciplina do assunto de acordo com as peculiaridades regionais e locais.[131] Sendo assim, não há exercício de competência suplementar sem a prévia existência de norma geral disciplinando o assunto.

A respeito das políticas de gestão e gerenciamento dos resíduos sólidos, os Estados-membros poderão exercer a competência

---

129 BERCOVICI, Gilberto. A descentralização de políticas sociais e o federalismo cooperativo brasileiro. **Revista de Direito Sanitário**, v. 3, n. 1, p. 14-15, 19 de março de 2002. Disponível em: http://www.revistas.usp.br/rdisan/article/view/81291/84931. Acesso em: 29 jan. 2020.

130 BIM; FARIAS, op. cit., p. 100.

131 FERREIRA, op. cit., p. 252.

suplementar, atribuindo uma relativa uniformidade de regulamentação do tema no âmbito regional. Desse modo, os Estados-membros também possuem competência para instituir normas determinando a substituição do uso das sacolas plásticas comuns por ecológicas, uniformizando a matéria regionalmente.

Legislando de acordo com a autorização constitucional, o Estado do Rio de Janeiro editou a Lei n. 8.473/2019, cujo art. 2º proíbe as sociedades comerciais, localizadas no seu território, de distribuírem, a título gratuito ou não, sacos e sacolas plásticas fabricadas com polietileno, matéria-prima do petróleo.[132]

No entanto, o exercício da competência legislativa suplementar dos Estados-membros, atribuindo certa uniformidade de tratamento da matéria no âmbito regional, não afasta a competência legislativa suplementar dos Municípios, que poderão legislar sobre o tema de acordo com suas peculiaridades locais. Nesse sentido, o texto constitucional dispõe expressamente que os Municípios possuem a competência legislativa de "suplementar a legislação federal e a estadual no que couber".[133]

Se houver omissão da entidade central na edição da norma geral, os Estados-membros poderão exercer a competência legislativa de forma plena,[134] de acordo com as peculiaridades regionais. Nesse exercício da competência legislativa plena, exercerão a competência supletiva, pois sua legislação preencherá a lacuna decorrente da omissão legislativa do ente central, regulamentando totalmente o assunto nos limites territoriais da unidade federada.[135]

---

[132] ESTADO DO RIO DE JANEIRO. **Lei n. 8.473, de 15 de junho de 2019**. Adequa a legislação que dispõe sobre a substituição de sacolas plásticas não recicláveis e não retornáveis distribuídas pelos estabelecimentos comerciais localizados no estado de Rio de Janeiro, consolidando a redação. Disponível em: https://www.legisweb.com.br/legislacao/?id=379722. Acesso em: 1º abr. 2020.

[133] BRASIL, 1988.

[134] BRASIL, 1988, art. 24, § 3º.

[135] LOPES FILHO, op. cit., p. 331.

A título ilustrativo, antes da entrada em vigor da Lei n. 12.305/2010, que institui a PNRS, os Estados-membros possuíam a competência legislativa plena para a instituição de um sistema normativo de gestão e gerenciamento de resíduos sólidos nos limites de seus territórios e de acordo com as peculiaridades regionais.

Nesse caso, a edição posterior de lei federal acerca de normas gerais suspende a eficácia da lei estadual, no ponto em que os textos legais forem antinômicos.[136] Dessa forma, as normas estaduais, com características de normas gerais, serão suspensas e não revogadas, tendo em vista a inexistência de hierarquia entre a norma nacional e a estadual. No entanto, os dispositivos estatais específicos, de acordo com as peculiaridades regionais, não devem ser suspensos.[137]

A CF/1988 estabelece que compete aos Municípios legislarem sobre assuntos de interesse local,[138] assim como suplementarem a legislação federal e a estadual, no que for pertinente.[139]

Nessa estrutura de repartição constitucional de competências, os Municípios exercerão a competência legislativa privativa, quando legislarem sobre matérias de interesse eminentemente local. Além disso, exercerão a competência suplementar, quando colmatarem as lacunas das legislações nacionais e regionais, conforme as peculiaridades locais. No entanto, o exercício da competência legislativa suplementar também é condicionado à demonstração do interesse local.[140]

A competência legislativa do Município para editar leis de proteção ambiental decorre, inicialmente, de sua participação na competência material comum de "proteger o meio ambiente e combater a poluição em qualquer de suas formas".[141] Essa competência pode ser exercida de forma exclusiva[142] e de maneira a suplementar a legislação federal e a estadual, de acordo com os interesses locais.[143]

---

136 BRASIL, 1988, art. 24, § 4º.

137 LOPES FILHO, op. cit., p. 351.

138 BRASIL, 1988, art. 30, inc. I.

139 BRASIL, 1988, art. 30, inc. II.

140 LOPES FILHO, op. cit., p. 399.

141 BRASIL, 1988, art. 23, inc. VI.

142 BRASIL, 1988, art. 30, inc. I.

143 BRASIL, 1988, art. 30, inc. II.

Em relação aos poderes advindos dos deveres constitucionais ambientais imputados aos entes federativos, infere-se que aquele que possuir a competência material de tutelar o meio ambiente também será detentor, ainda que de forma implícita, da competência de legislar sobre a matéria. Essa consequência decorre da circunstância de que, dentro dos poderes atribuídos ao exercício da competência material, está incluído o de legislar sobre o tema.[144]

Nesse sentido, as competências constitucionais atribuídas aos entes federativos devem ser exercidas de maneira plena, pois, se o poder constituinte lhe impôs a obrigação, também deve provê-lo de todos os instrumentos necessários para concretizá-la, inclusive o legislativo. Trata-se da aplicação da teoria dos poderes implícitos.[145]

Além disso, uma interpretação sistemática da norma prevista no art. 24, inciso VI, da CF/1988, que disciplina a competência concorrente da União e dos Estados-membros de legislarem sobre "florestas, caça, pesca, fauna, conservação da natureza, defesa do solo e dos recursos naturais, proteção do meio ambiente e combate à poluição",[146] com o art. 30, inciso II, da CF/1988, que estabelece a competência dos Municípios de "suplementar a legislação federal e a estadual no que couber",[147] legitima a inclusão do Município no âmbito da competência legislativa concorrente, nos assuntos relacionados ao Direito Ambiental.[148]

O Ministro Edson Fachin, na decisão proferida no julgamento do Recurso Extraordinário n. 730721/SP, afirmou que a competência municipal para legislar sobre a substituição do uso das sacolas plásticas (comuns por ecológicas) deriva da norma expressa no art. 23, inciso VI, da CF/1988 (competência comum material) e da

---

144 BRASIL. Supremo Tribunal Federal. **Ação Direta de Inconstitucionalidade n. 3.937/SP**. Relator: Ministro Marco Aurélio. Data do julgamento: 01.09.2017. Data da publicação: 01.02.2019 (Voto de Ministro Edson Fachin).

145 LOPES FILHO, op. cit., p. 24-25.

146 BRASIL, 1988.

147 BRASIL, 1988.

148 SARLET; FENSTERSEIFER, 2017a, p. 184.

interpretação sistemática das normas previstas nos arts. 24, inciso VI, §§ 1º, 2º e 3º c/c art. 30, incisos I e II, da Constituição Federal:

> A controvérsia posta neste recurso extraordinário está ligada a essas dificuldades. A *questio iuris* consiste em saber se os Municípios podem, por meio de legislação específica, instituir regras sobre embalagens plásticas, fixando requisitos como prazo de desintegração e resultados da biodegradação. À luz exclusivamente do disposto no art. 23, VI, da Constituição ("proteger o meio ambiente e combater a poluição em qualquer de suas formas"), parece não haver dúvidas, tal como aduzem os recorrentes, que a competência é municipal. De fato, sendo assunto de seu interesse local, e tendo, também, competência para suplementar a legislação sobre esse tema (art. 24, VI, § 1º, § 2º, e 3º, combinado com o art. 30, I e II, da Constituição), parece ser de interesse a restrição do uso de sacolas plásticas.
>
> A repartição constitucional de competências, matéria afeta à organização do Estado, compreende, de acordo com o Texto Constitucional: o estabelecimento de competência material exclusiva da União (art. 21); competência legislativa privativa da União (art. 22); competência material comum entre União, Estados e Municípios (art. 23), competência concorrente (art. 24), incluindo, neste ponto, as dos Municípios (art. 30, II), competência residual dos Estados; e competência local dos Municípios (art. 30, I).[149]

Nessa perspectiva, o constituinte optou pela repartição de competência legislativa concorrente em relação à temática de políticas de gestão e gerenciamento de resíduos sólidos.[150] Em consonância com essa estrutura de repartição de competências, a União é detentora da competência de estabelecer as normas gerais, a fim de uniformizar e planificar nacionalmente a matéria. Os Estados-membros exercerão a competência de forma suplementar, de acordo com

[149] BRASIL. Supremo Tribunal Federal. STF. **Recurso Extraordinário n. 730.721/SP.** Relator Ministro Edson Fachin. Segunda Turma. Data do julgamento: 05.10.2015. Data da publicação: 06.10.2015.

[150] BRASIL, 1988, art. 24, inc. VI.

as especificidades regionais.[151] Os Municípios são detentores da competência de suplementar a legislação nacional e a regional, de acordo com o interesse e as peculiaridades locais.[152]

A LPNRS (Lei n. 12.305/2010) é a norma geral sobre as políticas públicas de gestão e gerenciamento de resíduos sólidos, constituindo o instrumento normativo a oferecer o patamar legal mínimo de proteção ao meio ambiente em relação à geração e ao descarte inadequado dos resíduos.

Por conseguinte, o ente periférico, no exercício de sua competência suplementar, está proibido de editar legislação menos protetiva ao ambiente – se comparado com as normas fixadas na Lei n. 12.305/2010 –, podendo sua legislação assegurar um maior âmbito de proteção ecológica nessa matéria.[153]

A natureza jurídica de norma geral da Lei n. 12.305/2010 é extraída de seus dispositivos, pois, além de instituir a PNRS, dispõe sobre as diretrizes das políticas de gestão e gerenciamento de resíduos sólidos (art. 1º), a serem cumpridas pelos entes federativos.

Nesse ponto, destaca-se que o objetivo prioritário estabelecido pela PNRS, a guiar as políticas públicas de gestão e gerenciamento de resíduos sólidos no território nacional (federais, estaduais e municipais), é a não geração de resíduos.[154] Nesse aspecto, as leis municipais que prescrevem a substituição do uso das sacolas plásticas comuns por ecológicas se harmonizam com o objetivo de não geração de resíduos fixado na PNRS, pois visa eliminar a produção de resíduos plásticos comuns.

As legislações municipais que determinam a substituição do uso das sacolas plásticas comuns por retornáveis e recicladas se harmonizam com outras diretrizes apresentadas na PNRS. Nesse sentido, a norma geral determina que as embalagens devem ser produzidas com matérias-primas que viabilizam o reuso ou a reciclagem.[155]

---

151 BRASIL, 1988, art. 24, § 2º.

152 BRASIL, 1988, art. 30, inc. II.

153 SARLET; FENSTERSEIFER, 2017a. p. 192.

154 BRASIL, 2010, art. 7º, inc. II.

155 BRASIL, 2010.

Além disso, para possuírem acesso aos recursos financeiros da União, os Municípios devem elaborar o plano municipal de gestão integrada de resíduos sólidos, cujo conteúdo mínimo deve apresentar as "metas de redução, reutilização, coleta seletiva e reciclagem, entre outras, com vistas a reduzir a quantidade de rejeitos encaminhados para disposição final ambientalmente adequada".[156]

A compatibilidade dos objetivos expressos nas leis locais de proteção ambiental – incluindo a gestão adequada dos resíduos sólidos – com a norma geral deve ser verificada quando da apreciação da constitucionalidade formal da norma instituída pelo ente periférico.[157]

O Município, porém, também deve demonstrar que a política de substituição das sacolas plásticas (comuns por ecológicas) atende ao preponderante interesse local, a fim de comprovar a constitucionalidade formal da norma.

Nesse sentido, o que atribui ao Município a competência de legislar sobre determinada matéria não é a exclusividade de seu interesse para os munícipes, mas a preponderância do interesse municipal. Isso ocorre porque são poucos os temas que interessam apenas aos Municípios, pois a problemática e eles relacionada também tende a atingir, ainda que de forma reflexa, aos Estados-membros e à União.[158]

Além do mais, a CF/1988 não apresentou uma demarcação do que se classifica como interesse local e o Supremo Tribunal Federal possui posição no sentido de que o reconhecimento de determinado tema como de preponderante interesse local deve ser realizado quando da análise do caso em concreto submetido à apreciação do Poder Judiciário. A circunstância de as pessoas residirem nas cidades e ali sentirem os efeitos das necessidades públicas é um fator que dificulta a qualificação do tema como de interesse local, regional ou nacional.[159]

---

[156] BRASIL, 2010.

[157] BRASIL. Supremo Tribunal Federal. **Ação Direta de Inconstitucionalidade n. 3.937**. Relator: Ministro Marco Aurélio. Data do julgamento: 01.09.2017. Data da publicação: 01.02.2019 (Voto de Ministro Edson Fachin).

[158] MEIRELLES, op. cit., p. 114.

[159] LOPES FILHO, op. cit., p. 398.

Ao buscar uma solução para o problema, adota-se que a qualificação do tema como de interesse local requer o preenchimento simultâneo de dois requisitos: a) a natureza imediata da lei, no sentido de que o ato normativo deve disciplinar sobre comportamentos que se esgotem nos limites territoriais do Município; b) a preponderância do interesse, que se caracteriza por maior proximidade do comportamento regulamentado com as atividades locais dos munícipes.

Caso a matéria disciplinada na norma, na sua totalidade, preencha os dois requisitos – imediaticidade da lei e preponderância do interesse –, a competência municipal será exclusiva.[160] A título de exemplo, compete ao Município editar lei fixando um limite de tempo de espera em filas dos usuários de serviço de cartório.[161]

Ademais, caso a presença dos dois requisitos – imediaticidade da lei e preponderância do interesse – seja verificada apenas em relação à parte autônoma de um tema mais amplo de competência da União ou dos Estados-membros, a competência do Município será suplementar.[162] A título de exemplo, a substituição do uso das sacolas plásticas (comuns por ecológicas) é parte autônoma, que integra um tema mais amplo (gestão e gerenciamento de resíduos sólidos) de competência da União em relação à instituição de normas gerais.

Nessa perspectiva, a expedição de comandos legais dos Municípios determinando a substituição do uso das sacolas plásticas comuns por ecológicas se insere nas políticas públicas de gestão e gerenciamento de resíduos sólidos.[163]

Dessa forma, as normas municipais que determinam a substituição do uso das sacolas plásticas comuns por ecológicas são de

---

[160] Idem, p. 399.

[161] BRASIL. Supremo Tribunal Federal. **Recurso Extraordinário n. 397.094-1-DF**. Primeira Turma. Relator: Ministro Sepúlveda Pertence. Data do julgamento: 29.08.2006. Data da publicação: 27.10.2006.

[162] LOPES FILHO, op. cit., p. 399.

[163] BRASIL. Supremo Tribunal Federal. **Recurso Extraordinário n. 729.726/SP.** Relator Ministro Dias Toffoli. Segunda Turma. Data do julgamento: 08.06.2017. Data da publicação: 22.06.2017.

preponderante interesse local, pois regram políticas dos Municípios, por medidas de comando e controle, que incidem sobre os comportamentos dos estabelecimentos comerciais localizados no Município (imediaticidade da norma).

A prestação dos serviços de limpeza dos logradouros públicos é de titularidade dos Municípios. Nesse sentido, a eliminação dos resíduos produzidos pelas sacolas plásticas comuns é de preponderante interesse local, pois o acúmulo desses rejeitos "tem sido a grande causa de enchentes em dias de chuvas, com entupimento de bueiros responsáveis pelo escoamento das águas".[164] Consequentemente, os munícipes serão imediatamente atingidos pelos danos ambientais advindos da degradação ambiental decorrente da produção em excesso e do descarte inadequado do lixo plástico (preponderância do interesse).

Entretanto, as medidas de comando e controle que invadem a esfera de liberdade dos agentes econômicos, como as políticas de substituição do uso das sacolas plásticas comuns por ecológicas, devem ser editadas pelos instrumentos normativos compatíveis com o Estado Democrático de Direito, para que não sejam maculadas pelo vício da inconstitucionalidade formal.

2.5 PRINCÍPIO DA LEGALIDADE NA REGULAÇÃO DAS ATIVIDADES ECONÔMICAS MEDIANTE POLÍTICAS DE SUBSTITUIÇÃO DO USO DAS SACOLAS PLÁSTICAS

No sistema econômico liberal, a regulação dos preços praticados nas relações mercantis deve ser realizada pelo próprio mercado, pelos fundamentos da oferta e da procura, alcançando um ponto ótimo de equilíbrio.[165] Nesse sentido, a alocação dos recursos no mercado será considerada eficiente quando não mais for possível melhorar a situação de um indivíduo sem prejudicar a situação de outro, estado econômico denominado ótimo de Pareto.[166]

164 MEIRELLES, op. cit., p. 496.

165 BAGNOLI, op. cit., p. 29.

166 SCHOUERI, op. cit., p. 32-33.

No Brasil, o sistema econômico acolhido pela atual ordem constitucional foi o capitalista, uma vez que a ordem econômica possui como fundamento a livre-iniciativa[167] e prescreve a observância dos princípios da propriedade privada[168] e da livre concorrência.[169] O constituinte formulou a opção pelo modelo econômico do Estado Social do Bem-Estar,[170] escolha que não pode ser ignorada pelo Poder Executivo,[171] cujos atos administrativos devem ser compatíveis com o texto constitucional.

Nessa estrutura econômica, o Estado atua de maneira indireta no mercado, como agente normativo e regulador da atividade econômica, exercendo as funções de fiscalização, incentivo e planejamento.[172] Assume, então, a função de garantidor da eficiência do mercado e da prestação dos serviços públicos pelos agentes econômicos contratantes com a Administração.[173] Sua atuação direta na atividade econômica apenas ocorrerá em situações excepcionais e expressamente previstas em lei.[174]

A título ilustrativo, a prestação dos serviços públicos de saneamento básico, dentre os quais os serviços de limpeza urbana,

---

167 BRASIL, 1988, art. 170.

168 BRASIL, 1988, art. 170, inc. II.

169 BRASIL, 1988, art. 170, inc. IV.

170 Nesse sentido: "As Constituições liberais não necessitavam, no seu nível (delas, Constituições liberais), dispor, explicitamente, normas que compusessem uma ordem econômica constitucional. A ordem econômica existente no mundo do ser não merecia reparos. Assim, bastava o que definido, constitucionalmente, em relação à propriedade privada e à liberdade contratual, ao quanto, não obstante, acrescentava-se umas poucas outras disposições veiculadas no nível infraconstitucional, confirmadoras do capitalismo concorrencial, para que tivesse composta a normatividade da **ordem econômica liberal**" (GRAU, 2018a, p. 69).

171 GRAU, 2018a, p. 44.

172 BRASIL, 1988, art. 174, § 1º.

173 GONÇALVES, Pedro Costa. Estado de garantia e mercado. **Revista da Faculdade de Direito da Universidade do Porto**, v. III (especial: Comunicações do I Triênio dos Encontros de Professores de Direito Público). Porto: Portugal, 2010. p. 102.

174 BRASIL, 1988, art. 173.

poderá ser transferida para agentes da iniciativa privada, mediante a celebração de contrato.[175] Nesse contexto, os institutos jurídicos que materializam a captação de investimentos privados e a respectiva transferência da prestação dos serviços de saneamento são as concessões e as parcerias público-privadas.[176]

Nesse ponto, há de se observar que a atividade econômica em sentido amplo alcança duas conotações: a) atividade econômica em sentido estrito, que será exercida pela iniciativa privada em respeito ao princípio constitucional da livre concorrência; e b) prestação de serviços públicos.[177]

A classificação do que seja atividade econômica em sentido estrito e serviço público depende do modelo econômico adotado em determinado período histórico. Dessa maneira, o sistema econômico liberal classificará o maior número possível de atividades rentáveis como atividade econômica em sentido estrito, afastando-as do campo de atuação do Estado. Em sentido contrário, o modelo econômico adotado pelo Estado Social e do Bem-Estar aumentará as atividades a serem exercidas diretamente pelo Estado, classificando-as como serviços públicos.[178]

No domínio econômico, a intervenção ocorre quando o Estado intervém na atividade econômica em sentido estrito, podendo esse ato se materializar de três maneiras: a) absorção; b) indução; c) direção. Na intervenção por absorção, assume integralmente determinado setor da economia, atuando por meio de monopólio; na indução, prescreve normas dispositivas com o propósito de estimular ou desestimular os agentes econômicos a adotarem determinados

---

175 BRASIL, 2007, art. 10.

176 CHAUVET, Rodrigo da Fonseca. Concessões tradicionais e parcerias público-privadas no setor de saneamento básico. *In:* SADDY, André; CHAUVET, Rodrigo da Fonseca (coord.). **Aspectos jurídicos do saneamento básico**. Rio de Janeiro: Lumen Juris, 2017. p. 188-189.

177 GRAU, 2018a, p. 105.

178 GRAU, 2018a, p. 105.

comportamentos,[179] como os incentivos fiscais e financeiros previstos como instrumento da PNRS.[180]

Na intervenção por direção, o Estado prescreve normas cogentes que incidem sobre os agentes econômicos que pertencem ao setor privado da economia. Essa forma de regulação e controle se caracteriza pela imposição de normas mandamentais e sancionatórias que limitam a liberdade dos agentes econômicos, sendo usada com frequência nas políticas públicas de desenvolvimento sustentável.[181]

Com o exercício do poder regulatório, ele atua como agente regulador externo com o objetivo de equilibrar os interesses reconhecidos como relevantes para a sociedade (interesses públicos) com os dos agentes econômicos do setor regulado. Essa regulação estatal se estrutura mediante a edição de normas de direção e, se necessário, sancionatórias coercitivas.[182]

Nesse contexto, o agente estatal pode formular políticas públicas ambientais por meio do poder regulatório, regulamentando o comportamento de determinados segmentos do mercado. Nesse caso, o objetivo da política pública se apresenta como um novo âmbito de interesse a ser adequado pelo Estado, por meio dos atos de regulação. Consequentemente, o mercado deverá assimilar esse novo valor internalizado no sistema e reequilibrar suas relações internas, reequilíbrio que deve ser buscado pelo agente regulador.[183]

Além disso, as atividades fiscalizatória e sancionadora também estão incluídas no exercício de seu poder regulatório. No âmbito ambiental, a correção do mercado pode ocorrer pelo exercício de

[179] GRAU, 2018a, p. 88.

[180] BRASIL, 2010, art. 8º, inc. IX.

[181] THALER, Richard H.; SUSTEIN, Cass R. **Nudge:** como tomar melhores decisões sobre saúde, dinheiro e felicidade. Tradução de Ângelo Lessa. Rio de Janeiro: Objetiva, 2019. p. 200.

[182] CASAGRANDE FILHO, Ary. **Estado regulador e controle judicial.** São Paulo: Quartier Latin, 2007. p. 63.

[183] Idem, ibidem.

poder de polícia administrativo.[184] A título ilustrativo, o Estado expede o comando regulatório (obrigatoriedade de substituir o uso das sacolas plásticas comuns por ecológicas), cria uma estrutura administrativa de agentes públicos com poder de fiscalização (fiscalizar o cumprimento da norma) e institui as sanções a serem aplicadas em caso de inobservância da norma (notificação, multa, suspensão das atividades).

Em virtude da autonomia dos entes federativos, a instituição de infração administrativa ambiental pode ser realizada por todos os entes que integram a Federação, inclusive os Municípios, no limite de suas atribuições.[185] No âmbito do comando de substituição do uso das sacolas plásticas (comuns por ecológicas), as atividades de fiscalizar e sancionar devem ser exercidas por agentes públicos com competência administrativa para lavrar os autos de infração.

No que concerne à atividade regulatória ambiental, as leis municipais que determinam a substituição do uso das sacolas plásticas comuns por sacos e sacolas ecológicas (retornáveis, recicladas, biodegradáveis, oxibiodegradáveis) são exemplos de intervenção estatal na economia sob a forma de regulação. Em decorrência da edição dessas leis, os agentes econômicos deverão adequar os seus comportamentos no mercado ao interesse da sociedade de viver num ambiente menos degradado e numa cidade mais limpa, mesmo que para isso necessitem arcar com o ônus econômico advindo da restrição estatal.

---

184 "Poder de polícia ambiental é a atividade da Administração Pública que limita ou disciplina direito, interesse ou liberdade, regula a prática de ato ou abstenção de fato em razão de interesse público concernente à saúde da população, à conservação dos ecossistemas, à disciplina da produção e do mercado, ao exercício de atividades econômicas ou de outras atividades dependentes de concessão, autorização/permissão ou licença do Poder Público de cujas atividades possam decorrer poluição ou agressão à natureza. O poder de polícia age através de 'ordens e proibições', mas, e sobretudo, por meio de **normas limitadoras** e **sancionadoras**, ou pela ordem de polícia, pelo consentimento de polícia, pela fiscalização de polícia e pela sanção de polícia" (MACHADO, 2018a, p. 398-399, grifos nossos).

185 MACHADO, 2018a, p. 481.

Entretanto, a adequação do comportamento dos atores do mercado ao interesse da sociedade pode ocorrer por outros instrumentos normativos, como os incentivos (intervenção por indução), de adesão voluntária dos destinatários da norma.

Um elemento relevante a se considerar é que, no Estado Democrático de Direito, a invasão estatal na esfera de liberdade dos indivíduos deve cumprir determinados requisitos formais e materiais, a fim de evitar o abuso do poder estatal.

Nessa lógica, o direito fundamental à liberdade de iniciativa econômica consiste na faculdade atribuída ao agente econômico de não se sujeitar às eventuais restrições impostas pelo ente estatal, salvo as instituídas de acordo com o princípio da legalidade estrita.[186] Assim, os atos normativos expedidos pelo Poder Executivo – Decretos, Regulamentos, Portarias e Comunicados – não podem restringir a fruição da liberdade de exercício da atividade econômica.

Além disso, a lei que materializa a intervenção estatal na esfera de liberdade dos agentes econômicos deve ser motivada, pela exposição dos motivos que justificam a edição do ato, para que se possa verificar a compatibilidade do ato legislativo com os valores constitucionais[187] e com os requisitos da proporcionalidade.

Nesse modelo de interpretação, a Lei de Introdução às Normas do Direito Brasileiro (LINDB) prescreve que as medidas estatais devem ser motivadas quanto à sua necessidade e adequação,[188] imposição que pode ser estendida aos comandos legislativos que aplicam medidas restritivas à atividade econômica da empresa.

---

186 GRAU, 2018a, p. 201.

187 COSTA, Mário Luiz de Oliveira da. Regulação e autorregulação. *In:* NUSDEO, Fábio (coord.). **O direito econômico na atualidade**. 6. ed. São Paulo: Revista dos Tribunais, 2015. p. 175.

188 Art. 1º, parágrafo único, de BRASIL. Presidência da República. Casa Civil. Subchefia para Assuntos Jurídicos. **Decreto-lei n. 4.657, 4 de setembro de 1942**. Lei de Introdução às Normas do Direito Brasileiro. Disponível em: http://www.planalto.gov.br/ccivil_03/decreto-lei/del4657.htm. Acesso em: 20 jan. 2020.

Nessa conjuntura, o comando de substituição do uso das sacolas plásticas comuns por ecológicas somente pode ser instituído por lei em sentido estrito, elaborada pelo Poder Legislativo da respectiva entidade federativa competente. Ao se cotejar esse entendimento com os casos jurisprudenciais anteriormente mencionados aqui de forma ilustrativa, pode-se afirmar que a Lei n. 7.281/2011, do Município de Marília/SP, a Lei n. 6.106/2008, do Município de Mogi das Cruzes/SP,[189] a Lei n. 15.374/2011, do Município de São Paulo/SP,[190] a Lei n. 11.166/2012, do Município de São José do Rio Preto/SP,[191] a Lei n. 14.383/2012, do Município de Campinas/SP,[192] a Lei n.

[189] MUNICÍPIO DE MOGI DAS CRUZES. **Lei n. 6.106, de 11 de janeiro de 2008**. Dispõe sobre o uso de embalagens plásticas biodegradáveis para acondicionamento de produtos e mercadorias a serem utilizadas nos estabelecimentos comerciais no Município de Mogi das Cruzes. Disponível em: https://leismunicipais.com.br/a/sp/m/mogi-das-cruzes/lei-ordinaria/2008/610/6106/lei-organica-mogi-das-cruzes-sp. Acesso em: 20 jan. 2020.

[190] MUNICÍPIO DE SÃO PAULO. **Lei n. 15.374, de 18 de maio de 2011**. Dispõe sobre a proibição da distribuição gratuita ou venda de sacolas plásticas a consumidores em todos os estabelecimentos comerciais do Município de São Paulo, e dá outras providências. Disponível em: https://www.legisweb.com.br/legislacao/?id=179384. Acesso em: 28 jan. 2020.

[191] Município de São José do Rio Preto. **Lei n. 11.166, de 3 de abril de 2012**. Obriga os hipermercados, supermercados e congêneres a fornecerem sacolas recicláveis aos seus clientes. Disponível em: https://www.abras.com.br/comites/juridico/noticias-juridicas/?materia=4777. Acesso em: 20 jan. 2020.

[192] MUNICÍPIO DE CAMPINAS. **Lei n. 14.383, de 12 de setembro de 2012**. Dispõe sobre a obrigatoriedade dos estabelecimentos comerciais disponibilizarem embalagens biodegradáveis ou mesmo de papel para acondicionamento de produtos e mercadorias para seus clientes. Disponível em: https://leismunicipais.com.br/a/sp/c/campinas/lei-ordinaria/2012/1439/14383/lei-ordinaria-n-14383-2012-dispoe-sobre-a-obrigatoriedade-dos-estabelecimentos-comerciais-disponibilizarem-embalagens-biodegradavies-ou-mesmo-de-papel-para-acondicionamento-de-produtos-e-mercadorias-para-seus-clientes. Acesso em: 20 jan. 2020.

5.502/2009,[193] do Rio de Janeiro/RJ, e a Lei n. 9.529/2008, do Município de Belo Horizonte/MG, são os instrumentos normativos adequados para materializar as políticas públicas ambientais de substituição do uso das sacolas plásticas comuns por ecológicas.

Além do mais, deve ser considerado que, como efeito indireto, as leis municipais que determinam a substituição do uso das sacolas plásticas comuns por ecológicas podem gerar despesas para o Poder Executivo, que deverá fiscalizar o cumprimento dos comandos pelos estabelecimentos comerciais. A título exemplificativo, a Lei n. 7.281/2011, do Município de Marília/SP, que proibiu o uso das sacolas plásticas comuns pelos estabelecimentos particulares, instituiu as sanções administrativas de notificação (art. 6º, inc. I), multa (art. 6º, inc. II), interdição da atividade (art. 6º, inc. III) e cassação do alvará de funcionamento do estabelecimento (art. 6º, inc. IV), atribuindo ao Poder Executivo o poder de fiscalizar e aplicar as sanções, como forma de coibir as práticas consideradas nocivas ao meio ambiente.

Em decorrência desse eventual aumento de despesas para o Poder Executivo, surge a indagação no sentido de quem é o titular da iniciativa do projeto de lei que determina a substituição do uso das sacolas plásticas comuns por ecológicas.

Nessa perspectiva, em relação ao procedimento de elaboração legislativa, a iniciativa do projeto de lei será reservada quando o texto constitucional atribuir o ato que desencadeia o processo legislativo, exclusivamente, a determinado titular. Esse procedimento excepcional foi estabelecido para assegurar ao detentor da titularidade, normalmente o Chefe do Poder Executivo, a prerrogativa de iniciar o projeto de lei que possua interesse preponderante.[194]

---

193 MUNICÍPIO DO RIO DE JANEIRO. **Lei n. 5.502, de 15 de julho de 2009**. Dispõe sobre a substituição e recolhimento de sacolas plásticas em estabelecimentos comerciais localizados no Estado do Rio de Janeiro como forma de coloca-las à disposição do ciclo de reciclagem e proteção ao meio ambiente fluminense e acrescenta o artigo 98-A à Lei n. 3.467/2000. Disponível em: http://alerjln1.alerj.rj.gov.br/CONTLEI.NSF/c8aa0900025feef6032564ec0060dfff/4157ea791e38b02a832575fb00642460?OpenDocument. Acesso em: 20 jan. 2020.

194 GONÇALVES FILHO, Manoel. **Do processo legislativo.** 7. ed. São Paulo: Saraiva, 2012. p. 230.

Nesse ponto, a CF/1988 determina que são de iniciativa privativa do Presidente da República os projetos de leis que disponham sobre a "criação de cargos, funções ou empregos públicos na administração direta e autárquica ou aumento de sua remuneração",[195] assim como sobre a "criação e extinção de Ministérios e órgãos da administração pública".[196]

A iniciativa legislativa de projetos de lei que modifiquem a estrutura administrativa do Poder Executivo, ou que acarretem aumento de despesas com a contratação de servidores, é de iniciativa privativa do Presidente da República, quando se tratar da estrutura administrativa de União. Nesse caso, a iniciativa reservada se justifica porque esses assuntos são de preponderante interesse do Chefe do Poder Executivo federal.

Em decorrência do sistema federativo adotado na CF/1988, as normas que estabelecem a estrutura do processo legislativo federal – incluindo as regras de iniciativa reservada – devem ser reproduzidas nas ordens constitucionais dos entes federativos da periferia, devido ao princípio da simetria.[197]

No entanto, os projetos de lei que ordenam a substituição do uso das sacolas plásticas comuns pelas ecológicas são de iniciativa geral, desde que possuam como propósito exclusivo o combate à poluição e a proteção do ambiente equilibrado. A opção pela iniciativa geral na propositura de projeto de lei referente a esse tema se justifica, pois a cessação na geração de resíduos que causam significativo impacto ambiental, como as sacolas plásticas comuns, é do interesse da coletividade, inexistindo preponderância de interesse do Poder Executivo na regulamentação da matéria.[198] Nesse sentido, o fundamento do

---

195 BRASIL, 1988, art. 61, § 1º, inc. II, 'a'.

196 BRASIL, 1988, art. 61, § 1º, inc. II, 'e'.

197 BRASIL. Supremo Tribunal Federal. **Ação Direta de Inconstitucionalidade 4.648/AL.** Relator Ministro Luiz Fux. Plenário. Data do julgamento: 30.08.2019. Data da publicação: 16.09.2019.

198 Em sentido contrário: SÃO PAULO. Tribunal de Justiça do Estado de São Paulo. TJSP. **ADI n. 0230256-30.2009.8.26.0000**. Órgão Especial. Rel. Desembargador José Roberto Bedran, DJ 03.02.2011.

voto proferido pelo Ministro Luiz Fux no Recurso Extraordinário n. 732.686/SP, ao reconhecer repercussão geral ao tema:

> Contudo, a partir da leitura do inteiro teor da lei impugnada, infere-se que o objetivo do diploma normativo é estabelecer, no âmbito do Município de Marília/SP, a obrigatoriedade de utilização, pelos estabelecimentos daquela localidade, de embalagens plásticas (sacolas e sacos de lixo) confeccionadas em material biodegradável ou reciclado (arts. 1º e 2º). Além disso, a lei municipal estabelece os requisitos para que tais embalagens sejam consideradas compatíveis com o padrão estabelecido pela norma (art. 3º). A participação do Poder Executivo na política fica restrita à fiscalização do cumprimento e aplicação das penalidades, de acordo com o contido nos artigos 5º e 6º.
>
> [...]
>
> Numa análise perfunctória, infere-se que a lei impugnada, embora de iniciativa parlamentar, e ainda que tenha criado algum tipo de despesa para o Poder Executivo, não trata da estrutura ou atribuição de seus órgãos nem do regime jurídico de servidores públicos.[199]

Porém, salvo se o projeto de lei municipal for iniciado pelo Prefeito, a lei que instituir a substituição das sacolas plásticas comuns por ecológicas não pode estabelecer a criação de cargos na estrutura do Poder Executivo, sob pena de configuração da inconstitucionalidade formal em decorrência do vício de iniciativa.

2.6 CONSIDERAÇÕES INTERMEDIÁRIAS

A República Federativa do Brasil adotou o sistema de Estado federativo, conferindo autonomia política à União, aos Estados-membros, ao Distrito Federal e aos Municípios. Nesse campo, a CF/1988 inovou em relação às constituições anteriores,

[199] BRASIL. Supremo Tribunal Federal. **Recurso Extraordinário n. 732.686/SP**. Rel. Ministro Luiz Fux. Tribunal Pleno. Data do julgamento: 20.10.2017. Data da publicação: 13.11.2017.

reconhecendo os Municípios como entes federativos, dotados dos atributos de auto-organização e normatização própria, autogoverno e autoadministração.

Em relação aos assuntos relativos à sustentabilidade ecológica, o modelo federativo delineado na CF/1988 é o do federalismo cooperativo, pois são de competência material comum da União, dos Estados-membros, do Distrito Federal e dos Municípios proteger o meio ambiente e combater a poluição.[200] Essa atribuição constitucional deve ser exercida de maneira cooperativa, sistemática e integrada entre eles, para evitar a sobreposição de funções.

No âmbito das políticas de gestão e gerenciamento de resíduos sólidos, um relevante instrumento de cooperação administrativa dos entes federativos são os consórcios intermunicipais, como destacado no exemplo da recomendação apresentada pelo Tribunal de Contas do Estado do Rio de Janeiro para os Municípios que integram a Baixada Fluminense.

O federalismo cooperativo encontra previsão expressa no texto constitucional[201] e, no âmbito ambiental, foi regulamentado pela LC n. 140/2011, que institui normas de cooperação entre a União, os Estados-membros, o Distrito Federal e os Municípios nas práticas administrativas decorrentes do exercício da competência comum relativas à proteção do meio ambiente.

O sistema federativo cooperativo ambiental deve ser estruturado de acordo com o princípio da subsidiariedade, que prevê o fortalecimento da atuação dos entes federativos da periferia. Em consequência, no caso de conflito no exercício da competência comum, deve ser dado primazia para que os programas de sustentabilidade sejam adotados por aquele que mais se aproxima do indivíduo, como maneira de incentivar a participação efetiva e o controle social das políticas ambientais.

Sendo assim, no âmbito das ações e dos programas estatais de tutela à sustentabilidade ecológica – como os comandos que

200 BRASIL, 1988, art. 23, inc. VI.

201 BRASIL, 1988, art. 23, parágrafo único.

determinam a substituição do uso das sacolas plásticas comuns por ecológicas –, deve ser conferida preferência às legislações municipais.

No Brasil, as disparidades econômicas e sociais entre regiões, assim como a dimensão geográfica continental do País, também constituem fatores que incentivam a incidência do princípio da subsidiariedade na estrutura federativa delineada na CF/1988. A partir desse contexto fático, a assimetria do federalismo brasileiro foi reconhecida na LPNRS, instrumento normativo que estabelece que as políticas de gestão e gerenciamento de resíduos sólidos devem observar as diferenças regionais e locais.[202]

A normatização própria consiste no poder conferido aos entes federativos de legislarem nos limites da repartição de competências estabelecidas no texto constitucional. Na perspectiva do federalismo cooperativo, os temas ambientais estão inseridos no sistema de repartição de competência legislativa concorrente.[203] Nesse modelo estruturante, foi prescrito que compete à União legislar sobre normas gerais,[204] que constituem as diretrizes a serem seguidas pelos Estados-membros e pelo Distrito Federal, a fim de que seja conferido um nível de uniformidade de tratamento da matéria.

Em relação às políticas públicas de gestão e gerenciamento de resíduos sólidos, a União exerceu a sua competência constitucional na edição da Lei n. 12.305/2010. Em consequência, atualmente os Estados-membros somente possuem a competência legislativa suplementar para disciplinar sobre a matéria,[205] de acordo com os interesses regionais, podendo essas normas ser mais protetivas ao meio ambiente se comparadas com a norma geral. No caso, os Municípios poderão exercer a competência legislativa suplementar nas questões específicas de preponderante interesse local.[206]

---

202 BRASIL, 2010, art. 6º, inc. XI.

203 BRASIL, 1988, art. 24, inc. VI.

204 BRASIL, 1988, art. 24, § 1º.

205 BRASIL, 1988, art. 24, § 2º.

206 BRASIL, 1988, art. 30, inc. II.

Nesse sentido, as leis municipais que determinam a substituição do uso das sacolas plásticas comuns por ecológicas possuem fundamento de validade na CF/1988, que atribui aos Municípios a competência de suplementar a legislação federal e a estadual, conforme as peculiaridades locais e com o preponderante interesse local.

A predominância do interesse local na edição de normas determinando a substituição do uso das sacolas plásticas comuns por ecológicas ocorre porque os Municípios são titulares dos serviços de limpeza urbana, sofrendo os efeitos imediatos de inundações das vias urbanas decorrentes de entupimento de bueiros por resíduos plásticos comuns. No caso, as sacolas biodegradáveis possuem um período menor de decomposição e as sacolas retornáveis não são descartáveis, apresentando maior período de durabilidade. Além disso, as sacolas recicladas são produzidas por matérias-primas que seriam descartadas, mas foram reintroduzidas no ciclo de produção.

Entretanto, o ato normativo para a expedição dos comandos de substituição do uso das sacolas plásticas comuns por ecológicas somente pode ser a lei em sentido estrito, de iniciativa geral, pois as restrições ao livre exercício da atividade econômica devem obedecer ao princípio da legalidade.

Além disso, a lei deve se compatibilizar com os requisitos estabelecidos no princípio da proporcionalidade, como será abordado no próximo capítulo.

3

Requisitos da constitucionalidade material das leis municipais que determinam a substituição das sacolas plásticas comuns por ecológicas

3.1 CONSIDERAÇÕES INICIAIS

Este capítulo analisa o tema aqui investigado com enfoque em sua dimensão normativa, mais especificamente a partir de seu cotejo com a discussão sobre normas, regras e princípios jurídicos.

Inicialmente, serão examinadas as diferenças entre as técnicas de solução de conflitos de normas e de princípios. Em seguida, serão abordadas as características dos princípios constitucionais e o método de resolução de conflitos de princípios colidentes.

Em um segundo momento, serão apresentados os elementos que estabelecem a carga argumentativa do princípio da sustentabilidade ecológica e os dados sobre a problemática ambiental da poluição decorrente de resíduos plásticos. Além disso, abordar-se-á a estrutura do modelo de consumo sustentável e qual a sua relação com as políticas de modificação do uso das sacolas plásticas (comuns por ecológicas).

Também serão analisados, a título exemplificativo, os aspectos da constitucionalidade material da Lei n. 7.281/2011, do Município de Marília/SP, que determina a substituição do uso das sacolas plásticas comuns por ecológicas, destacando os requisitos fáticos do princípio da proporcionalidade (necessidade e adequação).

Ademais, serão pesquisados os dispositivos de algumas leis municipais que determinam a substituição do uso das sacolas plásticas, apresentando suas diferenciações, como forma de contribuir para uma visão mais abrangente sobre o tema investigado.

Por fim, será abordada a possível contribuição do diálogo entre as instituições e a participação democrática no processo de julgamento do Recurso Extraordinário n. 732.686/SP para a solução do tema.

3.2 COLISÃO DE PRINCÍPIOS CONSTITUCIONAIS E CARGA ARGUMENTATIVA DA SUSTENTABILIDADE ECOLÓGICA

A norma jurídica se classifica, quanto à sua estrutura normativa, em regras e princípios. Com relação a tais conceitos, as normas jurídicas constituem o gênero, que possuem os princípios e as regras como espécies.[1] O conjunto das normas jurídicas integra o ordenamento jurídico.[2]

O ordenamento jurídico constitui uma unidade sistemática, pois é estruturado por meio de uma totalidade ordenada, constituída por uma soma de dispositivos que apresentam relativa ordem[3] e coerência entre si.

Em virtude dessa estrutura sistêmica, a ordem estatal não coaduna com a presença de antinomias reais[4] entre regras que possuem o mesmo âmbito de validade. Essa situação se apresenta quando uma conduta é permitida e proibida concomitantemente pelo mesmo ordenamento jurídico.[5] A título ilustrativo, a ordem estatal não pode, simultaneamente e no mesmo espaço territorial, autorizar e proibir o uso de sacolas plásticas comuns.

---

1 ALEXY, op. cit., p. 85-87.

2 BOBBIO, op. cit., p. 45.

3 Idem, p. 77.

4 "Chamamos de antinomias solúveis as **aparentes**; chamamos as insolúveis de **reais**. Diremos, portanto, que as antinomias reais são aquelas em que o intérprete é abandonado a si mesmo ou pela falta de um critério ou por um conflito entre os critérios dados [...]." (Idem, p. 94, grifos nossos)

5 Idem, p. 85.

De outra forma, o ordenamento jurídico se conforma com a presença de antinomias aparentes entre suas normas, situação apresentada quando as técnicas de resolução de conflitos normativos estão previstas em seu próprio sistema.[6] No ordenamento jurídico brasileiro, a resolução das antinomias aparentes está prevista na Lei de Introdução às Normas do Direito Brasileiro (LINDB), ao prescrever que a "lei posterior revoga a anterior quando expressamente o declare, quando seja com ela incompatível ou quando regule inteiramente a matéria de que tratava a lei anterior".[7] Nesse caso, o próprio ordenamento jurídico fixou previamente as regras de resolução de conflitos de normas no tempo, desde que essas normas possuam idêntica posição hierárquica.

A antinomia aparente entre as regras se soluciona no campo da validade, devendo o hermeneuta, no exercício de interpretação das normas, considerá-las válidas ou inválidas. Consequentemente, as regras consideradas válidas são aplicadas de maneira irrestrita e as inválidas, retiradas do ordenamento jurídico.

Para resolver o problema da necessidade de coerência entre as regras, o ordenamento jurídico instituiu critérios de solução de conflitos entre regras jurídicas, que são as denominados regras de colisão.[8] Norberto Bobbio aponta a existência de três critérios de solução de conflitos de regras: a) o critério cronológico; b) o critério hierárquico; c) o critério da especialidade.

O critério cronológico é aquele em que, em caso de conflito entre regras, prevalece a regra editada em data posterior, desde que ambas possuam idênticos graus hierárquicos (*lex posterior derogat priori*). Em relação ao critério hierárquico, no caso de conflito de regras, prevalece a norma de nível hierárquico superior, mesmo que editada em data anterior. Por fim, o critério da especialidade é aquele

6 Idem, p. 84.

7 BRASIL, 1942, art. 2º, § 1º.

8 MICHAEL, Lothar; MORLOK, Martin. **Direitos fundamentais.** Tradução de António Francisco de Souza e António Franco. São Paulo: Saraiva, 2016. p. 61.

em que, na hipótese de um conflito entre uma regra geral e uma especial, prevalece a especial.[9]

As leis municipais que estipulam a mudança da utilização das sacolas plásticas comuns por ecológicas possuem a natureza de regras relacionadas com o princípio da sustentabilidade ecológica.

Comparando-se com as regras, os princípios jurídicos possuem um nível de generalidade mais elevado e estão vinculados a maior carga de valores protegidos pela sociedade.[10] Apesar de possuírem relação com os valores, os seus conceitos se distinguem, porque, enquanto os princípios jurídicos são deontológicos, atuando no campo do dever, da permissão ou da proibição, os valores são conceitos axiológicos, voltados para o campo do ser e do bom.[11]

Além disso, os princípios constitucionais contêm mandamentos para que algo seja realizado na maior medida possível, constituindo ordens que podem ser satisfeitas em níveis variados, a depender das condições fáticas e jurídicas estabelecidas.[12] Como resultado, quando da solução do conflito entre princípios, "procura-se deixar que ambos os princípios se desenvolvam o mais possível ('quanto mais... tanto mais')",[13] pela otimização de dois objetivos conflitantes.[14]

Dessa forma, o que caracteriza e distingue os princípios é o fato de que seus comandos devem ser implementados no maior grau possível, de acordo com as possibilidades fáticas e jurídicas existentes.[15]

Destaca-se que, em abstrato, os princípios contidos em normas de direitos fundamentais não se impõem de forma absoluta em relação a outras normas de direitos fundamentais,[16] não havendo uma hierarquia prévia entre eles. Sendo assim, em tese, o princípio

[9] BOBBIO, op. cit., p. 94-97.

[10] ALEXY, op. cit., p. 104.

[11] Idem, p. 145-146.

[12] ALEXY, op. cit., p. 90.

[13] MICHAEL; MORLOK, op. cit., p. 61.

[14] Idem, ibidem.

[15] ALEXY, op. cit., p. 90.

[16] MICHAEL; MORLOK, op. cit., p. 61.

da sustentabilidade ecológica não apresenta superioridade em relação ao da livre-iniciativa econômica.

De fato, a precedência ou primazia de determinado princípio em relação a outro deverá ser aferida pelas circunstâncias específicas apresentadas no caso em concreto, pela técnica de ponderação de pesos. Consequentemente, um princípio que prevalecerá sob determinadas condições fáticas poderá ter de ceder se as circunstâncias se modificarem.[17]

Em se configurando a colisão entre princípios constitucionais, o Poder Judiciário deve se utilizar do método interpretativo denominado "concordância prática", a fim de que os princípios possam incidir, no caso em concreto, o máximo possível, nos limites de sua relevância. Nesse sentido o ensinamento de Paulo Gustavo Gonet Branco:

> O princípio da concordância prática tem apelo, nos casos de conflitos entre normas constitucionais, quando os seus programas normativos se entrechocam. O critério recomenda que o alcance das normas seja comprimido até que se encontre o ponto de ajuste de cada qual segundo a importância que elas possuem para o caso em concreto. Se é esperado do intérprete que extraia o máximo efeito de uma norma constitucional, esse exercício deve vir a provocar choque com idêntica pretensão de outras normas constitucionais. Devem, então, ser conciliadas as pretensões de efetividade dessas normas, mediante o estabelecimento de limites ajustados aos casos concretos em que são chamados a incidir.[18]

Em relação às leis municipais que ordenam a substituição do uso das sacolas plásticas comuns por ecológicas, a aferição de qual é o princípio prevalente (sustentabilidade ecológica ou livre-iniciativa econômica) deverá ser feita conforme as circunstâncias específicas do caso em concreto.

---

17 ALEXY, op. cit., p. 93-94.

18 MENDES; BRANCO, op. cit., p. 94-95.

Em virtude disso, o método de solução dos conflitos entre princípios constitucionais não atua no âmbito de validade das normas, sendo que a preponderância da incidência de um princípio para determinada situação *in concreto* não afasta a validade do princípio cedente.[19] No caso, o intérprete procura otimizar os princípios em conflito, para que nenhum deles seja integralmente sacrificado.[20]

Nessa perspectiva, a edição de um ato legislativo ou executivo pode deflagrar o conflito entre dois ou mais princípios de direitos fundamentais expressos no texto constitucional. O julgador, então, deverá harmonizar a incidência dos princípios colidentes, ponderando sobre as razões pelas quais determinado princípio deve prevalecer para a situação apresentada no caso em concreto, sem declarar, porém, a nulidade do princípio cedente. Sendo assim, a ponderação dos pesos estabelecidos para os princípios em conflito sucede quando for proferida a decisão judicial.[21]

Em relação aos modelos constitucionais, as constituições dirigentes apresentam princípios impositivos que determinam aos órgãos e agentes do Estado a realização de atividades ou de políticas públicas para concretizar os valores neles expressos.[22] Nessa estrutura constitucional, os dispositivos constitucionais estabelecem programas a serem executados pelos órgãos estatais, mediante normas programáticas com conteúdos teleológicos.[23]

O dever constitucional da proteção do meio ambiente e o princípio da sustentabilidade ecológica[24] se inserem nessa estrutura constitucional, que direciona as ações estatais por meio do estabelecimento de normas diretivas de programas.

---

19 ALEXY, op. cit., p. 93

20 MICHAEL; MORLOK, op. cit., p. 61.

21 GRAU, Eros. **Por que tenho medo dos juízes**: a interpretação/aplicação do direito e os princípios. 9. ed. São Paulo: Malheiros, 2018b. p. 117.

22 GRAU, 2018a, p. 154.

23 SILVA, 2015, p. 138.

24 BRASIL, 1988, art. 225 c/c art. 170, inc. VI.

As normas constitucionais que instituem as tarefas do Estado não visam preservar uma situação consolidada, na medida em que traçam os objetivos a serem perseguidos pelo Estado por meio do cumprimento de programas, ou seja, orientam uma ação estatal para o futuro.[25] Os poderes constituídos estão vinculados às tarefas constitucionais impostas pelo constituinte originário, apesar de possuírem discricionariedade de cumpri-las em momento e condições oportunos,[26] em consideração ao princípio da reserva do financeiramente possível.[27]

A implementação das normas de proteção ambiental pode gerar um conflito entre os princípios da sustentabilidade ecológica e da livre-iniciativa econômica. Essa colisão de princípios é configurada quando se condicionam as atividades de determinados agentes econômicos à observância de critérios de sustentabilidade ecológica, limitando o pleno exercício da atividade econômica.[28] Nesses casos, o julgador deve, para o caso em concreto, conformar a incidência dos princípios colidentes mediante a técnica de julgamento da ponderação de pesos.

Nesse contexto, as políticas de substituição do uso das sacolas plásticas comuns por ecológicas limitam a livre-iniciativa econômica dos empresários, na medida em que impõem o tipo de matéria-prima que deve ser utilizado nas sacolas em que os consumidores

---

25 HESSE, op. cit., p. 47.

26 Idem, ibidem.

27 "Especialmente em períodos de recessão financeira, não há como negar que a função do Estado de assegurar direitos sociais poderá estar limitada por restrições de cunho orçamentário. Em tais casos, a interpretação do texto constitucional não poderá se desenvolver alheia a óbices econômicos postos. Neste sentido, analisando o contexto europeu no período pós-crise internacional de 2008, o professor Blanco de Moraes avalia que a redução drástica de prestações sociais em decisões da Suprema Corte Portuguesa abalou decisivamente utopias e mitos constitucionais sobre direitos adquiridos" (MENDES; BRANCO, op. cit., p. 708-709).

28 GRAU, 2018a, p. 248.

acondicionarão suas mercadorias quando da realização das compras.[29] Aprioristicamente, essa limitação imposta ao agente econômico se apresenta legítima, pois a defesa do meio ambiente, com tratamento diferenciado de acordo com o impacto ambiental dos produtos e serviços, é um princípio constitucional que integra a ordem econômica.[30]

Sendo assim, apesar de o texto constitucional estabelecer o princípio da livre-iniciativa econômica,[31] destaca-se que esse princípio não é absoluto, podendo o seu exercício ser limitado por normas estatais de proteção ecológica, desde que introduzidas no ordenamento jurídico pela via adequada e compatíveis com o princípio da proporcionalidade.

Ao contextualizar essas premissas de interpretação constitucional para o debate das leis municipais que determinam a substituição do uso das sacolas plásticas comuns por ecológicas, defende-se que não se pode desconsiderar a carga argumentativa do princípio da sustentabilidade ecológica, que deve incidir no maior nível possível. Esse patamar de incidência deve ser observado, pois a sustentabilidade ecológica é um princípio com forte reconhecimento da sociedade e relacionado com o fundamento da dignidade da pessoa humana e com a sadia qualidade de vida.

A qualidade dos recursos naturais e o equilíbrio ecossistêmico são condições ambientais necessárias para resguardar que o ser humano viva em padrões dignos. A manutenção dos níveis ambientais adequados do ar, do solo, dos recursos hídricos e dos alimentos repercute na saúde biológica e psíquica das pessoas. Dessa forma, esses níveis devem ser mantidos condizentes para que a vida humana se desenvolva dentro de um bem-estar existencial.[32]

---

29 GONÇALVES, Luciana Helena. O caso da Lei Mineira das Sacolas Plásticas e a dinâmica dos atores institucionais. **Revista Brasileira de Gestão Ambiental e Sustentabilidade**, v. 3, n. 6, p. 279, 2016. Disponível em: http://revista.ecogestaobrasil.net/v3n6/v03n06a03.pdf. Acesso em: 19 mar. 2020.

30 BRASIL, 1988, art. 170, inc. VI.

31 BRASIL, 1988, art. 170, *caput*.

32 SARLET; FENSTERSEIFER, 2017a, p. 58.

Nesse ponto, destaca-se que a proteção constitucional da vida humana ultrapassa seu aspecto biológico e a degradação ambiental compromete o desenvolvimento da personalidade humana.[33]

Logo, a sustentabilidade ecológica é um princípio relacionado ao direito à vida e ao primado da dignidade da pessoa humana, que constituem o núcleo dos direitos fundamentais, pois não há razão para tutelar os demais direitos se não for garantida a vida humana com padrões mínimos de dignidade, incluindo-se, nesse âmbito, a sua dimensão ecológica.[34] Além disso, o princípio da dignidade da pessoa humana é o vetor da ordem jurídica nacional, confluindo para sua direção as demais regras e princípios constitucionais.[35] Nessa conjuntura, o propósito para o qual deve ser direcionada a ordem econômica é o da dignidade da pessoa humana.[36]

Nessa perspectiva, o texto constitucional prescreve que a República Federativa do Brasil possui o objetivo fundamental de preservar o desenvolvimento nacional.[37] No entanto, o desenvolvimento da nação adquire sentido quando empreendido para propiciar as mínimas condições necessárias para a população viver dignamente. Essa assertiva se confirma com a finalidade da ordem econômica de "assegurar a todos existência digna, conforme os ditames da justiça social".[38] Dessa forma, a economia de mercado possui um propósito socioambiental que transcende a mera comercialização de mercadorias e obtenção de lucros pelos proprietários dos meios de produção.

A relação entre o respeito à sustentabilidade ecológica nas políticas de desenvolvimento econômico e o direito à vida e à dignidade da pessoa humana foi reconhecida nos documentos elaborados pela ONU. Nesse sentido, a Declaração de Estocolmo estabelece que o ser humano possui o direito à qualidade de vida, destacando a

33 Idem, ibidem.

34 Idem, ibidem.

35 SILVA, 2019a, p. 107.

36 GRAU, 2018a, p. 192.

37 BRASIL, 1988, art. 3º, inc. II.

38 BRASIL, 1988, art. 170, *caput*.

dimensão ecológica do princípio da dignidade da pessoa humana.[39] Também nessa diretriz, a Declaração do Rio disciplina que os seres humanos possuem o direito à sadia qualidade de vida e que a convivência harmônica com a natureza contribui para a concretização desse direito.[40]

Além desses documentos, o Protocolo Adicional à Convenção Americana de Direitos Humanos em Matéria de Direitos Econômicos, Sociais e Culturais, promulgado pelo Decreto Executivo n. 3.321/1999, prescreve que qualquer indivíduo tem direito a viver em um ambiente equilibrado sob a perspectiva ecológica e a se beneficiar dos serviços públicos elementares, consistindo em dever dos países realizar a proteção ambiental.[41]

Esse conjunto de normas e diretrizes emanadas de organismos internacionais também orienta a compreensão do tema aqui estudado.

Ademais, os comandos municipais de substituição do uso das sacolas plásticas comuns por ecológicas estão inseridos nos programas estatais que repercutem nas políticas públicas de saneamento básico, que incluem os serviços de limpeza urbana e manejo de resíduos sólidos.[42] A inserção das políticas de substituição do uso das

---

39 "Princípio 1: O homem tem o direito fundamental à liberdade, à igualdade e ao desfrute de condições de vida adequadas em um meio ambiente de qualidade tal que lhe permita levar uma vida digna e gozar de bem-estar, tendo a solene obrigação de proteger e melhorar o meio ambiente para as gerações presentes e futuras" (ORGANIZAÇÃO DAS NAÇÕES UNIDAS, 1972).

40 "Princípio 1: os seres humanos estão no centro das preocupações com o desenvolvimento sustentável. Têm direito a uma vida saudável e produtiva, em harmonia com a natureza" (ORGANIZAÇÃO DAS NAÇÕES UNIDAS, 1992).

41 Art. 11 da ASSEMBLEIA GERAL DA ORGANIZAÇÃO DOS ESTADOS AMERICANOS. **Protocolo Adicional à Convenção Americana sobre direitos humanos em Matéria de Direitos Econômicos, Sociais e Culturais, "Protocolo de São Salvador"**. Disponível em: http://www.planalto.gov.br/ccivil_03/decreto/D3321.htm. Acesso em: 28 jan. 2020.

42 BRASIL, 2007, art. 3º, inc. I, "c".

sacolas plásticas comuns por ecológicas nas políticas públicas de saneamento básico ocorre porque a não utilização das com mais longevidade de decomposição pode contribuir para a redução do acúmulo de rejeitos nas cidades urbanas.

Ainda no âmbito da tutela dos direitos fundamentais, a prestação adequada dos serviços de saneamento básico contribui para a concretização dos direitos fundamentais da saúde, do ambiente equilibrado e da vida, que pertencem a diferentes gerações, o que demonstra a interconexão entre as dimensões dos direitos fundamentais.[43]

Sendo assim, o direito fundamental "à água potável e ao saneamento básico cumpre papel elementar não apenas para o resguardo do seu próprio âmbito de proteção e conteúdo",[44] mas também para o gozo de outros direitos fundamentais. Seguindo essa linha de ideia, a ONU, na Resolução n. 64/92 (A/RES/64/92), reconheceu que o saneamento básico seria um direito humano natural.[45]

A carga argumentativa que incide sobre o princípio da sustentabilidade ecológica não o transforma, porém, em regra, em caso de colisão com outros princípios constitucionais. De fato, ela gera o efeito de orientar o julgador a conferir prevalência de um princípio em face do outro, nas circunstâncias de, no caso em concreto, existirem fundamentos igualitários entre os princípios colidentes, ou se houver dúvidas razoáveis do julgador sobre qual princípio deve ser aplicado.[46]

---

43 SILVA, Cínta da; MANDARINO, Luca Moura. O saneamento básico e a dogmática dos direitos fundamentais. *In:* SADDY, André; CHAUVET, Rodrigo da Fonseca (coord.). **Aspectos jurídicos do saneamento básico**. Rio de Janeiro: Lumen Juris, 2017. p. 33.

44 SARLET; FENSTERSEIFER, 2017a, p. 58.

45 ORGANIZAÇÃO DAS NAÇÕES UNIDAS. Comunicado aos Média. **O direito humano água e saneamento.** Disponível em: https://www.un.org/waterforlifedecade/pdf/human_right_to_water_and_sanitation_media_brief_por.pdf. Acesso em: 16 jan. 2020.

46 ALEXY, op. cit., p. 106.

Desse modo, apesar de sua carga argumentativa, o princípio da sustentabilidade ambiental não é absoluto, podendo ceder em face de fortes razões apresentadas pelos demais princípios colidentes, de acordo com as peculiaridades da situação em concreto submetida à apreciação judicial.[47]

3.3 PROBLEMÁTICA DA POLUIÇÃO POR RESÍDUOS PLÁSTICOS, RESTRIÇÕES ESTATAIS AO EXERCÍCIO DA LIVRE-INICIATIVA ECONÔMICA E CONSUMO SUSTENTÁVEL

O desenvolvimento tecnológico possibilitando a produção industrial em elevada escala, o exponencial crescimento demográfico e a falta de consciência da necessidade de harmonizar o crescimento econômico com a proteção ecológica foram fatores que contribuíram para o aumento – em âmbito global – do desequilíbrio ecológico e do aquecimento global.[48]

O recente aumento populacional a proporções muito superiores aos períodos anteriores da história da humanidade se evidencia nos seguintes dados: até a época do reinado do imperador César Augusto,[49] a população humana havia atingido 250 milhões de pessoas. No século XVIII, o número de indivíduos da população havia aumentado para 1 bilhão, e, após a Segunda Guerra Mundial, a população do planeta era de aproximadamente 2 bilhões. Em 2006, o número de seres humanos no planeta atingiu 6,5 bilhões de pessoas e se estima que, em 2050, esse número chegará a 9,1 bilhões de pessoas. Nesse cenário, verifica-se que, enquanto se demorou 10 mil gerações para a população alcançar 2 bilhões de pessoas, em apenas uma geração esse número subirá de 2 bilhões para 9 bilhões de indivíduos.[50] Esse acréscimo no número de indivíduos no planeta

---

47 LEITE, op. cit., p. 211.

48 GORE, 2006, p. 216-270.

49 César Augusto foi o primeiro imperador do Império Romano, governando de 27 a.C. até 14 d.C.

50 GORE, 2006, p. 216-270.

também repercute no aumento geométrico da produção de resíduos sólidos, devido à necessidade do crescimento na produção industrial para atender à demanda de consumo da sociedade.

Além disso, o sistema econômico consumista incentiva ao descarte prematuro de mercadorias ainda em condições de uso para a aquisição de modelos mais sofisticados, produzidos em espaço temporal cada vez mais curto em virtude do desenvolvimento tecnológico dos meios de produção. Os veículos publicitários influenciam essa dinâmica, na medida em que promovem propagandas – financiadas pelos agentes econômicos – associando felicidade e reconhecimento social à aquisição de novos produtos.[51]

Sendo assim, a geração excessiva de resíduos, desacompanhada de seu descarte adequado, integra o sistema de produção e consumo que contribuiu para que a crise ambiental atingisse patamares globais.

O crescimento da poluição decorrente da geração em excesso dos resíduos sólidos se evidencia com a problemática dos materiais plásticos, que geram impactos no meio ambiente em ambos os extremos da cadeia produtiva, pois contribuem para o esgotamento de matéria-prima não renovável (petróleo) e com o acréscimo de resíduos de difícil degradação.[52]

O problema ambiental decorrente dos materiais plásticos se amplifica, porque houve um aumento na produção de plásticos em 200 vezes desde 1950, índice que continuou crescendo no patamar de 4% ao ano a partir de 2000. Nesse cenário, a produção de plásticos alcançou, em 2016, a quantia de 396 milhões de toneladas métricas, sendo o equivalente a 53 quilos de plástico para cada ser humano que habita o planeta.[53]

A maioria dos materiais plásticos é usada na criação de produtos descartáveis – assim considerados aqueles elaborados para serem

---

51 SERRA, op. cit., p. 22-23.

52 ZANIN; MANCINI, op. cit., p. 9.

53 WWF, op. cit., p. 12.

usados apenas uma vez antes do descarte –, com vida útil inferior a três anos. Nessa realidade, aproximadamente 310 milhões de toneladas métricas de resíduos plásticos foram produzidas em 2016, o que equivale a 2.200 garrafas plásticas de água para cada indivíduo do planeta.[54]

Os resíduos plásticos degradam os solos em que são descartados. A poluição por microplásticos modifica as condições do solo, impactando a saúde da fauna e aumentando a probabilidade de vazamento de elementos químicos prejudiciais ao solo.[55]

Os dados são preocupantes porque, se a sistemática de geração de resíduos dessa natureza se mantiver no ritmo atual, projeta-se que a quantidade de poluição plástica no planeta dobrará até 2030.[56] Agrega-se a tais dados o fato de que aproximadamente um terço de todo o plástico já descartado, equivalente a 100 milhões de toneladas métricas de resíduos, inseriu-se na natureza como poluição terrestre ou marinha; 37% dos rejeitos plásticos não têm descarte ambientalmente correto e 80% dos plásticos encontrados nos oceanos são oriundos de poluição terrestre. Além disso, os solos e oceanos estão contaminados com macro, micro e nanoplásticos, sendo que esses últimos são ingeridos pelos animais e seres humanos, a partir dos alimentos e da água potável.[57]

Em decorrência de o crescimento da geração de plásticos ser superior ao aumento da capacidade de tratamento adequado dos resíduos, avalia-se que a poluição anual de plásticos nos mares será acima de 9 milhões de toneladas métricas por ano até 2030.[58]

Esses dados apontam que os resíduos plásticos constituem uma ameaça para o reino animal, sendo contabilizado que mais de 270 espécies marinhas foram feridas por enredamento em materiais de pesca ou plásticos descartados; ainda, 240 espécies foram

[54] Idem, p. 14.

[55] Idem, p. 15.

[56] Idem, p. 26.

[57] Idem, p. 8.

[58] Idem, p. 26.

diagnosticadas sobrevivendo com plástico ingerido nos seus organismos.[59] Para ilustrar a problemática da poluição global dos oceanos por resíduos plásticos, registra-se que uma baleia foi encontrada morta, no dia 16 de março de 2019, nas Filipinas, com 40 quilos de sacos plásticos dentro do estômago.[60]

A poluição decorrente de resíduos plásticos também contribui para as mudanças climáticas, pois a incineração desses materiais emite dióxido de carbono na atmosfera e pode triplicar até 2030. Ademais, o fechamento do ciclo de vida dos plásticos está sendo inviabilizado pela incapacidade de geração de uma indústria de reciclagem lucrativa e pelo alto custo operacional da coleta e separação dos resíduos. Como resultado da ineficiência das políticas de gestão desse tipo de resíduo, somente 20% dos resíduos plásticos são destinados à reciclagem; na Europa, a perda material nesse processo é de aproximadamente metade do material coletado. Além disso, o PNUMA avalia em U$ 8 bilhões anuais o custo do capital natural com a poluição por plásticos, com impacto direto nos setores de pesca, comércio marítimo e turismo.[61]

Em relação à proteção ambiental, a eliminação gradual dos plásticos descartáveis, assim considerados aqueles com vida útil até um ano, possui o potencial de reduzir a sua demanda em até 40% e diminuir pela metade a produção de plásticos virgens até 2030. A redução do plástico descartável diminuirá a geração de resíduos plásticos em 57% em comparação com o cenário de 2019. A implantação da gestão ambientalmente correta dos resíduos e a reutilização dos plásticos também podem gerar aproximadamente um milhão de empregos na indústria da reciclagem.[62]

No que se refere ao impacto sobre o saneamento, dados de 2012 evidenciariam que as sacolas plásticas constituem os resíduos

---

59 Idem, p. 15.

60 BBC NEWS BRASIL. **Plástico no oceano:** baleia é encontrada morta com 40 kg de sacolas no estômago. 18 de março de 2019. Disponível em: https://www.bbc.com/portuguese/geral-47614367. Acesso em: 13 mar. 2020.

61 WWF, op. cit., p. 8-9.

62 WWF, op. cit., p. 11.

que mais poluem o ambiente urbano, entupindo a drenagem urbana, fato que ocasiona inundações em épocas de chuva e outros problemas ambientais e sociais.[63] Em decorrência da problemática, a Lei n. 11.445/2007, com redação dada pela Lei n. 14.026/2020, estabelece a necessidade da fiscalização preventiva das redes de drenagem urbana.[64] No caso, os agentes públicos devem aferir o quanto os rejeitos de sacolas plásticas estão contribuindo para impossibilitar o escoamento da água, o que justificaria a medida estatal de substituição de seu uso por sacolas retornáveis, a título ilustrativo.

Nessa conjuntura, a crise ecológica decorrente da degradação ambiental por resíduos plásticos legitima a expedição de medidas estatais de comando e controle para restringir a produção das sacolas plásticas convencionais, substituindo-as por sacolas ecológicas, desde que o instrumento normativo utilizado seja a lei e de acordo com parâmetros que atendam ao princípio da proporcionalidade.

As atividades econômicas que causam significativos danos ambientais – como o mercado em que estão inseridas as sacolas plásticas comuns – podem ser restringidas pelas instituições formais do Direito. O economista Douglas North discorreu sobre o alcance das restrições institucionais, conceito que se aplica às normas ambientais que diminuem o exercício da atividade poluidora:

> As restrições institucionais ditam aquilo que os indivíduos são proibidos de fazer e, por vezes, as condições sob as quais se permite que alguns indivíduos exerçam determinadas atividades. Tais como definidas aqui, constituem assim o âmbito no qual se dá a interação humana. São perfeitamente análogas às regras do jogo para a prática de um esporte coletivo. Ou seja, consistem em regras formais por escrito e também em códigos de conduta comumente tácitos que respaldam e suplementam as regras formais, como o preceito de não machucar intencionalmente um jogador da equipe adversária. E, como essa analogia implicaria,

[63] LORENZETT, op. cit., p. 2446-2454.

[64] BRASIL, 2007, art. 2º, IV.

> quando as regras e os códigos de conduta são transgredidos, aplica-se uma penalização. Desse modo, um aspecto essencial do funcionamento das instituições se encontra no custo da averiguação das transgressões e na severidade das penalizações.[65]

Nesse sentido, o princípio da livre-iniciativa econômica não é absoluto, podendo o seu âmbito de proteção sofrer restrições instituídas pelo legislador ordinário do poder central e das periferias.[66] Essas limitações estatais impostas ao direito de livre exercício da atividade econômica possuem a finalidade de harmonizar esse direito com os demais valores protegidos pelo texto constitucional, dentre os quais o da sustentabilidade ecológica.

Nessa linha de raciocínio, aponta-se que a ordem econômica constitucional apresenta o propósito de assegurar aos indivíduos a sobrevivência de forma digna,[67] devendo, para tanto, adotar programas e ações de proteção do meio ambiente.[68] Infere-se, então, que o desenvolvimento econômico da nação deve ocorrer de maneira planejada e seguindo parâmetros de justiça social e de sustentabilidade ecológica.[69]

Dessa forma, a intervenção estatal no mercado com medidas proporcionais que protejam o meio ambiente e a saúde humana não viola o princípio da livre-iniciativa econômica, que não foi acolhido pela CF/1988 na sua acepção exclusivamente individualista, mas como um valor social.[70]

A definição do âmbito de proteção do direito individual à livre-iniciativa econômica requer a apuração das possíveis restrições apresentadas no texto constitucional e nas reservas de lei de

---

65 NORTH, Douglas C. **Instituições, mudança institucional e desempenho econômico.** São Paulo: Três Estrelas, 2018. p. 15.

66 GRAU, 2018a, p. 198-201.

67 BRASIL, 1988, art. 170.

68 BRASIL, 1988, art. 170, inc. VI.

69 BRASIL, 1988, art. 3º, inc. II, c/c art. 170.

70 GRAU, 2018a, p. 196.

conotação restritiva.[71] Logo, o texto constitucional garante um campo de tutela à liberdade de empresa, bem como autoriza a imposição de restrições estatais, para que a ordem econômica assegure a dignidade dos indivíduos, em conformidade com os padrões de justiça social e de sustentabilidade ecológica.[72] Configura-se uma relação entre o exercício do direito individual e as restrições eventualmente fixadas, em decorrência da necessidade de compatibilização dos direitos individuais e os interesses da sociedade.[73]

A possibilidade de imposição de restrições de ordem ambiental à livre-iniciativa econômica encontra previsão no texto constitucional, que prevê que a ordem econômica deve observar o princípio da proteção do meio ambiente, inclusive com tratamento diferenciado em decorrência do impacto ambiental dos produtos e serviços.[74] Sendo assim, o exercício do direito à livre-iniciativa deve ser realizado de maneira compatível com os instrumentos jurídicos que buscam preservar o equilíbrio ambiental e a sustentabilidade do planeta.[75]

No campo normativo internacional, as declarações de princípios ambientais da ONU definem que os Estados podem editar normas restringindo o exercício da atividade econômica em benefício da proteção ecológica. Nesse sentido, a Declaração de Estocolmo prescreve que no planejamento econômico das nações devem estar inseridas as normas de tutela da natureza.[76] Também nessa direção, a

---

[71] MENDES, Gilmar Ferreira. **Direitos fundamentais e controle de constitucionalidade.** 4. ed. São Paulo: Saraiva, 2014a. p. 35.

[72] BRASIL, 1988, art. 170.

[73] MENDES, 2014a, p. 40.

[74] BRASIL, 1988, art. 170, inc. VI.

[75] NUSDEO, Ana Maria de Oliveira. Desenvolvimento e ecologia revisado. Evolução do debate e perspectivas atuais. *In:* NUSDEO, Fábio (coord.). **O direito econômico na atualidade**. São Paulo: Revista dos Tribunais, 2014. p. 239.

[76] Nesse sentido: "Princípio 4: O homem tem a responsabilidade especial de preservar e administrar judiciosamente o patrimônio da flora e da fauna silvestres e seu habitat, que se encontram atualmente em grave perigo, devido

Declaração do Rio estabelece que a tutela ambiental integra a planificação do desenvolvimento.[77]

Em relação à proteção do consumo, as leis que venham a determinar a substituição das sacolas plásticas comuns – utilizadas pelos estabelecimentos particulares – por ecológicas já carregam um juízo de proporcionalidade do legislador em favor da maior concretude do princípio da sustentabilidade ambiental, sem que isso signifique desconsideração do princípio da proteção do consumidor – e independentemente de o varejista vir a estipular (ou não) um custo adicional pela aquisição dos sacos ecológicos utilizados, quando do armazenamento das mercadorias pelo consumidor.

Ademais, as normas que incidem sobre as relações de consumo devem ser interpretadas de acordo com as diretrizes constitucionais de sustentabilidade ecológica, que concretizam elementos conformadores do Estado Socioambiental de Direito. Essa linha de hermenêutica exige que o consumidor também tenha responsabilidade pelo ciclo de vida do produto, que deve ser, preferencialmente, circular, por meio do retorno dos resíduos na qualidade de matéria-prima na fabricação de novos produtos.

Nesse aspecto, a abordagem linear[78] na interpretação das relações de consumo, direcionada somente ao vínculo obrigacional

a uma combinação de fatores adversos. Consequentemente, ao planificar o desenvolvimento econômico deve-se atribuir importância à conservação da natureza, incluídas a flora e a fauna silvestres" (ORGANIZAÇÃO DAS NAÇÕES UNIDAS, 1972).

77 ORGANIZAÇÃO DAS NAÇÕES UNIDAS, 1992.

78 "Em linhas gerais, o consumo linear resulta da visão analítico-reducionista da relação de consumo, altamente matizada pela epistemologia cartesiano-baconiana e amplamente difundida pela civilística francesa oitocentista, formado, no extremidade de um plano, por um ponto representativo do fornecedor do produto e serviço e, no extremo oposto por outro ponto designativo do sujeito que os adquire ou os utiliza como destinatário final, ambos unidos por uma linha reta que simboliza o liame jurídico que une os sujeitos de uma relação" (RIBEIRO, Alfredo Rangel. **Direito do consumo sustentável**. São Paulo: Revista dos Tribunais, 2018. p. 70).

estabelecido entre o fornecedor e o consumidor, desconsiderando as eventuais externalidades negativas ambientais decorrentes do cumprimento do contrato de consumo, não se harmoniza com a ordem econômica de desenvolvimento sustentável estruturada na CF/1988. Basta lembrar, por exemplo, o fato de que determinados produtos comprados pelo consumidor - como pilhas, baterias, lâmpadas, aparelhos eletrônicos - não podem ser descartados em lixo comum doméstico.

Portanto, o dever de mútua solidariedade entre os indivíduos (intrageracional) e de solidariedade da geração atual para com a geração futura (intergeracional) exige uma nova percepção para a dinâmica das relações consumeristas. Nesse sentido, a encampação do paradigma de sustentabilidade ecológica para as relações de consumo impõe ao consumidor a responsabilidade pelo ciclo de vida do produto que adquiriu no mercado,[79] surgindo a concepção do consumo sustentável.

A escolha pela dinâmica de consumo que inclui o consumidor como responsável pelo ciclo de vida do produto se apresenta necessária, porque o sistema industrial ainda não implantou um modelo produtivo circular que resguarde os recursos naturais para as futuras gerações, limitando a utilização dos recursos não renováveis.[80] Nesse caso, a produção e o consumo devem encontrar limites na capacidade de resiliência da natureza em absorver os impactos gerados pela cadeia produtiva, incluindo o impacto ambiental causado pelo consumo não sustentável.

Além disso, o modelo de estrutura linear da relação jurídica de consumo se encontra imerso na formatação analítica do arranjo do direito enquanto ciência, subdividido em diversas disciplinas, com regras e princípios específicos que não dialogam entre si.[81] Sendo assim, as regras incidentes sobre as relações jurídicas de consumo

---

[79] RIBEIRO, op. cit., p. 70.

[80] Encíclica do Sumo Pontífice Francisco. **Laudato Si, Louvado Sejas**. Sobre o cuidado da casa comum. São Paulo: Paulus, 2015. p. 21.

[81] RIBEIRO, op. cit., p. 75.

não consideram as externalidades negativas ambientais, que decorrem dos incentivos – inclusive publicitários – à prática coletiva de aquisição de produtos de forma não sustentável.[82] Como consequência, a fragmentação dos objetos de pesquisa, que são naturalmente interconectados, "pode nos levar à perda da percepção dos fenômenos que inesperadamente emergem das interconexões e interações ocorridas nas diversas redes e processos".[83]

Em sentido oposto, adotando uma interpretação interdisciplinar dos efeitos da relação de consumo, a posição de vulnerabilidade do consumidor passa a ser reconhecida somente quanto ao liame jurídico estabelecido com o fornecedor. À vista disso, essa condição especial atribuída ao consumidor na relação jurídica de consumo não é transferida para as externalidades ambientais negativas (acúmulo de lixo, entupimento de bueiros, contaminação do solo, mortandade de animais, intoxicação do homem, poluição do ar, aquecimento do planeta), pois o seu comportamento está inserido na prática de consumo de massa não sustentável, que causa efeitos nocivos sobre os ecossistemas e compromete a qualidade de vida das gerações futuras.

Dessa forma, ao se analisarem os impactos ambientais originários do consumo não sustentável, o direito do consumidor estabelece uma "interface com o Direito Ambiental e demais saberes ecológicos, subordinando o Direito de Consumidor aos ditames de sustentabilidade".[84] Logo, associando a relação de consumo com as normas de proteção ambiental, deduz-se que o consumidor também deve internalizar os custos de seu comportamento danoso para o meio ambiente.

Nessa situação, para que as regras de proteção do consumidor se harmonizem com o Estado Socioambiental de Direito delineado na CF/1988, deve ser estabelecido o diálogo das fontes entre as normas do Direito do Consumidor e a LPNRS (Lei n. 12.305/2010), instrumento legislativo que inclui o consumidor na gestão compartilhada pelo ciclo

---

[82] RIBEIRO, op. cit., p. 76.

[83] GORE, 2013, p. 21.

[84] RIBEIRO, op. cit., p. 214.

de vida dos produtos.[85] Nessa perspectiva, a PNRS apresenta como objetivo o consumo sustentável[86] e o incentivo ao uso de modelos de produção e consumo sustentáveis.[87] O alcance do instituto do diálogo das fontes foi assim exposto por Cláudia Lima Marques:

> Neste capítulo, pois, devo introduzir um conceito diferente (o de conflito de leis no tempo), um conceito de aplicação simultânea e coerente de muitas leis ou fontes de direito privado, sob a luz (ou com os valores-guia) da Constituição Federal de 1988. É o chamada "diálogo das fontes" (di + a = dois ou mais; logos = lógica ou modo de pensar), expressão criada por Erik Jayme, em seu curso de Haia (JAYME, *Recueil des Cours*, 251, p. 259), significando a atual aplicação simultânea, coerente e coordenada das plúrimas fontes legislativas, leis especiais (como o CDC, a lei de seguro-saúde) e gerais (como o CC/2002), com campos de aplicação convergentes, mas não iguais.[88]

Dessa forma, é coerente com a dinâmica da responsabilidade compartilhada pelo ciclo de vida do produto[89] que o consumidor

---

[85] Nesse sentido: "responsabilidade compartilhada pelo ciclo de vida dos produtos: conjunto de atribuições individualizadas e encadeadas dos fabricantes, importadores, distribuidores e comerciantes, dos consumidores e dos titulares dos serviços públicos de limpeza urbana e de manejo de resíduos sólidos, para minimizar o volume de resíduos sólidos e rejeitos gerados, bem como para reduzir os impactos causados à saúde humana e à qualidade ambiental decorrentes do ciclo de vida dos produtos" (BRASIL, 2010, art. 3º, inc. XVII).

[86] BRASIL, 2010, art. 7º, inc. XV.

[87] BRASIL, 2010, art. 7º, inc. III.

[88] BENJAMIN, Antônio Herman V.; MARQUES, Cláudia Lima; BESSA, Leonardo Roscoe. **Manual de direito do consumidor**. 7. ed. São Paulo: Revista dos Tribunais, 2016. p. 135.

[89] "A análise de ciclo de vida (ACV) é uma metodologia de gestão ambiental que atualmente tem sido empregada para avaliar os efeitos de um produto, processo ou serviço sobre o meio ambiente, ao longo de todas as etapas envolvidas, ou seja, desde sua concepção mercadológica, planejamento, extração e uso de matérias-primas, gasto com energia, transformação industrial, distribuição/transporte, uso, reuso, manutenção e reciclagem até sua disposição final. O

também internalize os custos pelas externalidades negativas ambientais geradas pela cadeia que antecede e sucede o ato de aquisição da mercadoria, pois participa no processo de produção e descarte de resíduos. Aliás, o comportamento do consumidor no modelo de produção e consumo de massa possui relação direta com a proporção global da crise ambiental, pois os consumidores e demais agentes econômicos são protagonistas dos processos culturais, políticos e econômicos da degradação ambiental.[90]

Ingo Wolfgang Sarlet e Tiago Fensterseifer afirmam que a responsabilidade do consumidor está consolidada na aplicação do princípio do usuário pagador, cuja diretriz normativa é a de que o indivíduo que usufrui os recursos naturais deve adaptar o ato de consumo à utilização equilibrada destes.[91]

No âmbito das declarações de princípios internacionais do meio ambiente, a Declaração do Rio prescreve a obrigação dos Estados de adotarem políticas de contenção do consumo não sustentável.[92]

Além do mais, a ONU elaborou um plano de ação (Agenda 2030), no qual indicou 17 Objetivos de Desenvolvimento Sustentável (ODS) e 169 metas, dentre elas a Meta 12.1, que determina a implementação do Plano Decenal sobre Produção e Consumo Sustentáveis. Essa meta foi acolhida com adequação pelo Brasil, que prescreveu a obrigatoriedade da implementação do Plano de Ação para a Produção e Consumo Sustentáveis em articulação com os entes federados,[93] ou seja, por meio do federalismo cooperativo.

---

acompanhamento da vida de um produto, processo ou serviço é feito, dessa maneira, do seu berço ao túmulo" (ZANIN; MANCINI, op. cit., p. 19-20).

90 RIBEIRO, op. cit., p. 252.

91 SARLET; FENSTERSEIFER, 2017b, p. 115.

92 "Princípio 8: Para alcançar o desenvolvimento sustentável e uma qualidade de vida mais elevada para todos, os Estados devem reduzir e eliminar os padrões insustentáveis de produção e consumo, e promover políticas demográficas adequadas" (ORGANIZAÇÃO DAS NAÇÕES UNIDAS, 1992).

93 ORGANIZAÇÃO DAS NAÇÕES UNIDAS. **Objetivos de Desenvolvimento Sustentável**. Disponível em: http://www.ipea.gov.br/ods/ods12.html. Acesso em: 25 nov. 2019.

Portanto, a prática do consumo sustentável contempla o cumprimento do princípio da solidariedade intergeracional, internaliza os custos relativos das pressões do consumo e da produção sobre a natureza e se orienta pela sustentabilidade ecológica como elemento restritivo do consumo. Esse modelo considera que os efeitos do consumo devem abarcar as relações que o antecedem (fabricação da mercadoria) e que o sucedem (resíduos pós-consumo), incentivando a adoção da gestão integrada, compartilhada e ambientalmente correta dos resíduos sólidos.[94]

Desse modo, as leis que determinam a substituição do uso das sacolas comuns por ecológicas são compatíveis com a estrutura de consumo sustentáveis, pois os consumidores irão acondicionar suas mercadorias em sacolas plásticas que geram menor impacto ambiental.

No entanto, a política pública que determina o cumprimento de especificações técnicas na fabricação das sacolas plásticas ecológicas que torne o produto excessivamente oneroso para o consumidor final poderá ser considerada desproporcional e, em consequência, inconstitucional sob o aspecto material. A título ilustrativo, na atual conjuntura econômica do país, se a sacola plástica for vendida ao consumidor pelo preço de R$ 5,00 (cinco reais) a unidade, e este aumento no valor for decorrente da modificação de seu processo produtivo, a política pública que determinou a substituição do uso da sacola plástica comum por ecológica poderá ser considerada inconstitucional.

3.4 APLICAÇÃO DO PRINCÍPIO DA PROPORCIONALIDADE NO CONTEXTO DOS COMANDOS DE SUBSTITUIÇÃO DO USO DAS SACOLAS PLÁSTICAS EM FACE DA LEI N. 7.281/2011, DO MUNICÍPIO DE MARÍLIA, E DO TEMA DE REPERCUSSÃO GERAL N. 970 DO STF

Como discutido anteriormente, princípios são normas de natureza mandamental para que algo seja realizado, na maior medida possível, de acordo com as possibilidades fáticas e jurídicas existentes.

94 RIBEIRO, op. cit., p. 250-255.

A apreciação da possibilidade jurídica de incidência de determinado princípio constitucional deve ser feita pela aplicação do método de ponderação de pesos. Esse requisito, que integra o princípio da proporcionalidade, se denomina proporcionalidade em sentido estrito.[95]

Além disso, a norma também deve compatibilizar os elementos que compõem as possibilidades fáticas do princípio constitucional da proporcionalidade, quais sejam, a necessidade e a adequação, sob pena de ser reconhecida a sua inconstitucionalidade material.[96]

Enquanto os requisitos da necessidade e adequação atuam no plano da análise do preenchimento das possibilidades fáticas de incidência da norma para a situação em concreto, a análise do requisito da proporcionalidade em sentido estrito deve ser realizada no âmbito da possibilidade jurídica de aplicação da norma pela técnica de ponderação de pesos.

Em consequência, ao verificar se o ato normativo preenche os requisitos que integram o princípio da proporcionalidade, o intérprete deve verificar, inicialmente, se a norma é adequada (adequação). Em sendo realizado um juízo positivo sobre a adequação da norma, o Poder Judiciário deve avaliar se a sua aplicação se faz necessária, inexistindo meio menos gravoso para se obter o resultado almejado (necessidade). Por fim, sendo avaliado que a norma é adequada e necessária, será feita a análise do requisito da proporcionalidade em sentido estrito pelo sopesamento entre os princípios constitucionais conflitantes.[97]

Caso o Poder Judiciário interprete que a lei ou ato normativo não preenche os requisitos da necessidade, adequação e proporcionalidade em sentido estrito, deverá ser declarada a inconstitucionalidade material da norma.[98] Nesse caso, a nulidade da norma será

---

[95] MENDES, 2014a, p. 64.

[96] ALEXY, op. cit., p. 118.

[97] MENDES, 2014a, p. 75.

[98] "A inconstitucionalidade material expressa uma incompatibilidade de conteúdo, substantiva, entre a lei ou ato normativo e a Constituição. Pode traduzir-se no confronto com uma regra constitucional – e.g., a fixação da remuneração de uma categoria de servidores públicos acima do limite

declarada sob o fundamento da presença de excesso legislativo, que se configura pela inadequação entre os meios utilizados e os fins visados quando da edição do ato legislativo.[99]

Dessa forma, a política estatal que restringe o livre exercício da atividade econômica, com a finalidade de tutelar a sustentabilidade ecológica, não pode ser excessivamente desproporcional para o agente econômico, sob pena de ser inconstitucional por excesso legislativo. A título ilustrativo, a edição de ato legislativo determinando aos estabelecimentos comerciais a substituição das sacolas plásticas comuns por ecológicas em períodos de excepcional crise econômica – como a decorrente de medidas de quarentena impostas com a finalidade de promover o distanciamento social para combater a propagação do novo coronavírus – poderá ser excessivamente onerosa para os empresários. No entanto, a onerosidade excessiva poderá ser mitigada pela fixação de um prazo mais alongado de vacância da lei.

Quanto a esse ponto, ressalva-se que, na técnica de julgamento da ponderação de pesos, a opção por um ou outro princípio possui uma legítima margem de discricionariedade. No entanto, essa técnica de interpretação não deve ser utilizada de forma descuidada e com critérios puramente subjetivos, afastando-se totalmente do juízo de legalidade.[100]

Assim sendo, as limitações estatais que incidem sobre a esfera de liberdade da iniciativa econômica devem se harmonizar com os requisitos impostos pelo princípio da proporcionalidade. A medida estatal atenderá ao requisito da adequação quando se demonstrar

---

constitucional (art. 37, XI) – ou com um princípio constitucional, como no caso de lei que restrinja ilegitimamente a participação de candidatos em concurso público, em razão do sexo ou idade (arts. 5º, *caput*, e 3º, IV), em desarmonia com o mandamento da isonomia. O controle material de constitucionalidade pode ter como parâmetro todas as categorias de normas constitucionais: de organização, definidoras de direitos e programáticas" (BARROSO, Luís Roberto. **O controle de constitucionalidade no direito brasileiro.** 8. ed. São Paulo: Saraiva, 2019. p. 50-51).

[99] MENDES; BRANCO, op. cit., p. 225.

[100] GRAU, 2018b, p. 117.

eficiente para atingir o objetivo almejado pela norma.[101] Dessa forma, não é possível restringir o exercício da liberdade econômica por medidas estatais inócuas. Essa restrição, contudo, pode ser realizada quando a intervenção estatal se mostrar, além de adequada, necessária para atender ao interesse da coletividade tutelado com a edição da norma.

As leis municipais que determinam a modificação do uso das sacolas plásticas comuns por ecológicas devem efetivamente reduzir o nível de poluição no território em que aplicadas, para que a medida seja considerada adequada. Nessa perspectiva, recomenda-se que a lei municipal estabeleça, ademais das sanções aplicadas aos agentes infratores, um sistema de monitoramento de eficácia das medidas estatais, com divulgação de resultados periódicos para a sociedade. Essa providência visa dar publicidade em relação à adequação da norma.

A eficiência da política estatal ambiental deve se balizar não apenas no número de autos de infração lavrados em face dos agentes infratores, mas, principalmente, pela diminuição dos índices poluentes de resíduos plásticos, pela melhoria no gerenciamento da limpeza urbana e pela diminuição de inundações das vias públicas causadas pelo entupimento dos bueiros, que impossibilitam a drenagem das águas.

Nesse quadro, com já mencionado, a LPNRS estabelece que a não geração e a redução dos resíduos sólidos constituem os objetivos prioritários da política nacional de gestão e gerenciamento de resíduos sólidos,[102] circunstância que legitima a realização de uma avaliação periódica para apurar se essas metas foram alcançadas com a edição das leis que impõem a substituição do uso das sacolas plásticas comuns por ecológicas.

Como resultado, caso os comandos instituídos na lei não sejam adequados para diminuir a poluição de resíduos plásticos comuns, a legislação não será compatível com a ordem constitucional e deverá ser retirada do ordenamento jurídico, por violação ao princípio constitucional da proporcionalidade.

---

[101] MENDES, 2014a, p. 73.

[102] BRASIL, 2010, art. 7º, inc. II, art. 9º.

Entretanto, a eficácia das políticas públicas de substituição do uso de sacolas plásticas (comuns por ecológicas), com o propósito de reduzir a poluição e melhorar a drenagem das redes sanitárias, deve ser avaliada de acordo com os limites do financeiramente possível, considerando a dotação orçamentária existente para essa finalidade. É razoável o raciocínio de que, em períodos de crise econômica, "não há como negar que a função do Estado de assegurar direitos sociais poderá estar limitada por restrições de cunho orçamentário".[103] Nessas situações excepcionais, o intérprete não pode ignorar a circunstância fática que inviabiliza a concretude do princípio constitucional.

A LINDB também prescreve que devem ser sopesados os obstáculos e as dificuldades do gestor público quando da interpretação das normas sobre gestão pública.[104] A implementação das políticas públicas municipais de substituição do uso das sacolas plásticas comuns por ecológicas se enquadram nessa hipótese.

O comando legal de substituição do uso das sacolas plásticas comuns por retornáveis parece adequado, porque a implementação dessa medida provavelmente reduzirá a produção de resíduos plásticos. Em relação à eficácia dessa ação estatal, a campanha "Sacoeum-Saco", promovida pelo Ministério do Meio Ambiente, recomendou o uso das sacolas retornáveis pelos consumidores como uma medida eficaz no controle da poluição por sacolas plásticas.[105] Uma sacola retornável ou *ecobag* pode durar até cinco anos, e sua utilização possui a capacidade de substituir, em média, cinco mil sacolas plásticas convencionais. Nesse sentido, as sacolas retornáveis de tecido ou feitas com materiais reciclados são as mais eficientes na redução de lixo plástico.[106]

---

103 MENDES; BRANCO, op. cit., p. 708.

104 BRASIL, 1942.

105 BRASIL. Ministério do Meio Ambiente. Disponível em: https://www.mma.gov.br/responsabilidade-socioambiental/producao-e-consumo sustentavel/saco-e-um-saco/saiba-mais. Acesso em: 20 nov. 2019.

106 MANZANO, Maria Carolina Rodella. Sacolas plásticas. **Infoescola**. Disponível em: https://www.infoescola.com/ecologia/sacolas-ecologicas/. Acesso em: 26 nov. 2019.

A substituição do uso das sacolas plásticas comuns por recicladas[107] provavelmente também será adequada para reduzir a poluição produzida por resíduos plásticos. A diminuição na geração de rejeitos deverá ocorrer porque o processo de reciclagem devolve os resíduos sólidos para o início da cadeia produtiva, mediante o procedimento de logística reversa[108] pós-consumo, para que sejam utilizados como matérias-primas na produção de novos produtos. Como consequência, a utilização dos resíduos na produção das sacolas recicladas contribuirá para redução do impacto ambiental decorrente do descarte inadequado dos rejeitos.

Além do mais, a logística de reciclagem dos produtos estabelece um incentivo ao aproveitamento econômico dos resíduos sólidos, em virtude da diminuição do uso da matéria-prima e da produção de resíduos.[109] Sendo assim, o resíduo sólido que teria como destino final o aterro ou o lixão retornará à cadeia produtiva com incorporação de valor econômico, processo que atende ao princípio da agregação do valor econômico ao resíduo sólido.[110]

A opção pela reciclagem dos resíduos também se insere nas políticas de inclusão social, pela geração de renda para os catadores, que devem ser incluídos nas políticas de gestão de resíduos sólidos.[111] Nesse sentido, o aspecto social do desenvolvimento sustentável – quando da aplicação das políticas de gestão de resíduos sólidos – foi expressamente reconhecido na LPNRS, que fixa como

---

107 "Reciclagem: processo de transformação dos resíduos sólidos que envolve a alteração de suas propriedades físicas, físico-químicas ou biológicas, com vista à transformação em insumos ou novos produtos" (BRASIL, 2010, art. 3º, inc. XIV).

108 "A PNRS instituiu também a logística reversa, que corresponde ao retorno dos produtos após o uso pelo consumidor ao setor empresarial (fabricantes, importadores, distribuidores e comerciantes) para reaproveitamento, em seu ciclo ou em outros ciclos produtivos, ou outra destinação final ambientalmente adequada" (CUNHA, 2018, p. 26).

109 SERRA, op. cit., p. 107.

110 BRASIL, 2010, art. 6º, inc. VIII.

111 CUNHA, 2018, p. 31.

objetivo da PNRS a integração dos catadores de produtos recicláveis ou reutilizáveis nos processos relacionados à responsabilidade pelo ciclo de vida de produto.[112] Ademais, a PNRS também prescreve a necessidade de que sejam estabelecidas políticas de incentivo ao desenvolvimento de cooperativas de catadores de materiais recicláveis ou reutilizáveis.[113]

No entanto, caso sejam apresentados estudos científicos concludentes questionando a eficácia das políticas ambientais, não devem ser impostas medidas estatais restritivas da livre-iniciativa econômica, ainda mais quando essas restrições gerarem custos econômicos adicionais aos agentes econômicos. Nesse contexto, a eficiência dos materiais plásticos oxibiodegradáveis[114] para reduzir a poluição gerada por resíduos plásticos é questionada por estudos científicos, que demonstram que os materiais oxibiodegradáveis têm tempo similar de decomposição ao das sacolas fabricadas com a matéria-prima do petróleo. Além disso, no processo de oxibiodegradação os plásticos se fragmentam em pedaços menores (microplásticos) e não desaparecem no ambiente natural, podendo contaminar os animais e seres humanos.[115]

Em pesquisa científica realizada na Universidade Federal de Santa Maria, concluiu-se que as sacolas convencionais têm período

---

112 BRASIL, 2010, art. 7º, inc. XII.

113 BRASIL, 2010, art. 8º, inc. IV.

114 "Os plásticos oxibiodegradáveis possuem fabricação diferenciada, apresentam aditivos pró-degradantes que aceleram o processo de degradação, ou seja, quando estes aditivos são incluídos no processo de manufatura normal, eles causam a decomposição do plástico em água, dióxido de carbono e uma pequena quantidade de biomassa, através de uma combinação qualquer de luz, calor e estresse" (FOLLMAN, Andrise Janaína; RODRIGUES, Alexandre Couto *et al.* Degradação de sacolas plásticas convencionais e oxibiodegradáveis. **Revista Ciência a Natura**, Santa Maria, v. 39, n. 1, p. 188, jan.-abr. 2017).

115 BRASIL. Ministério do Meio Ambiente. Disponível em: https://www.mma.gov.br/responsabilidade-socioambiental/producao-e-consumo-sustentavel/saco-e-um-saco/saiba-mais. Acesso em: 21 nov. 2019.

de decomposição igual ao das oxibiodegradáveis, sendo citados experimentos idênticos que chegaram à mesma conclusão.[116]

Além do mais, aproximadamente 80% das sacolas de plástico produzidas no Brasil são reutilizadas pelos consumidores como sacos de lixo, a serem depositadas no fim de seu ciclo de vida nos aterros e lixões. Nesses locais, não há incidência de oxigênio, luz e calor nos resíduos encobertos por posteriores camadas de lixo depositadas cotidianamente, o que inibe o processo de oxidegradação.[117]

Essa situação também se apresenta em relação aos plásticos biodegradáveis,[118] que necessitam de condições ideais – umidade, temperatura, pH, existência de material nutriente e de oxigênio – para que a degradação seja rápida,[119] condições encontradas na usina de compostagem.[120] No processo de biodegradação, ao entrarem em contato "com os polímeros, os micro-organismos secretam enzimas que conseguem transformar as macromoléculas em segmentos menores, permitindo que estes sejam consumidos".[121] Sendo assim, a biodegradação é um processo biótico, precisando dos seres vivos, normalmente fungos e bactérias, para que possa ocorrer.[122] Dentre

---

116 FOLLMAN; RODRIGUES, op. cit., p. 191.

117 BRASIL. Ministério do Meio Ambiente. Disponível em: https://www.mma.gov.br/responsabilidade-socioambiental/producao-e-consumo-sustentavel/saco-e-um-saco/saiba-mais. Acesso em: 21 nov. 2019.

118 "A biodegradação consiste, fundamentalmente, na decomposição do polímero pela ação de enzimas produzidas por microorganismos, tais como fungos e bactérias. A principal forma de ataque enzimático nos polímeros é através de reações hidrolíticas e oxidativas, o que causa o rompimento da cadeia principal e, portanto, uma redução na massa molar" (FECHINE, op. cit., p. 42-43).

119 FECHINE, op. cit., p. 43.

120 RICCHINI, Ricardo. O que é plástico biodegradável? **Setor reciclagem**. Disponível em: https://www.setorreciclagem.com.br/materiais-biodegradaveis/o-que-e-plastico-biodegradavel/. Acesso em: 14 mar. 2020.

121 FECHIINE, op.cit., p. 43.

122 FECHIINE, op.cit., p. 43.

os materiais biodegradáveis naturais, podemos destacar a celulose, o amido, a quitina e quitosana, os ácidos algínicos, os poliptídeos e os poliésteres bacterianos.[123]

Em consequência, em observância ao princípio da ecoeficiência, é recomendável que o Município já possua uma usina de compostagem e um sistema de coleta seletiva de resíduos antes da entrada em vigor da lei que prescreve a substituição do uso das sacolas plásticas comuns por sacolas biodegradáveis. No caso, "o que importa não é apenas o ritmo da mudança, mas o sequenciamento das reformas".[124]

Dessa forma, tendo em vista que a infraestrutura de gestão de resíduos sólidos ainda existente no País não contribui para a eficiência ecológica da utilização das sacolas oxibiodegradáveis, bem como a existência de estudos científicos que questionam sua eficácia ecológica, não é recomendável a sua opção pelos agentes públicos quando da implantação de uma política pública de substituição de sacolas plásticas comuns por ecológicas.

Nesse sentido, os membros do poder legislativo devem se pautar pela razoabilidade ao realizarem a escolha das medidas técnicas a serem utilizadas na implementação de uma política pública ambiental. Com isso, podem optar pelo uso de matérias-primas cuja eficácia em relação à diminuição da poluição já tenha sido comprovada pela ciência; faz-se razoável, então, que se realize a opção pelo produto mais eficaz. Nesse ponto, a sociedade deve se atentar para os programas ineficazes de proteção ambiental propostos como meros veículos de promoção política, desprovidos de um ganho efetivo para os indivíduos e o meio ambiente.

Sendo assim, ante a especificidade técnica da questão da eficácia ambiental da matéria-prima a ser utilizada na fabricação das sacolas ecológicas, é necessário um profundo debate democrático entre o legislador, a sociedade civil, o setor produtivo e a comunidade científica, para esclarecer as informações e as possibilidades existentes a

---

123 FECHIINE, op.cit., p. 15-24.

124 STIGLITZ, op. cit., p. 129.

partir de um conhecimento científico atualizado e seus reflexos no ambiente natural, na gestão de resíduos e na saúde humana.

Depois de analisados os elementos indicativos de adequação das políticas de substituição do uso das sacolas plásticas comuns por ecológicas, passemos à análise da necessidade da edição das normas.

Nesse ponto, inicialmente destaca-se, no plano geral, que a lei restritiva da liberdade econômica não atenderá ao subprincípio da necessidade se o propósito almejado com a sua edição puder ser atingido com a adoção de medidas que também se apresentem adequadas, mas menos onerosas para os agentes econômicos.[125]

Em relação ao atendimento desse requisito nos comandos municipais de substituição do uso das sacolas plásticas (comuns por ecológicas), o elevado índice de produção e descarte inapropriado de materiais plásticos e seus já conhecidos efeitos poluentes indicam a necessidade da edição de leis determinando a substituição do uso das sacolas convencionais por ecológicas (no caso do Município de Marília/SP, retornáveis, recicladas e as produzidas com materiais biodegradáveis que atendam à NBR 15.448-2), a fim de que o problema ambiental possa, ao menos, ser minimizado.

A necessidade de implantar políticas públicas com o propósito de evitar a geração de resíduos sólidos no Brasil se evidencia com os dados, referentes ao ano 2015, fornecidos pelo Sistema Nacional de Informações sobre Saneamento no Brasil, de que ainda existem 1.140 unidades de vazadouros a céu aberto e aterros controlados e apenas 679 aterros sanitários no País,[126] o que denota a precariedade do sistema de gestão de resíduos sólidos, legitimando as políticas de modificação do uso das sacolas comuns por ecológicas.

No entanto, apesar da relevância socioambiental da política pública, algumas leis municipais que impuseram a substituição do uso das sacolas plásticas comuns por ecológicas tiveram a sua constitucionalidade questionada judicialmente.

---

125 MENDES, 2014a, p. 75.

126 CUNHA, 2018, p. 34.

A relevância jurídica, social e econômica do tema relacionado às políticas públicas de substituição do uso das sacolas plásticas levou o Supremo Tribunal Federal a reconhecer a repercussão geral do tema da constitucionalidade das leis municipais que impõem a substituição do uso das sacolas plásticas comuns por ecológicas (Tema 970 da sistemática de repercussão geral no STF).

O reconhecimento da repercussão geral do tema foi realizado no Recurso Extraordinário n. 732.686/SP, que aprecia a constitucionalidade formal e material da Lei n. 7.281/2011, do Município de Marília/SP, que determinou que os estabelecimentos privados situados nos limites de seu território substituíssem "o uso de saco de plástico de lixo e da sacola plástica pelo uso de saco de lixo ecológico e da sacola ecológica",[127] proibindo o seu fornecimento aos consumidores, mesmo que a título gratuito (art. 2º).

Nesse ponto, a fim de atribuir transparência ao comando legal e segurança para os agentes econômicos, a lei municipal impugnada definiu como saco de lixo ecológico aquele que for fabricado com matéria-prima reciclada ou biodegradável,[128] e como sacola ecológica aquela fabricada com matéria-prima biodegradável ou sacola retornável.[129] Como material biodegradável foi considerado aquele que sofre degradação por processos biológicos em condições naturais adequadas e atende às especificações seguintes:

> [...]
>
> I) finalização em até 180 dias;
>
> II) resíduos finais resultantes que não apresentem resquício de toxidade e tampouco sejam danosos ao meio ambiente;
>
> III) atendimento à NBR 15448-2:2008, editada pela Associação Brasileira de Normas Técnicas – ABNT.[130]

---

[127] MUNICÍPIO DE MARÍLIA, 2011, art. 1º.

[128] BRASIL, 2011, art. 3º, inc. I.

[129] BRASIL, 2011, art. 3º, inc. II.

[130] MUNICÍPIO DE MARÍLIA, 2011, art. 3º, § 1º, incs. I, II e III.

A NBR 15448-2:2008 especifica "[...] os métodos de ensaio para determinar a compostabilidade de embalagens plásticas, visando a revalorização de resíduos pós-consumo [...]".[131] Trata, portanto, do processo de gestão de resíduos plásticos por compostagem, até mesmo porque os materiais biodegradáveis encontram condições adequadas de degradação na compostagem.[132]

Contudo, de acordo com dados do Plano Nacional de Resíduos Sólidos elaborado em 2011, mais de 90% da quantidade diária de resíduos sólidos produzidos é destinada para disposição final em aterros sanitários, aterros controlados e lixões, sendo que apenas 0,8% é destinada para unidades de compostagem.[133]

---

131 ABNT NBR 15448-2:2008. **Embalagens plásticas degradáveis e/ou de fontes renováveis.** Parte 2 – Biodegradação e compostagem. Disponível em: https://www.abntcatalogo.com.br/norma.aspx?ID=609. Acesso em: 27 nov. 2019.

132 "**Compostagem**: é o processo de degradação controlada de resíduos orgânicos sob condições aeróbias, ou seja, com a presença de oxigênio, na qual se procura reproduzir algumas condições ideais (de umidade, oxigênio e de nutrientes, especialmente carbono e nitrogênio) para favorecer e acelerar a degradação dos resíduos de forma segura (evitando a atração de vetores de doenças e eliminando patógenos). A criação de tais condições ideais favorece que uma diversidade grande de macro e microrganismos (bactérias, fungos) atue sucessiva ou simultaneamente para a degradação acelerada dos resíduos, tendo como resultado final um material de cor e textura homogêneas, com características de solo e húmus, chamado composto orgânico. É um método simples, seguro, que garante um produto uniforme, pronto para ser utilizado no cultivo de plantas e que pode ser realizado tanto em pequena escala (doméstica) quanto em média (comunitária, institucional) ou grande escala (municipal, industrial)" (MENDES, Dielson Bomfim; SANDES, Fabiana Silva. Gestão de resíduos orgânicos: práticas de compostagem em uma central de abastecimento da RMS. *In:* MARCHI, Cristina Maria Dacach Fernandez (org.). **Gestão de resíduos sólidos**: conceito e perspectivas de atuação. Curitiba: Appris Editora, 2018. p. 164).

133 BRASIL. Ministério do Meio Ambiente. **Plano Nacional de Resíduos Sólidos.** Versão Preliminar para Consulta Pública, p. 14, set. 2011. Disponível em: https://www.mma.gov.br/estruturas/253/_publicacao/253_publicacao02022012041757.pdf. Acesso em: 27 nov. 2019.

O comando expedido pelo Município de Marília de substituição do uso das sacolas e sacos plásticos comuns por outros fabricados com materiais reciclados e retornáveis é, portanto, compatível com os requisitos da adequação e necessidade, que integram os elementos fáticos do princípio da proporcionalidade.

Nessa perspectiva, a substituição do uso das sacolas plásticas comuns por sacolas biodegradáveis, desde que observados os parâmetros fixados pela ABNT e haja um sistema adequado de gestão de resíduos para os materiais biodegradáveis, também é compatível com os requisitos que integram o princípio da proporcionalidade.

A substituição das sacolas comuns por sacolas oxibiodegradáveis não foi prevista na Lei n. 7.281/2011, instituída pelo Município de Marília/SP.

Uma vez realizada a análise do preenchimento dos requisitos fáticos da proporcionalidade, passemos à verificação de seus elementos jurídicos. Nesse ponto, o Ministro Luiz Fux, na decisão que reconheceu o tema como repercussão geral, proferida no Recurso Extraordinário n. 732.686/SP, afirmou que a lei municipal que determina a substituição do uso das sacolas plásticas comuns por ecológicas coloca em colisão os princípios constitucionais da sustentabilidade ambiental, da defesa do consumidor e da livre-iniciativa econômica.

Na perspectiva da colisão da sustentabilidade ecológica com a defesa do consumidor, a previsão nessa lei municipal de modificação do uso das sacolas plásticas comuns por sacolas retornáveis ou biodegradáveis, e dos sacos de lixo comuns por sacos biodegradáveis ou reciclados, atende ao requisito da possibilidade jurídica. Isso ocorre porque, para a problemática apresentada em concreto – substituição de sacolas comuns por ecológicas no contexto da lei municipal de Marília (SP) –, o princípio da sustentabilidade ambiental é prevalente se confrontado com o da proteção do consumidor.

A prevalência da sustentabilidade ecológica ocorre porque a relação de consumo não pode ser analisada de maneira fragmentada, devendo ser exercida nos limites da resiliência da natureza, imputando ao consumidor a responsabilidade pelo ciclo de vida do produto.[134]

Além do mais, na perspectiva do conflito do princípio da sustentabilidade ecológica com o da livre-iniciativa econômica, o Ministro Luiz Fux ponderou, na decisão proferida no Recurso Extraordinário n. 732.686/SP, quando do reconhecimento da repercussão geral ao tema, que a substituição do uso das sacolas plásticas pode vir a ser onerosa em excesso para o empresário,[135] o que afrontaria o princípio da proporcionalidade.

A fim de que a ação estatal não se torne excessivamente onerosa para o agente econômico, o que poderia, inclusive, inviabilizar o exercício de sua atividade econômica (aspecto econômico da sustentabilidade), gerando desemprego em massa (aspecto social da sustentabilidade), a norma que determina a substituição do uso das sacolas plásticas comuns por ecológicas deve possuir um período razoável de vacância da lei ou entrar em vigor gradativamente.

Nessa perspectiva, os comandos de substituição das sacolas plásticas comuns por ecológicas devem ser implementados de maneira gradativa pelos agentes econômicos, para que o impacto da medida estatal possa ser absorvido pelo mercado. No caso, os estabelecimentos particulares poderão necessitar de um prazo razoável para se adaptarem com as novas medidas restritivas. A título demonstrativo, os estabelecimentos comerciais podem possuir em seu estoque uma grande quantidade de sacolas plásticas comuns adquiridas licitamente, em data anterior à edição da norma proibitiva. Nesse caso, o período de vacância da lei poderá ser aproveitado para o comerciante conferir uma utilidade econômica às sacolas já adquiridas, evitando ou mitigando eventuais prejuízos financeiros.

As indústrias fornecedoras das sacolas plásticas também poderão precisar de um tempo para readequarem os seus ativos fixos,

---

134 RIBEIRO, op. cit., p. 232.

135 BRASIL. Supremo Tribunal Federal. **Recurso Extraordinário n. 732.686/SP**. Rel. Ministro Luiz Fux. Tribunal Pleno. Data do julgamento: 20.10.2017. Data da publicação: 13.11.2017.

inclusive com a aquisição de novas máquinas, para cumprirem os novos padrões técnicos de fabricação impostos pelo Município. O tempo também poderá ser utilizado na adequação da nova logística de processamento do produto (substituição de máquinas, treinamento de pessoal etc.).

Com o objetivo de facilitar a adaptação dos destinatários da norma aos novos comandos estatais, a LINDB assim prevê:

> [...] a decisão administrativa, controladora ou judicial que estabelecer interpretação ou orientação nova sobre norma de conteúdo indeterminado, impondo novo dever ou novo condicionamento de direito, deverá prever regime de transição quando indispensável para que o novo dever ou condicionamento de direito seja cumprido de modo proporcional, equânime e eficiente e sem prejuízo aos interesses gerais.[136]

No caso em concreto apreciado no Recurso Extraordinário n. 732.686/SP, a previsão do período de vacância da lei foi prescrita pela Lei Municipal n. 7.281/2011, que entrou em vigor no dia 22 de julho de 2011 (data de sua publicação) e começou a produzir efeitos a partir de 1º de janeiro de 2012. Nesse aspecto, novamente adquire relevo a necessidade da efetiva participação democrática no processo de formação da lei, inclusive pelos agentes econômicos atingidos pela medida, a fim de verificar se o prazo fixado é minimamente suficiente para que sejam providenciados os ajustes logísticos necessários à substituição das sacolas plásticas.

Quanto ao exercício do poder punitivo, entende-se que as sanções impostas aos administrados pela lei do Município de Marília/SP não violam o princípio da razoabilidade. Nesse sentido, a Lei Municipal n. 7.281/2011 instituiu um escalonamento na aplicação das sanções, iniciando-se pela notificação (art. 1º, §§ 1º e 2º), ao estabelecimento, para sanar as irregularidades apontadas pelo agente fiscal. Logo, a primeira sanção aplicada também possui uma conotação educativa, apenas cientificando o agente econômico sobre o ilícito ambiental praticado.

---

136 BRASIL, 1942, art. 23.

Na hipótese de o estabelecimento não corrigir as irregularidades descritas no Auto de Infração no prazo de trinta dias a contar da notificação, será aplicada uma multa no valor de mil reais (art. 6º, § 3º) ao infrator. Sendo assim, além do período de vacância da lei, o legislador ainda previu um prazo adicional de trinta dias para que o agente infrator conforme o seu comportamento à legislação protetiva do meio ambiente.

A gravosa penalidade de interdição da atividade da empresa apenas incidirá se a multa não for eficaz (art. 6º, § 4º), sendo aplicada somente em caso de reincidência do praticante do ilícito administrativo. Dessa forma, o estabelecimento será interditado, exclusivamente, na situação de recalcitrância do infrator quanto ao cumprimento do comando utilizado para implementar a política pública ambiental. Além disso, serão cessados os efeitos da interdição assim que o infrator corrigir as irregularidades (art. 6º, § 5º); a sanção de cassação do alvará de funcionamento somente será aplicada após a interdição (art. 6º, § 7º).

Ademais, o agente fiscal, no exercício do poder de polícia administrativo[137] instituído pela Lei Municipal n. 7.281/2011, não possui discricionariedade na escolha da sanção e da ordem gradativa de sua aplicação, na hipótese de constatação do ilícito ambiental praticado pelo agente infrator. Nesse caso, a natureza vinculada do ato administrativo é importante para que sejam afastados o subjetivismo e o eventual desvio de conduta do agente administrativo quando da lavratura do auto de infração.

Não deve ser relegado que a necessidade da adesão consciencioso dos agentes econômicos – no sentido de que também são partícipes no processo de proteção do ambiente equilibrado – em relação

[137] Este trabalho adota o conceito de poder de polícia apresentado por Paulo de Bessa Antunes (2019, p. 117): "O poder de polícia, como atuação estatal demarcadora do conteúdo de direitos privados, é exercido no sentido de evitar a prática de danos a terceiros. Indiscutivelmente, o poder de polícia é um balizamento de direito imposto pelo Estado aos cidadãos e que se dirige fundamentalmente à liberdade individual e à propriedade privada, fixando os marcos nos quais esses direitos são concretamente exercidos".

às políticas de substituição do uso das sacolas plásticas (comuns por ecológicas) se faz relevante, porque as tarefas estabelecidas no texto constitucional devem ser incorporadas na consciência dos cidadãos, para que suas condutas sejam realizadas de acordo com as valores prescritos pelo poder constituinte originário.[138]

3.5 EXAME DAS DIFERENÇAS ENTRE AS LEIS MUNICIPAIS QUE DETERMINAM A SUBSTITUIÇÃO DO USO DAS SACOLAS PLÁSTICAS E EDIÇÃO DE LEI FEDERAL COM PADRÕES MÍNIMOS DE UNIFORMIZAÇÃO DO TEMA

Em decorrência da autonomia dos entes federativos, alguns Municípios estão disciplinando o tema da substituição do uso das sacolas plásticas de maneira desuniforme, podendo tornar as relações negociais envolvendo o fornecimento do produto excessivamente complexas, considerando-se que o Brasil possui 5.570 entes federativos municipais.

Enquanto alguns deles determinam a substituição do uso das sacolas plásticas comuns por biodegradáveis, outros determinam a sua substituição por sacolas recicladas e retornáveis e muitos ainda permitem o uso das sacolas convencionais, o que pode tornar excessivamente complexa a atuação dos atores do mercado, em especial dos fornecedores das mercadorias.

A necessidade do controle da poluição por produtos plásticos começou a ser assimilada pela sociedade e adquiriu espaço na mídia, incentivando os agentes públicos municipais a instituírem comandos com o propósito de substituir o uso das sacolas plásticas comuns por ecológicas.

Essas políticas públicas começaram a ser aplicadas no Brasil há aproximadamente doze anos, quando o Município de Belo Horizonte/MG editou a primeira lei determinando a substituição do uso de saco plástico de lixo comum pelo uso de saco de lixo ecológico e da sacola ecológica. Trata-se da Lei n. 9.529, editada em 27 de fevereiro

[138] HESSE, op. cit., p. 132.

de 2008,[139] que foi regulamentada pelo Decreto n. 14.367/2011.[140] Esses atos normativos ainda continuam em vigor.

A título de ilustração, elencamos algumas leis municipais que impõem a modificação do uso das sacolas plásticas comuns por ecológicas: a) Lei n. 7.627/2008, do Município de Florianópolis/SC;[141] b) Lei n. 16.268/2008, do Município de Goiânia/GO;[142] c) Lei n. 17.475/2008, do Município de Recife/PE;[143] d) Lei n. 3.874/2008, do Município de Teresina/PI;[144] e) Lei n. 4.370/2009, do Município

---

139 MUNICÍPIO DE BELO HORIZONTE, 2008.

140 MUNICÍPIO DE BELO HORIZONTE, 2011.

141 MUNICÍPIO DE FLORIANÓPOLIS. **Lei n. 7.627, de 12 de maio de 2008**. Dispõe sobre a substituição do uso de sacos e sacolas plásticas nas instituições que menciona e dá outras providências. Disponível em: https://leismunicipais.com.br/a/sc/f/florianopolis/leiordinaria/2008/763/7627/ei-ordinaria-n-7627-2008-dispoe-sobre-a-substituicao-do-uso-de-sacolas--e-sacos-plasticos-nasinstituicoes-que-menciona-e-da-outras-providencias-2008-05-12-versao-original. Acesso em: 28 jan. 2020.

142 MUNICÍPIO DE GOIÂNIA. **Lei n. 16.268, de 29 de maio de 2008**. Dispõe sobre o uso de sacolas plásticas biodegradáveis para acondicionamento de produtos e mercadorias a serem utilizadas nos estabelecimentos comerciais. Disponível em: http://www.gabinetecivil.goias.gov.br/leis_ordinarias/2008/lei_16268.htm. Acesso em: 16 mar. 2020.

143 MUNICÍPIO DE RECIFE. **Lei n. 17.475, de 5 de junho de 2008**. Dispõe sobre as sacolas e sacos plásticos utilizados pelos estabelecimentos comerciais e órgãos municipais no âmbito do Município de Recife. Disponível em: https://cm-recife.jusbrasil.com.br/legislacao/251524/lei-17475-08. Acesso em: 16 mar. 2020.

144 MUNICÍPIO DE TERESINA. **Lei n. 3.874, de 9 de junho de 2009**. Dispõe sobre a obrigatoriedade de estabelecimentos comerciais, farmácias, lanchonetes, panificadoras, açougues, laboratórios de análises clínicas, hospitais, comércios e prestadores de serviços em geral, utilizarem para acondicionamento de produtos e mercadorias em geral, sacolas biodegradáveis ou oxibiodegradáveis, ou de tecidos retornáveis, na forma que especifica. (Redação dada à ementa pela Lei n. 3.918, de 28.09.2009, DOM Teresina de 16.10.2009). Disponível em: https://www.normasbrasil.com.br/norma/lei-3874-2009-teresina-pi_179926.html. Acesso em: 16 mar. 2020.

de Osasco/SP;[145] f) Lei n. 11.032/2011, do Município de Porto Alegre/RS;[146] g) Lei n. 15.374/2011, do Município de São Paulo/SP;[147] h) Lei n. 14.383/2012, do Município de Campinas/SP;[148] i) Lei n. 11.166/2012, do Município de São José do Rio Preto/SP;[149] j) Lei n. 6.322/2019, do Distrito Federal/DF.[150]

Em relação ao Município de Belo Horizonte/MG, pioneiro em ordenar a substituição do uso das sacolas plásticas comuns por ecológicas, a Lei n. 9.529/2008 estabeleceu, em seu art. 3º, um prazo facultativo de três anos para substituição do uso, a fim de que os estabelecimentos particulares pudessem se adaptar à mudança. A especificação do que seja sacola ecológica foi estabelecida no Decreto Estadual n. 14.367/2011, possuindo definição idêntica à fixada na Lei n. 7.281/2011, do Município de Marília.

Logo a seguir, em 12 de maio de 2008, o Município de Florianópolis editou a Lei n. 7.627, modificada pela Lei n. 7.878/2009, determinando que as empresas que utilizassem sacos e sacolas plásticas

---

145 Julgada inconstitucional.

146 MUNICÍPIO DE PORTO ALEGRE. **Lei n. 11.032, de 6 de janeiro de 2011**. Obriga os supermercados no Município de Porto Alegre que fornecem sacolas plásticas aos seus clientes a utilizar sacolas confeccionadas com materiais oriundos de fontes renováveis, polímeros termoplásticos ou polímeros biodegradáveis para o acondicionamento de mercadorias, determina penalidades pelo não cumprimento desta Lei e dá outras providências. Disponível em: http://www2.portoalegre.rs.gov.br/cgi-bin/nphbrs?s1=000031482.DOCN.&l=20&u=%2Fnetahtml%2Fsirel%2Fsimples.html&p=1&r=1&f=G&d=atos&SECT1=TEXT. Acesso em: 28 jan. 2020.

147 MUNICÍPIO DE SÃO PAULO, op. cit.

148 MUNICÍPIO DE CAMPINAS, op. cit.

149 MUNICÍPIO DE SÃO JOSÉ DO RIO PRETO, op. cit.

150 DISTRITO FEDERAL. **Lei n. 6.322, de 10 de julho de 2019**. Dispõe sobre a proibição da distribuição ou venda de sacolas plásticas e disciplina a distribuição e venda de sacolas biodegradáveis ou biocompostáveis a consumidores, em todos os estabelecimentos comerciais do Distrito Federal, e dá outras providências. Disponível em: https://www.legisweb.com.br/legislacao/?id=379505. Acesso em: 28 jan. 2020.

para transporte de mercadorias deveriam substituí-las por sacolas ecológicas, no prazo de dezoito meses, que posteriormente foi prorrogado até 1º de janeiro de 2012 pela Lei n. 8.633/2011.

A lei editada pelo Município de Florianópolis possui um menor alcance se comparada às leis instituídas em Belo Horizonte e Marília, pois não considera como sacolas ecológicas as originárias de reciclagem, limitando-se às oxibiodegradáveis. A Lei n. 7.627/2008 qualifica, em seu art. 2º, as sacolas e sacos ecológicos como aqueles "confeccionados prioritariamente com papel, tecido ou material oxibiodegradável".[151]

Também em 2008, o Município de Goiânia instituiu a Lei n. 16.268/2008 e determinou, em seu art. 1º, que as sacolas plásticas distribuídas pelos estabelecimentos comerciais a seus clientes fossem substituídas por biodegradáveis, sendo assim considerada "aquela confeccionada de qualquer material que apresente degradação acelerada por luz e calor e posterior capacidade de ser biodegradada por microorganismos".[152]

Essa lei apresenta a peculiaridade de conferir um prazo elástico de vacância, entrando em vigor dez anos após a sua publicação. Nesse ponto, inicialmente foi fixado um prazo de um ano para a entrada em vigor. Posteriormente, com a edição da Lei n. 16.527/2009, esse prazo foi prorrogado para cinco anos. Por fim, com a edição da Lei n. 18.003/2013,[153] o prazo de vacância foi prorrogado para dez anos.

Além disso, ainda em 2008, o Município de Recife instituiu a Lei n. 17.475/2008, que institui, em seu art. 1º, a obrigação do uso para acondicionamento de produtos das embalagens plásticas

---

151 MUNICÍPIO DE FLORIANÓPOLIS, op. cit., art. 2º.

152 MUNICÍPIO DE GOIÂNIA, op. cit., art. 2º.

153 MUNICÍPIO DE GOIÂNIA. **Lei n. 18.003, de 30 de abril de 2013**. Institui o Selo de Qualidade com a inscrição *made in Goiás*, a ser confeccionado e controlado pela Secretaria de Estado de Indústria e Comércio, e dá outras providências. Disponível em: http://www.gabinetecivil.goias.gov.br/leis_ordinarias/2013/lei_18003.htm. Acesso em: 16 mar. 2020.

oxibiodegradáveis.[154] Portanto, de forma diferente da Lei de Marília, o Município de Recife optou pela substituição das sacolas comuns por oxibiodegradáveis; a eficiência dessa medida é questionada por estudos científicos, como apresentado.

Em 2009, o Município de Teresina editou a Lei n. 3.874/2009, que obriga os estabelecimentos comerciais a utilizarem como acondicionamento de mercadorias as sacolas biodegradáveis ou oxibiodegradáveis ou sacolas retornáveis.

Também em 2009, o Município de Rio Claro editou a Lei n. 3.977/2009, que obrigou, em seu art. 2º, os estabelecimentos comerciais a utilizarem, para o acondicionamento das mercadorias, as sacolas biodegradáveis, oxibiodegradáveis e compostáveis.[155] Essa lei foi declarada constitucional pelo Supremo Tribunal Federal, no julgamento do Recurso Extraordinário n. 729.776/SP.[156] Porém, a constitucionalidade da norma foi analisada somente sob o aspecto formal.

O Município de São Paulo editou a Lei n. 15.374/2011, vedando aos estabelecimentos "a distribuição gratuita ou a venda de sacolas plásticas para os consumidores para acondicionamento e transporte de mercadorias adquiridas em estabelecimentos comerciais"[157] (art. 1º) e determinando que os estabelecimentos comerciais estimulassem o uso, pelos consumidores, de "sacolas reutilizáveis, assim consideradas aquelas que sejam confeccionadas com material resistente e que suportem o acondicionamento e transporte de produtos e mercadorias em geral".[158]

---

[154] MUNICÍPIO DE RECIFE, op. cit.

[155] MUNICÍPIO DE RIO CLARO. **Lei n. 3.977, de 9 de novembro de 2009**. Dispõe da obrigatoriedade no âmbito do Município de Rio Claro, da utilização das embalagens plásticas oxibiodegradáveis, biodegradáveis e compostáveis. Disponível em: https://rioclaro.cespro.com.br/visualizarDiploma.php?cdMunicipio=9320&cdDiploma=20093977&NroLei=3.977&Word=&Word2=. Acesso em: 16 mar. 2020.

[156] BRASIL. Supremo Tribunal Federal. **Recurso Extraordinário n. 729.726/SP**. Relator: Ministro Dias Toffoli. Segunda Turma. Data do julgamento: 06.10.2017. Data da publicação: 26.10.2017.

[157] MUNICÍPIO DE SÃO PAULO, op. cit., art. 1º.

[158] MUNICÍPIO DE SÃO PAULO, op. cit., art. 1º.

A norma instituída pelo Município de São Paulo possui a peculiaridade de não instituir ônus financeiro para o empresário ou consumidor, pois não determinou a substituição do uso das sacolas plásticas comuns por ecológicas. Por tal fundamento, o Ministro Luís Roberto Barroso, no julgamento do RE 901.444 AgR/SP, reconheceu a inexistência de identidade da Lei do Município de São Paulo com a questão a ser decidida no RE 732.686/SP, Rel. Ministro Luiz Fux (Tema 970):

> [...]
>
> 7. Quanto ao RE 732.686, Rel. Min. Luiz Fux, que reconheceu repercussão geral em recurso extraordinário em que se discute a constitucionalidade de lei do Município de Marília que estabeleceu que os estabelecimentos devem utilizar sacolas e sacos de lixo de material biodegradável, constato que não há identidade material entre os casos, de modo que indefiro o pedido de sobrestamento feito Petição 29.702/2018.
>
> 8. No presente processo, a lei municipal restringe o uso de sacolas plásticas para o acondicionamento de mercadorias adquiridas em estabelecimentos comerciais, não implicando em aumento de custos para o consumidor ou para o empresário, enquanto que a lei que será analisada pela repercussão geral poderá causar custos excessivos para os empresários, sendo analisada sua compatibilidade com os princípios constitucionais que regem a ordem econômica:
>
> [...]
>
> 9. Assim, no presente caso se discutem os limites da competência local para estabelecer limitações em prol da preservação ambiental, ao passo que no caso a ser analisado em regime de repercussão geral se discute a harmonização entre o dever de proteção ambiental e a viabilidade econômica dos meios de proteção ambiental no processo produtivo.[159]

[159] BRASIL. Supremo Tribunal Federal. **Recurso Extraordinário n. 901.444/SP**. Relator: Ministro Luís Roberto Barroso. Data do julgamento: 10.09.2016. Data da publicação: 22.09.2016.

Um elemento importante de diferenciação da lei editada pelo Município de São Paulo consiste na proibição da inserção da rotulagem de degradáveis (oxidegradáveis, oxibiodegradáveis, fotodegradáveis e biodegradáveis) como mensagem a indicar benefício ecológico desses produtos (art. 5º). Em caso da prática das infrações ambientais tipificadas, a lei municipal de São Paulo determina a aplicação das sanções previstas na Lei Federal n. 9.605/1998 (art. 6º),[160] regulamentação que não ocorre na Lei Municipal n. 7.281/2011 do Município de Marília, que fixa as sanções no seu próprio texto, não fazendo referência à aplicação da lei federal.

Também com o propósito de mitigar a poluição por resíduos plásticos, o Município de Porto Alegre determinou, com a edição da Lei n. 11.032/2011, a substituição do uso das sacolas plásticas comuns pelas ecológicas, assim consideradas aquelas oriundas de fontes renováveis, biodegradáveis, desde que atendessem às normas dos órgãos competentes, e pelas sacolas recicláveis.[161]

A Lei n. 11.032/2011 considerou como materiais decorrentes de fontes renováveis "os tecidos de fibras naturais, ou papéis ou os confeccionados a partir do amido de milho, da mandioca e de outros cereais".[162]

Adotando orientação idêntica à do Município de São Paulo, Porto Alegre também proibiu a utilização dos produtos oxidegradáveis em seu art. 1º, § 3º, e, para adaptação dos comerciantes varejistas, estabeleceu o prazo de um ano, a contar da publicação da lei, para a substituição das sacolas comuns pelas sacolas ecológicas.

O Município de Campinas também proibiu a utilização das sacolas plásticas comuns pela edição da Lei n. 14.383/2012, que obrigou

---

160 BRASIL. Presidência da República. Casa Civil. Subchefia para Assuntos Jurídicos. **Lei n. 9.605, de 12 de fevereiro de 1998**. Dispõe sobre as sanções penais e administrativas derivadas de condutas e atividades lesivas ao meio ambiente, e dá outras providências. Disponível em: http://www.planalto.gov.br/ccivil_03/leis/l9605.htm. Acesso em: 10 jun. 2020.

161 MUNICÍPIO DE PORTO ALEGRE, op. cit., art. 1º, *caput*.

162 MUNICÍPIO DE PORTO ALEGRE, op. cit., art. 1º, § 1º.

os comerciantes a fornecerem, para seus clientes, a título gratuito, embalagens com biodegradáveis ou reutilizáveis (art. 2º, § 1º), fixando o exíguo prazo de sessenta dias para adequação às normas de comando e controle. Essa lei não fez referência à utilização de sacolas recicladas, além de não especificar quais espécies de materiais biodegradáveis devem ser utilizados na fabricação das sacolas, tornando o comando excessivamente genérico, em prejuízo de sua eficácia ambiental.

Também no Estado de São Paulo, São José do Rio Preto editou a Lei n. 11.166/2012, obrigando os hipermercados e supermercados a distribuírem sacolas recicláveis para seus consumidores (art. 1º), elencando sanções administrativas em razão do descumprimento da norma (art. 2º). Portanto, nesse Município a substituição do uso das sacolas não alcançou os materiais biodegradáveis, limitando-se aos recicláveis. A lei confere uma margem de discricionariedade ao agente fiscal na aplicação das sanções, pois não faz a gradação prevista na Lei Municipal n. 7.281/2011, editada pelo Município de Marília.

Recentemente, o Distrito Federal editou a Lei n. 6.322/2019, proibindo, em seu art. 1º, a distribuição de sacolas plásticas produzidas com matéria-prima do petróleo, e determinando, no parágrafo único do art. 1º, que os estabelecimentos comerciais incentivem os consumidores a utilizarem sacolas reutilizáveis. Além disso, a lei permitiu aos comerciantes, no art. 2º, a comercialização de sacolas biodegradáveis ou biocompostáveis, tipificadas como:

> [...] aquelas não oriundas de polímeros sintéticos fabricados à base de petróleo, elaborados a partir de matérias orgânicas como fibras naturais celulósicas, amidos de milho e mandioca, bagaço de cana, óleo de mamona, cana-de-açúcar, beterraba, ácido lático, milho e proteína de soja e outras fibras e materiais orgânicos.[163]

Portanto, o Distrito Federal considerou como materiais biodegradáveis apenas aqueles originários de matérias orgânicas, não alcançando as sacolas oxidegradáveis. Essa lei estabeleceu, em seu

---

163 DISTRITO FEDERAL, op. cit. art. 2º, parágrafo único.

art. 3º, um prazo de doze meses para a implementação das medidas de comando e controle.

Nesse contexto de produção legislativa, recomenda-se o estabelecimento de parâmetros nacionais mínimos para a definição do termo sacolas ecológicas, tendo em vista as diferentes definições utilizadas pelos Municípios, situação que se agrava com a existência de 5.570 entes federativos municipais no Brasil.

Essa multiplicidade de leis municipais regulamentando a matéria de forma distinta – em especial quanto ao conceito de sacolas ecológicas – poderá tornar os negócios jurídicos desse segmento econômico mais complexos, bem como causar insegurança jurídica e econômica para os agentes econômicos que comercializam as sacolas plásticas, fatores que poderão aumentar os custos da transação. No caso, as instituições formais atuarão como elementos inibidores do exercício da atividade econômica.[164]

A título de ilustração, as indústrias fabricantes das sacolas poderão ter de adquirir diferentes tipos de ativos mobiliários (máquinas) e matérias-primas, de acordo com as especificidades técnicas das diversas sacolas a serem produzidas. Além disso, as grandes empresas varejistas precisarão comprar diferentes tipos de sacolas para serem distribuídas entre as filiais localizadas pelos milhares de Municípios existentes no País, fator que também poderá aumentar os custos da transação.

A fim de atribuir uma baliza de regulamentação da matéria e garantir a segurança jurídica necessária para as relações de mercado, a União Federal poderá editar uma norma geral fixando os parâmetros mínimos necessários para a qualificação de uma sacola ecológica, respeitando a autonomia municipal de legislar sobre a matéria de maneira mais favorável ao meio ambiente, de acordo com as peculiaridades econômicas, ambientais e sociais da localidade. Nesse caso, a opção municipal pelo estabelecimento de padrões diferenciados será exercida de acordo com a discricionariedade dos agentes legislativos municipais.

O princípio da segurança jurídica se funda na previsibilidade e na certeza de que os acordos negociais serão cumpridos nos termos

[164] NUSDEO, 2016, p. 138-139.

em que celebrados.[165] Essa certeza possibilita ao empreendedor realizar o planejamento financeiro e logístico para cumprir os termos do contrato. Em consequência, essa previsibilidade poderá ser afetada em relação aos fornecedores de sacolas plásticas se cada Município adotar um conceito distinto de sacolas ecológicas.

O padrão mínimo de uniformização da matéria poderá ser obtido com a aprovação de projeto de lei federal (PL) – com natureza de norma geral – decorrente da competência legislativa concorrente prevista no art. 24 da CF/1988, a exemplo daquelas que atualmente estão tramitando no Congresso Nacional e visam disciplinar a substituição do uso das sacolas plásticas comuns por sacolas que causem menos impacto ambiental.

Na Câmara dos Deputados, por exemplo, a matéria está sendo debatida desde o ano de 2008, quando foi apresentado o PL 3.172/2008, que posteriormente foi apensado ao PL 3.870/2019, também apensado ao PL 3.896/2019.[166] Enquanto o PL 3.870/2019 proíbe a "distribuição gratuita ou a venda de sacolas plásticas para os consumidores para o transporte de mercadorias adquiridas",[167] devendo os estabelecimentos comerciais utilizarem sacolas retornáveis (art. 2º), o PL 3.896/2019 regulamenta a matéria de forma mais

---

165 GARCIA, Jose Eugenio Soriano. Legislación, administración en medio ambiente y ordenación urbana: la cuestión de la seguridad juridical – ordenación urbana ambiental y la función de los poderes para la seguridad jurídica. *In:* CARVALHO, Newton Teixeira; REIS, Émilien Vilas Boas; RIOS, Mariza (coord.). **Estado de exceção ambiental**. Belo Horizonte: Del Rey, 2016. p. 89.

166 CÂMARA DOS DEPUTADOS. **Projeto de Lei n. 3.896/2019a**. Dispõem sobre a venda e distribuição de sacolas plásticas e disciplina o uso de sacolas biodegradáveis ou compostáveis em todo o território nacional. Disponível em: https://www.camara.leg.br/proposicoesWeb/fichadetramitacao?idProposicao=2210751. Acesso em: 28 jan. 2020.

167 CÂMARA DOS DEPUTADOS. **Projeto de Lei n. 3.870/2019b**. Proíbe a distribuição gratuita ou a venda de sacolas plásticas para os consumidores para o acondicionamento e transporte de mercadorias adquiridas em estabelecimentos comerciais. Disponível em: https://www.camara.leg.br/proposicoesWeb/fichadetramitacao?idProposicao=2210751. Acesso em: 28 jan. 2020.

ampla, pois, além de proibir o uso das sacolas plásticas fabricadas com polietileno, autoriza a "distribuição ou venda de sacolas do tipo biodegradável ou biocompostável".[168] Esses projetos de lei estão tramitando em regime prioritário.

A substituição do uso das sacolas plásticas comuns pelas ecológicas também está sendo debatida no Senado Federal no PL 1.330/2019, que proíbe o uso, a "fabricação, a importação, a comercialização e a distribuição de sacolas plásticas que contenham em sua composição química o polietileno, o propileno e o polipropileno" (art. 1º).[169]

No entanto, a aprovação de uma lei geral regulamentando o assunto não afasta a autonomia municipal de disciplinar sobre o tema, desde que a medida seja justificável e atenda às peculiaridades locais. A título ilustrativo, caso o legislador nacional faça a opção pelas sacolas biodegradáveis, os Municípios que não possuem aterros de compostagem podem fazer a escolha de substituição das sacolas comuns por sacolas recicladas ou retornáveis.

Dessa forma, a insegurança jurídica que poderá recair sobre parcela do mercado – mais especificamente sobre os fornecedores das sacolas plásticas –, em virtude da provável edição de múltiplas leis municipais com conceituações distintas do termo sacola ecológica, torna necessária a realização de um diálogo democrático em âmbito nacional para que o assunto possua um nível mínimo de padronização.

3.6 FORTALECIMENTO DEMOCRÁTICO NO CONTROLE JUDICIAL DAS POLÍTICAS PÚBLICAS MUNICIPAIS DE SUBSTITUIÇÃO DO USO DAS SACOLAS PLÁSTICAS

O reconhecimento da importância dos efeitos da decisão do Supremo Tribunal Federal no Recurso Extraordinário n. 732.686/

168 CÂMARA DOS DEPUTADOS, 2019a.

169 SENADO FEDERAL. **Projeto de Lei n. 1.330/2019**. Dispõe sobre o recolhimento e a substituição de sacolas plásticas que em sua composição química tenham como base o polietileno, o propileno e o polipropileno. Disponível em: https://www25.senado.leg.br/web/atividade/materias/-/materia/135595. Acesso em: 28 jan. 2020.

SP nas políticas públicas sanitárias, de gestão de resíduos sólidos, no meio ambiente, nos agentes econômicos produtivos e varejistas, assim como nas relações de consumo, foram fatores que fizeram com que a Corte Suprema atribuísse repercussão geral à matéria (Tema 970).

O instituto da repercussão geral foi incluído no texto constitucional[170] para limitar a atuação do Supremo Tribunal Federal aos casos mais relevantes para a nação. Nesse caso, a repercussão geral deve ser reconhecida quando os interesses da lide transcenderem aos interesses subjetivos das partes litigantes.[171]

Trata-se de um instrumento de autocontenção das Supremas Cortes em relação às causas que julgarão, possibilitando a realização de votos mais elaborados por seus integrantes. Em suma, busca-se, com o instituto da repercussão geral, que os Ministros do Supremo Tribunal Federal concentrem seus esforços nos julgamentos mais relevantes para a nação, retirando de suas apreciações os temas considerados menores.[172]

Nessa seara, o reconhecimento da importância transcendental da matéria pelo Supremo Tribunal Federal impõe a necessidade de que seja viabilizada a participação no processo de entidades que também possuam interesse, ainda que reflexo, no julgamento da lide. A título ilustrativo, o reconhecimento, pela Corte Suprema, da

---

170 BRASIL, 1988, art. 102, § 3º, inc. III.

171 "Art. 1.035. O Supremo Tribunal Federal, em decisão irrecorrível, não conhecerá do recurso extraordinário quando a questão constitucional nele versada não tiver repercussão geral, nos termos deste artigo.

§ 1º Para efeito de repercussão geral, será considerada a existência ou não de questões relevantes do ponto de vista econômico, político, social ou jurídico que ultrapassem os interesses subjetivos do processo" (BRASIL. Presidência da República. Casa Civil. Subchefia para Assuntos Jurídicos. **Lei n. 13.105, de 16 de março de 2015**. Código de Processo Civil. Disponível em: http://www.planalto.gov.br/ccivil_03/_Ato2015-2018/2015/Lei/L13105.htm. Acesso em: 17 mar. 2020).

172 BARROSO, op. cit., p. 154.

inconstitucionalidade da lei instituída pelo Município de São Carlos – que determina a substituição do uso das sacolas plásticas comuns por ecológicas – poderá repercutir na validade da lei instituída pelo Município de Florianópolis, com idêntica finalidade.

No processamento do recurso extraordinário se admite a participação das pessoas que possuam interesse do julgamento do processo, de acordo com o art. 1.038, inc. I, da Lei n. 13.105/2015, por meio da figura processual que recebe a denominação de *amicus curiae*. Convém esclarecer que o *amicus curiae* atua no processo para colaborar com o juízo na formação dos elementos necessários para o julgamento da causa.[173]

A participação do *amicus curiae* atribui uma natureza pluralista ao processo, possibilitando aos Ministros do Supremo Tribunal Federal conhecerem os diversos aspectos dos efeitos de sua decisão.[174] Nesse ponto, convém ponderar que o órgão julgador não pode se abstrair da análise dos efeitos práticos de sua decisão, a fim de evitar um distanciamento entre o comando judicial e a dinâmica das relações socioambientais.

Esse método de interpretação foi incluído na LINDB, ao prescrever que, nas "esferas administrativa, controladora e judicial, não se decidirá com base em valores jurídicos abstratos sem que sejam consideradas as consequências práticas da decisão".[175] A utilização dessa técnica interpretativa pode ser adequada para julgamentos dos Tribunais Superiores, cujos efeitos da decisão afetam de forma significativa a segurança jurídica e a previsibilidade almejadas pelo mercado econômico capitalista, como a apreciação do tema da substituição das sacolas plásticas comuns pelas ecológicas.

No entanto, a preocupação com os efeitos práticos da decisão não pode se sobrepor às diretrizes e aos valores socioambientais prescritos no texto constitucional. Dessa forma, a pertinência do ingresso do *amicus curiae* no processo deve ser analisada pelo relator

---

173 DANTAS, 2019, p. 282.

174 MENDES, Gilmar Ferreira. **Jurisdição constitucional.** 6. ed. São Paulo: Saraiva, 2014b. p. 275-276.

175 BRASIL, 1942, art. 20.

do recurso extraordinário, não havendo um direito subjetivo de ingresso na lide.[176] O Recurso Extraordinário n. 732.686/SP (Tema 970), que aprecia a constitucionalidade formal e material da Lei n. 7.281/2011, instituída pelo Município de Marília, que ordena a substituição do uso das sacolas plásticas comuns por ecológicas, poderá contar com a participação de órgãos ambientais municipais e estaduais, na qualidade de *amicus curiae*, auxiliando os Ministros do Supremo Tribunal Federal com a apresentação de dados que demonstrem a relevância dos comandos de substituição das sacolas plásticas nas políticas públicas de gestão e gerenciamento de resíduos sólidos.

Ademais, as entidades de proteção do consumidor também poderão ingressar na lide na qualidade de *amicus curiae* fornecendo subsídios aos julgadores sobre os reflexos das políticas públicas de substituição do uso das sacolas plásticas nos custos econômicos da relação jurídica de consumo, a fim de que o Supremo Tribunal Federal possa aferir a proporcionalidade da norma.

Além da participação do *amicus curiae*, o Supremo Tribunal Federal também poderá convocar audiência pública com o propósito de ouvir os profissionais que possuam o conhecimento científico da matéria.[177] No caso das políticas públicas de substituição do uso das sacolas plásticas comuns por ecológicas, é relevante escutar cientistas, que poderão esclarecer o nível de eficácia das diversas alternativas propostas (materiais biodegradáveis, oxibiodegradáveis, reciclados, retornáveis), informação que contribuirá para a escolha da matéria-prima mais eficiente, considerando-se o atual modelo de gestão de resíduos existente no País.

Nas audiências públicas, também poderão ser prestados esclarecimentos sobre os custos econômicos decorrentes da implementação da política pública, considerando as diversas fontes de matérias-primas existentes, bem como os custos transferidos ao consumidor. Nesse caso, também é relevante a participação na audiência pública das entidades de proteção do consumidor e das entidades representativas dos agentes econômicos que participam no processo do ciclo de vida das sacolas plásticas (produtores, distribuidores e varejistas).

---

176 DANTAS, 2019, p. 283.

177 BRASIL, 2015, art. 1.038, inc. II.

Em relação aos efeitos das declarações de inconstitucionalidade proferidas pelo Supremo Tribunal Federal em temas com repercussão geral reconhecida, há de se destacar que a tese firmada pela Corte Suprema vinculará os demais órgãos que integram o Poder Judiciário.[178]

Em consequência, caso o Supremo Tribunal Federal declare constitucional a Lei n. 7.281/2011, instituída pelo Município de Marília, que determina a modificação do uso das sacolas plásticas comuns por ecológicas pelos estabelecimentos particulares, a tese firmada pela Corte Suprema deverá ser obrigatoriamente seguida pelos demais órgãos que integram o Poder Judiciário.

Nesse caso, a tese firmada pelo STF não vincularia a Administração Pública, pois a decisão não foi proferida em sede de ação direta de inconstitucionalidade (CF/1988, art. 102, § 2º).[179] A falta da vinculação formal, contudo, não impede que a jurisprudência do Supremo Tribunal Federal seja adotada como diretriz pelos órgãos da Administração Pública.[180]

Além disso, a declaração de inconstitucionalidade não vincula o Poder Legislativo, que está autorizado a editar nova lei com idêntico teor da norma declarada inconstitucional.[181] Ainda em relação aos efeitos da decisão do Supremo Tribunal Federal sobre os atos legislativos, aponta-se que posteriores mudanças de interpretação da Corte Suprema, que alterem a orientação normativa sobre determinado tema, podem tornar inconstitucionais normas que anteriormente foram declaradas constitucionais. Nessa circunstância, poderá ser arguida a inconstitucionalidade de norma já declarada constitucional pelo STF.[182]

Também deve ser recordado que a inconstitucionalidade da norma federal, estadual ou municipal pode ser declarada incidentalmente no processo pelos demais órgãos do Poder Judiciário. No caso, a pretensão da parte não consiste na declaração de

---

178 BARROSO, op. cit., p. 176-177.

179 BARROSO, op. cit., p. 177.

180 BRASIL. Supremo Tribunal Federal. **Pet. 3.388**. Relator: Ministro Roberto Barroso. Data do julgamento: 23.10.2013. Data da publicação: 04.02.2014.

181 MENDES; BRANCO, op. cit., 1513.

182 MENDES; BRANCO, op. cit., 1511.

inconstitucionalidade da norma, mas na tutela de um bem da vida protegido pelo direito; a declaração de inconstitucionalidade produzirá efeitos somente entre as partes envolvidas no litígio.[183]

Nesse sentido, determinado estabelecimento poderá impetrar um mandado de segurança requerendo a declaração de nulidade do ato administrativo que cassou a sua licença de funcionamento em virtude de estar acondicionando as mercadorias de seus clientes em sacolas plásticas comuns. A causa de pedir da pretensão do impetrante poderá ser a inconstitucionalidade da lei municipal que determinou a substituição do uso das sacolas plásticas comuns por ecológicas, sob o fundamento da violação do princípio constitucional da livre-iniciativa econômica. No caso, o Poder Judiciário poderá conceder a segurança, determinando o restabelecimento da licença de funcionamento do impetrante e, incidentalmente, reconhecer a inconstitucionalidade da lei municipal, mas sem retirá-la do ordenamento jurídico.

Retornando à análise procedimental do julgamento do Recurso Extraordinário n. 732.686/SP, recomenda-se que a eventual decisão final do Supremo Tribunal Federal seja precedida pelo diálogo entre os atores envolvidos com o tema, como os órgãos municipais gestores da coleta e distribuição dos lixos urbanos, os órgãos ambientais, cientistas, representantes das indústrias químicas afetadas com a política pública e as organizações não governamentais (ONGs) – cujo objetivo seja a tutela do meio ambiente – para que a deliberação seja legitimada pelo processo democrático.

A transferência do processo decisório para o Poder Legislativo apresenta maior conotação de legitimidade democrática se comparada à produção de um ato judicial com eficácia nacional, mesmo que praticado pelo Supremo Tribunal Federal. Nesse aspecto, Sérgio Antônio Ferreira Victor descreve que o estabelecimento de um diálogo institucional entre os Poderes Judiciário e Legislativo confere legitimidade democrática ao processo de adoção de políticas públicas:

[183] BARROSO, op. cit., p. 131-135.

> Parece natural que a participação dos indivíduos no processo de tomada de decisões – seja diretamente, seja por meio dos seus representantes eleitos – aumenta o coeficiente da deliberação sobre direitos ou sobre políticas públicas e metas a serem atingidas em conjunto pela sociedade. Sob esse enfoque, tudo evidencia que, mesmo em um sistema que conviva com o controle judicial de constitucionalidade, a participação do Poder Legislativo (e também do Executivo) no debate constitucional tende a enriquecê-lo e, portanto, a torná-lo mais amplo, democrático e **responsivo.**[184]

As políticas públicas de substituição do uso das sacolas plásticas comuns por ecológicas estão sendo apreciadas pelos poderes Legislativo e Judiciário, o que viabiliza a realização de um diálogo institucional entre o Supremo Tribunal Federal e o Congresso Nacional para se verificar, por meio de um amplo debate, quais são os padrões técnicos indicados pela ciência como os mais adequados para diminuir a degradação ambiental.

Aliás, o Poder Executivo Federal, responsável pela implementação da política nacional de resíduos sólidos, também deve participar do debate promovido pelas instituições. A recomendação da participação do Poder Executivo para contribuir na formação do texto se evidencia pelo fato de ser afetado pela decisão e de possuir conhecimento da estrutura operacional da gestão de resíduos no Brasil.

Os órgãos ambientais dos Estados e Municípios também devem participar do processo de formação do comando normativo, na medida em que estão incluídos na estrutura organizacional da política nacional de resíduos sólidos e no sistema de federalismo cooperativo ambiental delineado na CF/1988.

A construção do texto normativo também deve contar com a participação de representantes dos segmentos industriais e varejistas dos produtos plásticos, para que o agente público se cientifique da relevância econômica das atividades para a economia nacional e

---

[184] VICTOR, Sérgio Antônio Ferreira. **Diálogo institucional e controle de constitucionalidade.** São Paulo: Saraiva, 2015. p. 235-236. Grifos nossos.

sejam estabelecidos prazos, na medida do possível, consensuais, para adaptação do setor produtivo às novas medidas restritivas da atividade econômica, mitigando as eventuais perdas financeiras do setor.

Sendo assim, uma vez que o Supremo Tribunal Federal não é o único órgão com a função de interpretar o texto constitucional, apesar de sua posição prevalente, a busca colaborativa entre os Poderes para alcançar uma construção do texto que se harmonize com os valores constitucionais reforçará o Estado Democrático de Direito.[185]

Neste ponto, convém realçar que a matéria foi apresentada para discussão na Câmara dos Deputados em 2008, através do PL 3.172/2008, posteriormente apensado a outros projetos de lei que buscam regulamentar o tema.

Apesar de aproximadamente doze anos em tramitação na Câmara dos Deputados, o projeto de lei que visa disciplinar sobre a substituição do uso das sacolas plásticas comuns por ecológicas ainda não foi votado. Essa situação pode configurar uma omissão do legislador de cumprir o seu dever constitucional de produzir leis que protejam o ambiente e a saúde pública dos danos decorrentes da produção excessiva de resíduos sólidos.

Nessa circunstância fática, o Supremo Tribunal Federal poderá se utilizar do método de julgamento denominado de apelo ao legislador, reconhecendo que a omissão legislativa ainda é constitucional. Em consequência, a Corte Suprema estabelecerá um prazo razoável para que o Congresso Nacional edite uma lei regulamentando a matéria em âmbito nacional.[186] No entanto, a norma geral nacional deverá respeitar o exercício da competência municipal suplementar, de acordo com suas peculiaridades e com o interesse local.

3.7 CONSIDERAÇÕES INTERMEDIÁRIAS

Em relação à sua estrutura, a norma jurídica se qualifica em regras ou princípios. No caso, enquanto as regras atuam no campo

[185] VICTOR, op. cit., p. 251.

[186] MENDES, 2014b, p. 341.

da validade, os princípios se aplicam pela técnica de julgamento da ponderação de pesos.

De acordo com o marco referencial teórico adotado no trabalho, os princípios jurídicos são normas mandamentais para que algo seja realizado na maior medida possível, de acordo com as possibilidades fáticas e jurídicas existentes. Trata-se de mandados de otimização.

Nesse contexto, a técnica de julgamento adequada para aferir a constitucionalidade material das leis que impõem aos estabelecimentos particulares a obrigatoriedade de substituição do uso das sacolas plásticas comuns por ecológicas é a ponderação de pesos. Essa conclusão advém da circunstância de que a incidência dessas normas pode colocar em colisão os princípios da sustentabilidade ecológica, da livre-iniciativa econômica e da defesa do consumidor.

Assim sendo, para que as leis municipais que determinam a substituição do uso das sacolas plásticas comuns por ecológicas sejam compatíveis com o texto constitucional – sob o aspecto material –, devem observar os requisitos fáticos e jurídicos do princípio da proporcionalidade.

Os elementos fáticos do princípio da proporcionalidade compreendem a necessidade e a adequação da norma. Os comandos de substituição de uso das sacolas plásticas comuns por ecológicas são necessários, em virtude do significativo impacto ambiental e sanitário decorrente do descarte inadequado das sacolas plásticas comuns, conforme dados descritos neste trabalho.

Além disso, as leis municipais que determinam a substituição do uso das sacolas plásticas comuns por sacolas recicladas e retornáveis são adequadas, em decorrência de o atual sistema de gestão e gerenciamento de resíduos sólidos não ter solucionado os problemas ambientais e sanitários advindos da poluição por resíduos plásticos.

Em relação às sacolas biodegradáveis, a adequação da norma dependerá da existência de depósitos de rejeitos adequados – como a compostagem – para fazer a rápida decomposição da matéria, justificando a mudança da matéria-prima utilizada na fabricação das sacolas plásticas.

Como existem estudos científicos questionando a eficácia ecológica das sacolas oxibiodegradáveis, defende-se que essa medida é inadequada, até porque a tecnologia disponível atual já apresenta materiais ecológicos com eficiência comprovada (sacolas recicladas, retornáveis e biodegradáveis). No entanto, os plásticos biodegradáveis devem ser depositados em condições ambientais adequadas, para que a degradação seja eficiente sob a ótica ecológica.

Nessa conjuntura, alguns Municípios brasileiros já instituíram leis determinando a modificação do uso das sacolas plásticas comuns por ecológicas, mas, em decorrência da autonomia municipal, cada lei utiliza um critério técnico diferente para definir o conceito de sacolas ecológicas. Em consequência, a multiplicidade de leis municipais poderá aumentar a insegurança jurídica e econômica para os agentes econômicos, podendo aumentar os custos das transações que envolvam a fabricação e distribuição das sacolas plásticas.

Esse problema pode ser mitigado com a edição de uma norma geral pela União, estabelecendo critérios mínimos que qualifiquem uma sacola plástica como ecológica, respeitando a autonomia dos Municípios para adotarem padrões mais protetivos ao meio ambiente, de acordo com suas peculiaridades e com o interesse local. Nesse ponto, atualmente existem projetos de lei, discutindo o tema na Câmara dos Deputados e no Senado Federal.

Em decorrência da insatisfação de agentes econômicos prejudicados com a edição das leis municipais, o tema tem sido levado a debate no âmbito do Poder Judiciário. O exemplo mais emblemático foi o ajuizamento da Ação Direta de Inconstitucionalidade pelo Sindicato das Indústrias de Materiais Plásticos do Estado de São Paulo, no Tribunal de Justiça do Estado de São Paulo (ADI 0303908-12.2011.8.26.0000), impugnando a constitucionalidade da Lei do Município de Marília n. 7.281/2011, que estabelece a obrigatoriedade de os estabelecimentos comerciais substituírem o uso das sacolas plásticas comuns por ecológicas. O STF reconheceu repercussão geral ao tema no julgamento do Recurso Extraordinário n. 732.686-SP (Tema 970).

No âmbito judicial, a legitimidade democrática e a contribuição da ciência na resolução do tema podem ser atingidas com a realização de audiências públicas e a admissão no processo de órgãos governamentais ambientais e organismos científicos da sociedade civil na qualidade de *amicus curiae*.

Além desses instrumentos processuais, o Supremo Tribunal Federal pode estabelecer um diálogo com o Congresso Nacional, para que seja construído um texto normativo com a efetiva participação dos atores envolvidos com a temática e que, na medida do possível, harmonize os interesses conflitantes.

No caso, a circunstância de o tema estar sendo debatido na Câmara dos Deputados desde 2008 – PL 3.172/2008 – pode configurar uma omissão legislativa a justificar a utilização, pelo Supremo Tribunal Federal, da técnica de julgamento denominada apelo ao legislador, fixando um prazo para que o Poder Legislativo regulamente a matéria pela edição de uma norma geral.

Conclusão

A conscientização da sociedade civil sobre o redimensionamento da crise ecológica decorrente do comportamento do homem incentivou a apresentação de demandas da sociedade civil aos organismos internacionais e aos Estados para que fossem adotadas políticas públicas de combate à poluição e restauração do equilíbrio ecológico.

A geração excessiva de resíduos sólidos devido à produção industrial em grande escala – propiciada pelo desenvolvimento tecnológico – e o modelo de consumo não sustentável, estimulado por alguns veículos publicitários, foram fatores que contribuíram para que os danos ambientais adquirissem proporções globais.

No Brasil, o problema da geração excessiva dos resíduos sólidos – incluindo as sacolas plásticas – é acompanhado pela disposição final ambientalmente inadequada dos rejeitos, levando ao aumento da poluição ambiental. Além disso, o descarte inapropriado dos resíduos plásticos contribui para o agravamento do problema sanitário dos Municípios, pois provoca o entupimento das redes de esgoto, prejudicando a drenagem das águas nos períodos de chuva.

Em resposta às demandas sociais, a ONU realizou conferências e promulgou declarações de princípios ambientais. Ademais, organismos internacionais questionaram os indicadores de desenvolvimento econômico que consideravam apenas as riquezas produzidas pela nação e ignoravam a melhoria na qualidade de vida das pessoas e nos padrões de sustentabilidade ambiental.

Nesse contexto, foram elaborados indicadores de sustentabilidade ambiental e a capacidade de absorção da natureza foi reconhecida como um componente limitador do desenvolvimento econômico.

A incidência do princípio da sustentabilidade ecológica prescreve que os agentes econômicos utilizem os recursos naturais – em especial os renováveis – considerando os limites da capacidade de resiliência da natureza e façam as disposições dos resíduos sólidos em níveis iguais ou aquém da capacidade de assimilação do solo.

Além do mais, o direito ao ambiente equilibrado foi reconhecido como um direito fundamental vinculado à sadia qualidade de vida e à dignidade da pessoa humana.

A CF/1988 estruturou a República Federativa do Brasil de forma compatível com o Estado Socioambiental de Direito, estabelecendo um capítulo específico com normas de proteção ecológica e prescrevendo instrumentos de tutela da sustentabilidade ecológica em normas esparsas no seu texto. O texto constitucional previu que o princípio da sustentabilidade ecológica está incluído na ordem econômica, assegurando o tratamento privilegiado para os produtos e serviços que incluem práticas ambientalmente sustentáveis no seu processamento e na sua prestação.[1]

As políticas públicas municipais que determinam a substituição do uso das sacolas plásticas comuns por ecológicas são compatíveis com o modelo estruturante do Estado Socioambiental de Direito adotado pela CF/1988, com a estrutura de cidades sustentáveis e inteligentes e com as diretrizes da Política Nacional de Resíduos Sólidos.

Todavia, os comandos legais que imputam aos agentes econômicos o dever de substituírem as sacolas plásticas comuns por ecológicas devem ser acompanhados por programas estatais eficazes de

1 BRASIL, 1988, art. 170, inc. VI.

gestão e gerenciamento dos resíduos sólidos, que englobem a totalidade do ciclo de vida do produto.

No que concerne à repartição interna do poder em razão do território, os Estados que adotaram o sistema federativo devem, preferencialmente, estabelecer que as ações e políticas relativas à proteção ambiental sejam realizadas cooperativamente entre as suas unidades federativas.

A CF/1988 delineou, nesse sentido, a repartição das competências materiais ambientais pelo sistema federativo cooperativo, prescrevendo que é atribuição comum da União, dos Estados-membros, do Distrito Federal e dos Municípios a tutela do meio ambiente e o combate às atividades poluentes.[2] Um instrumento jurídico relevante para a execução das políticas públicas no modelo federativo cooperativo ambiental são os consórcios, como o indicado pelo Tribunal de Contas para a Baixada Fluminense.

Além do mais, de acordo com a teoria dos poderes implícitos, os entes federativos que possuem a competência material de proteger o meio ambiente também possuem a atribuição de editar legislações sobre o assunto, nos limites de sua competência.

A repartição das competências legislativas ambientais também foi configurada de acordo com o modelo do federalismo cooperativo. Sendo assim, a CF/1988 estabeleceu, em seu art. 24, inc. VI, que compete à União, aos Estados-membros e ao Distrito Federal legislar, de forma concorrente, sobre a proteção do meio ambiente e o controle das atividades poluentes. No âmbito da competência legislativa concorrente, é de responsabilidade da União legislar sobre normas gerais, conforme o art. 24, § 1º, competindo aos Estados-membros o exercício da competência complementar (art. 24, § 2º) e aos Municípios a competência suplementar, nos assuntos de preponderante interesse local (art. 30, inc. II).

Em compatibilidade com a estrutura de repartição de competências delineada no texto constitucional, as normas gerais relativas

---

2 BRASIL, 1988, art. 23, inc. VI.

às políticas públicas de gestão e ao gerenciamento de resíduos sólidos foram estabelecidas pela Lei n. 12.305/2010, que instituiu a Política Nacional de Resíduos Sólidos.

As leis editadas pelos Municípios com a finalidade de reduzir a poluição por meio das políticas de substituição do uso das sacolas plásticas comuns por ecológicas encontram fundamento na competência material municipal de combater a poluição e na competência legislativa municipal de suplementar a legislação federal e estadual, de acordo com a preponderância do interesse local. No caso, a Lei n. 12.305/2010 apresenta as diretrizes a serem cumpridas pelas unidades federadas em relação à gestão integrada e ao gerenciamento dos resíduos sólidos. As normas constantes no seu texto visam coordenar nacionalmente as políticas de gestão de resíduos sólidos, estabelecendo um nível de uniformidade de tratamento para a matéria, cabendo aos Estados-membros e aos Municípios colmatar as lacunas existentes conforme as peculiaridades regionais e locais.

No modelo federativo cooperativo ambiental incorporado na CF/1988 está previsto, implicitamente, o princípio da subsidiariedade, que visa fortalecer as decisões políticas adotadas pelos entes periféricos, ante a sua maior proximidade com os indivíduos, facilitando o controle social das políticas públicas.

Os Municípios, porém, somente podem exercer a competência legislativa quando o tema estiver relacionado a comportamentos que não ultrapassem o perímetro municipal e possuir relação com as atividades locais dos munícipes. As leis que determinam a substituição das sacolas plásticas comuns por ecológicas atendem aos dois requisitos, pois os serviços de limpeza urbana são de titularidade dos Municípios e o acúmulo de resíduos plásticos poderá contribuir para o entupimento dos bueiros, causando inundações nas vias públicas municipais durante a estação de chuva.

Por se tratar de um ato de comando e controle que restringe o livre exercício da atividade econômica, a ordem de substituição das sacolas plásticas comuns por ecológicas somente pode ser criada por lei (princípio da legalidade), cujo projeto não é de iniciativa privativa do Chefe do Poder Executivo.

Ademais dos requisitos formais, as leis que impõem a substituição do uso das sacolas plásticas - comuns por ecológicas - também devem ser materialmente constitucionais. Nesse caso, essas leis precisam ser compatíveis com os requisitos da adequação e da necessidade que integram o princípio constitucional da proporcionalidade.

As medidas serão consideradas adequadas caso demonstrem ser suficientes para reduzir consideravelmente os índices de poluição por resíduos plásticos. Nesse sentido, as leis devem prescrever um sistema de monitoramento e avaliação periódica da eficácia das medidas estatais a serem aferidas pelos índices percentuais de diminuição da degradação ambiental.

Neste livro foram apresentados argumentos que apontam ser a substituição dos sacos e sacolas plásticas comuns pelas sacolas retornáveis e recicladas medida eficiente no controle da poluição por resíduos plásticos, sendo questionada cientificamente sua eficácia ambiental em relação às sacolas oxibiodegradáveis.

Nessa conjuntura, o Poder Legislativo deve realizar a opção pela matéria-prima que for comprovadamente a mais adequada pela ciência, para atender ao propósito de reduzir a poluição com o menor custo possível para a sociedade, de acordo com o princípio da ecoeficiência, expressamente previsto na LPNRS.

Para além das possibilidades fáticas, as leis que substituem as sacolas plásticas comuns por ecológicas também devem obedecer às possibilidades jurídicas do princípio da proporcionalidade. Nesse ponto, a aplicação dessas normas pode colocar em colisão os princípios da sustentabilidade ecológica, da livre-iniciativa econômica e da defesa do consumidor, não podendo ser desconsiderada a carga argumentativa da sustentabilidade ecológica, por seu vínculo com o princípio da sadia qualidade de vida, da dignidade da pessoa humana, bem como de seu reconhecimento pela sociedade.

Em decorrência da autonomia municipal, alguns Municípios estão regulamentando a matéria adotando diferentes critérios para a conceituação do termo "sacola ecológica". No entanto, a adoção de requisitos diferenciados para defini-la pode causar insegurança jurídica e econômica para os agentes integrantes do setor econômico, aumentando os custos da transação.

Essa situação pode ser regularizada com a edição de uma lei pela União com a natureza da norma geral, que atribua um mínimo de uniformidade na regulamentação do tema. Nesse caso, o Município que apresentar as condições propícias poderá adotar legislações mais protetivas ao meio ambiente, de acordo com as suas peculiaridades locais.

O tema da constitucionalidade formal e material das leis municipais que determinam a substituição do uso das sacolas plásticas comuns por sacolas ecológicas foi reconhecido como repercussão geral pelo Supremo Tribunal Federal no Recurso Extraordinário n. 732.686/SP (Tema 970) e ainda não foi definitivamente julgado. Além da discussão judicial, essa matéria também está sendo debatida na Câmara dos Deputados e no Senado Federal.

Em consequência, para atribuir maior legitimidade democrática e embasamento científico aos fundamentos do julgado, além da natural fundamentação jurídica é recomendável que, durante a tramitação do Recurso Extraordinário n. 732.686/SP, sejam realizadas audiências públicas com cientistas e com setores da sociedade civil que possuam interesse no julgamento do tema.

O Supremo Tribunal Federal também pode estabelecer um diálogo institucional com o Poder Legislativo, até mesmo porque o tema está sendo debatido na Câmara dos Deputados desde 2008, fato que o legitimaria a utilizar a técnica do apelo ao legislador, fixando um prazo razoável para esse Poder editar uma norma geral sobre o tema.

Por fim, conclui-se que as medidas de comando e controle de substituição das sacolas comuns por ecológicas não devem ser utilizadas pelos agentes governamentais com o propósito de ocultar suas responsabilidades em promoverem políticas públicas eficientes relativas a saneamento básico e gestão e gerenciamento de resíduos sólidos.

Referências

ABNT NBR 15448-2:2008. **Embalagens plásticas degradáveis e/ou de fontes renováveis.** Parte 2 – Biodegradação e compostagem. Disponível em: https://www.abntcatalogo.com.br/norma.aspx?ID=609. Acesso em: 27 nov. 2019.

ABRANCHES, Sérgio. **Presidencialismo de coalizão.** Raízes de evolução do modelo político brasileiro. São Paulo: Companhia das Letras, 2018.

ACIOLLY, Hildebrando; SILVA, Geraldo Eulálio do Nascimento e; CASELLA, Paulo Borba. **Manual de direito internacional público**. 24. ed. São Paulo: Saraiva, 2019.

ALEXY, Robert. **Teoria dos direitos fundamentais.** Tradução de Virgílio Afonso da Silva. São Paulo: Malheiros, 2008.

ALMEIDA, Fernanda Dias Menezes de. A Constituição do Estado Federal e das unidades federadas. **Revista de Informação Legislativa**, v. 24, n. 95, p. 171-182, jul./set. 1987. Disponível em: https://www2.senado.leg.br/bdsf/bitstream/handle/id/181809/000433660.pdf?sequence=1&isAllowed=y. Acesso em: 29 jan. 2020.

ANDRADE, Mário César da Silva. Dependência financeira dos municípios brasileiros: entre o federalismo e a crise econômica. **Revista Espaço Acadêmico** (UFSM), n. 185, p. 71-82, out. 2016. Disponível em: http://www.periodicos.uem.br/ojs/index.php/EspacoAcademico/article/view/31073/17600. Acesso em: 4 mar. 2020.

ANTUNES, Paulo de Bessa. **Direito ambiental.** 20. ed. São Paulo: Atlas, 2019.

ANTUNES, Paulo de Bessa. **Federalismo e competências ambientais no Brasil.** 2. ed. São Paulo: Atlas, 2015.

ARAGÃO, Alexandra. Direito constitucional do ambiente da União Europeia. *In:* CANOTILHO, José Joaquim Gomes; LEITE, José Rubens Morato (org.). **Direito constitucional ambiental brasileiro**. 6. ed. São Paulo: Saraiva, 2015. p. 34-82.

ARAGÃO, Maria Alexandra de Sousa. **O direito dos resíduos**. Coimbra: Almedina, 2003.

ASSEMBLEIA GERAL DA ORGANIZAÇÃO DOS ESTADOS AMERICANOS. **Protocolo Adicional à Convenção Americana sobre direitos humanos em Matéria de Direitos Econômicos, Sociais e Culturais, "Protocolo de São Salvador"**. Disponível em: http://www.planalto.gov.br/ccivil_03/decreto/D3321.htm. Acesso em: 28 jan. 2020.

AWAZU, Luís Alberto de Fischer. **O federalismo brasileiro e o desenvolvimento nacional.** Rio de Janeiro: Lumen Juris, 2018.

BAGNOLI, Vicente. **Direito econômico e concorrencial.** 7. ed. São Paulo: Revista dos Tribunais, 2017.

BARROSO, Luís Roberto. **O controle de constitucionalidade no direito brasileiro.** 8. ed. São Paulo: Saraiva, 2019.

BBC NEWS BRASIL. **Plástico no oceano:** baleia é encontrada morta com 40 kg de sacolas no estômago. 18 de março de 2019. Disponível em: https://www.bbc.com/portuguese/geral-47614367. Acesso em: 13 mar. 2020.

BECK, Ulrich. **Sociedade de risco:** rumo a uma outra modernidade. Tradução de Sebastião Nascimento. 2. ed., 6. reimpr. São Paulo: Editora 34, 2016.

BENJAMIN, Antônio Herman V.; MARQUES, Cláudia Lima; BESSA, Leonardo Roscoe. **Manual de direito do consumidor**. 7. ed. São Paulo: Revista dos Tribunais, 2016.

BERCOVICI, Gilberto. A descentralização de políticas sociais e o federalismo cooperativo brasileiro. **Revista de Direito Sanitário**, v. 3, n. 1,

p. 13-28, 19 mar. 2002. Disponível em: http://www.revistas.usp.br/rdisan/article/view/81291/84931. Acesso em: 29 jan. 2020.

BIM, Eduardo Fortunato; FARIAS, Talden. Competência ambiental legislativa e administrativa. *In:* FARIAS, Talden; TRENNEPOHL, Terence (coord.). **Direito ambiental brasileiro**. São Paulo: Revista dos Tribunais, 2019. p. 98-152.

BOBBIO, Norberto. **Teoria do ordenamento jurídico.** Tradução de Ari Marcelo Solon. 2. Ed. São Paulo: Edipro, 2014.

BONAVIDES, Paulo. **Teoria geral do Estado**. 11. ed. São Paulo: Malheiros, 2018.

BOSSELMANN, Klaus. **O princípio da sustentabilidade:** transformando direito e governança. Tradução de Phillip Gil Franca. São Paulo: Revista dos Tribunais, 2015.

BRASIL. **Constituição da República Federativa do Brasil.** Disponível em: http://www.planalto.gov.br/ccivil_03/Constituicao/Constituicao.htm. Acesso em: 27 jan. 2020.

BRASIL. **Instituto Brasileiro de Geografia e Estatística (IBGE).** Disponível em: https://cidades.ibge.gov.br/brasil/panorama. Acesso em: 10 mar. 2020.

BRASIL. Ministério do Meio Ambiente. Disponível em: https://www.mma.gov.br/responsabilidade-socioambiental/producao-e-consumo sustentável/saco-e-um-saco/saiba-mais. Acesso em: 20 nov. 2019.

BRASIL. Ministério do Meio Ambiente. **Plano Nacional de Resíduos Sólidos** (versão preliminar para consulta. Brasília, set. 2001. Dados referentes a 2008. Disponível em: Disponível em: https://www.mma.gov.br/estruturas/253/_publicacao/253_publicacao02022012041757.pdf. Acesso em: 13 jan. 2020.

BRASIL. Ministério da Saúde (Blog da Saúde). **Lixo mal descartado pode causar acidentes e doenças.** Dez. 2017. Disponível em: http://www.blog.saude.gov.br/index.php/53136-lixo-mal-descartado-pode-causar-acidentes-e-doencas. Acesso em: 1º fev. 2020.

BRASIL. Presidência da República. Casa Civil. Subchefia para Assuntos Jurídicos. **Decreto Executivo n. 875, de 19 de julho de 1993**. Promulga o texto da Convenção sobre o Controle de Movimentos Transfronteiriços de

Resíduos Perigosos e seus Depósitos. Disponível em: http://www.planalto.gov.br/ccivil_03/decreto/D0875.htm. Acesso em: 26 jan. 2020.

BRASIL. Presidência da República. Casa Civil. Subchefia para Assuntos Jurídicos. **Decreto-lei n. 4.657, 4 de setembro de 1942.** Lei de Introdução às Normas do Direito Brasileiro. Disponível em: http://www.planalto.gov.br/ccivil_03/decreto-lei/del4657.htm. Acesso em: 20 jan. 2020.

BRASIL. Presidência da República. Casa Civil. Subchefia para Assuntos Jurídicos. **Lei n. 9.605, de 12 de fevereiro de 1998**. Dispõe sobre as sanções penais e administrativas derivadas de condutas e atividades lesivas ao meio ambiente, e dá outras providências. Disponível em: http://www.planalto.gov.br/ccivil_03/leis/l9605.htm. Acesso em: 10 jun. 2020.

BRASIL. Presidência da República. Casa Civil. Subchefia para Assuntos Jurídicos. **Lei n. 10.257, de 10 de julho de 2001**. Regulamenta os arts. 182 e 183 da Constituição Federal, estabelece diretrizes gerais da política urbana e dá outras providências. Disponível em: http://www.planalto.gov.br/ccivil_03/leis/leis_2001/l10257.htm. Acesso em: 28 jan. 2020.

BRASIL. Presidência da República. Casa Civil. Subchefia para Assuntos Jurídicos. **Lei n. 11.445, de 5 de janeiro de 2007** (art. 2º, III). Disponível em: http://www.planalto.gov.br/ccivil_03/_ato2007-2010/2007/lei/l11445.htm. Acesso em: 26 jan. 2020.

BRASIL. Presidência da República. Casa Civil. Subchefia para Assuntos Jurídicos. **Lei n. 12.305, de 2 de agosto de 2010**. Institui a Política Nacional de Resíduos Sólidos; altera a Lei n. 9.605, de 12 de fevereiro de 1998; e dá outras providências. Disponível em: http://www.planalto.gov.br/ccivil_03/_ato2007-2010/2010/lei/L12305.htm. Acesso em: 2 fev. 2020.

BRASIL. Presidência da República. Casa Civil. Subchefia para Assuntos Jurídicos. **Lei n. 13.105, de 16 de março de 2015.** Código de Processo Civil. Disponível em: http://www.planalto.gov.br/ccivil_03/_Ato2015-2018/2015/Lei/L13105.htm. Acesso em: 17 mar. 2020.

BRASIL. Presidência da República. Casa Civil. Subchefia para Assuntos Jurídicos. **Lei n. 13.303, de 30 de junho de 2016**. Dispõe sobre o estatuto jurídico da empresa pública, da sociedade de economia mista e de suas subsidiárias, no âmbito da União, dos Estados, do Distrito Federal e dos Municípios. Disponível em: http://www.planalto.gov.br/ccivil_03/_ato2015-2018/2016/lei/l13303.htm. Acesso em: 26 jan. 2020.

BRASIL. Presidência da República. Casa Civil. Subchefia para Assuntos Jurídicos. **Lei n. 13.724, de 4 de outubro de 2018.** Instituiu o Programa Bicicleta Brasil (PBB) para incentivar a inserção da bicicleta como meio de transporte, com vistas à melhoria das condições de mobilidade urbana. Disponível em: http://www.planalto.gov.br/ccivil_03/leis/leis_2001/L10257.htm. Acesso em: 27 jan. 2020.

BRASIL. Presidência da República. Casa Civil. Subchefia para Assuntos Jurídicos. **Lei Complementar n. 140, de 8 de dezembro de 2011**. Fixa normas, nos termos dos incisos III, VI e VII do *caput* e do parágrafo único do art. 23 da Constituição Federal, para a cooperação entre a União, os Estados, o Distrito Federal e os Municípios nas ações administrativas decorrentes do exercício da competência comum relativa à proteção das paisagens naturais notáveis, à proteção do meio ambiente, ao combate à poluição em qualquer de suas formas e à preservação das florestas, da fauna e da flora; e altera a Lei n. 6.938, de 31 de agosto de 1981. Disponível em: http://www.planalto.gov.br/ccivil_03/leis/lcp/Lcp140.htm. Acesso em: 3 mar. 2020.

BRASIL. Supremo Tribunal Federal. **Ação Direta de Inconstitucionalidade n. 3.549-5/GO**. Tribunal Pleno. Relator: Ministra Cármen Lúcia. Data do julgamento: 17.09.2007. Data da publicação: 31.10.2007.

BRASIL. Supremo Tribunal Federal. **Ação Direta de Inconstitucionalidade n. 3.645-9/PR**. Relatora Ministra Ellen Gracie. Tribunal Pleno. Data do julgamento: 31.05.2006. Data da publicação: 01.09.2006.

BRASIL. Supremo Tribunal Federal. **Ação Direta de Inconstitucionalidade n. 3.937/SP**. Relator: Ministro Marco Aurélio. Data do julgamento: 01.09.2017. Data da publicação: 01.02.2019 (Voto de Ministro Edson Fachin).

BRASIL. Supremo Tribunal Federal. **Ação Direta de Inconstitucionalidade n. 4.648/AL**. Relator Ministro Luiz Fux. Plenário. Data do julgamento: 30.08.2019. Data da publicação: 16.09.2019.

BRASIL. Supremo Tribunal Federal. **Mandado de Segurança 22.164-0 SP.** Relator Ministro Celso de Melo. Tribunal Pleno. Data do julgamento: 30.10.1995. Data da publicação: 10.11.1995. Disponível em: http://portal.stf.jus.br/processos/detalhe.asp?incidente=1606388. Acesso em: 10 nov. 2019.

BRASIL. Supremo Tribunal Federal. **Recurso Extraordinário n. 730.721/SP**. Relator Ministro Edson Fachin. Segunda Turma. Data do julgamento: 05.10.2015. Data da publicação: 06.10.2015.

BRASIL. Supremo Tribunal Federal. **Recurso Extraordinário n. 397.094-1-DF**. Primeira Turma. Relator: Ministro Sepúlveda Pertence. Data do julgamento: 29.08.2006. Data da publicação: 27.10.2006.

BRASIL. Supremo Tribunal Federal. **Recurso Extraordinário n. 729.726/SP.** Relator Ministro Dias Toffoli. Segunda Turma. Data do julgamento: 08.06.2017. Data da publicação: 22.06.2017.

BRASIL. Supremo Tribunal Federal. **Recurso Extraordinário n. 732.686/SP**. Rel. Ministro Luiz Fux. Tribunal Pleno. Data do julgamento: 20.10.2017. Data da publicação: 13.11.2017.

BRASIL. Supremo Tribunal Federal. **Recurso Extraordinário n. 901.444/SP**. Relator: Ministro Luís Roberto Barroso. Data do julgamento: 10.09.2016. Data da publicação: 22.09.2016.

BRASIL. Superior Tribunal de Justiça. **Recurso Especial n. 1.410.732/RN**. Relator Ministro Herman Benjamin. Segunda Turma. Data do julgamento: 07.06.2018. Data da publicação: 12.03.2019.

BRASIL. Superior Tribunal de Justiça. **Recurso Especial n. 1.668.652/PA**. Relator Ministro Herman Benjamim. Segunda Turma. Data do julgamento: 27.11.2018. Data da publicação: 08.02.2019.

BRASIL. Superior Tribunal de Justiça. **Recurso Especial n. 1.367.923/RJ**. Relator Ministro Humberto Martins. Segunda Turma. Data do julgamento: 27.08.2013. Data da publicação: 06.09.2013.

CABALLERÍA, Marcos Vaquer. El derecho a la vivienda en su relación con los derechos a la ciudad y al medio ambiente. *In:* CARVALHO, Newton Teixeira; REIS, Émilien Vilas Boas; RIOS, Mariza (coord.). **Estado de exceção ambiental**. Belo Horizonte: Del Rey, 2016. p. 103-141.

CÂMARA DOS DEPUTADOS. **Projeto de Lei n. 3.870/2019b**. Proíbe a distribuição gratuita ou a venda de sacolas plásticas para os consumidores para o acondicionamento e transporte de mercadorias adquiridas em estabelecimentos comerciais. Disponível em: https://www.camara.leg.br/proposicoesWeb/fichadetramitacao?idProposicao=2210751. Acesso em: 28 jan. 2020.

CÂMARA DOS DEPUTADOS. **Projeto de Lei n. 3.896/2019a**. Dispõe sobre a venda e distribuição de sacolas plásticas e disciplina o uso de sacolas biodegradáveis ou compostáveis em todo o território nacional. Disponível em: https://www.camara.leg.br/proposicoesWeb/fichadetramitacao?idProposicao=2210751. Acesso em: 28 jan. 2020.

CANOTILHO, José Joaquim Gomes. Direito constitucional ambiental português: tentativa de compreensão de 30 anos das gerações ambientais no direito constitucional português. *In:* CANOTILHO, José Joaquim Gomes; LEITE, José Rubens Morato (org.). **Direito constitucional ambiental brasileiro**. 6. ed. São Paulo: Saraiva, 2015. p. 23-33.

CANOTILHO, José Joaquim Gomes. **Direito constitucional e teoria da Constituição.** 7. ed. Coimbra: Almedina, 2003a.

CANOTILHO, José Joaquim Gomes. Estado constitucional ecológico e democracia sustentada. *In:* CUNHA, Sérgio Sérvulo da; GRAU, Eros Roberto (org.). **Estudos de direito constitucional em homenagem a José Afonso da Silva.** São Paulo: Malheiros, 2003b. p. 101-110.

CANOTILHO, José Joaquim Gomes. O princípio da sustentabilidade como princípio estruturante do direito constitucional. **Tékhne**, Barcelos, n. 13, p. 7-18, jun. 2010. Disponível em: http://www.scielo.mec.pt/scielo.php?script=sci_arttext&pid=S1645991120100001000002&lng=pt&nrm=iso. Acesso em: 23 jan. 2020.

CARRAZZA, Roque Antônio. **Curso de direito constitucional tributário.** 30. ed. São Paulo: Malheiros, 2015.

CARVALHO FILHO, José dos Santos. **Comentários ao Estatuto da Cidade.** 5. ed. São Paulo: Atlas, 2013.

CARVALHO, José Murilo. **Cidadania no Brasil.** 22. ed. Rio de Janeiro: Civilização Brasileira, 2016.

CASAGRANDE FILHO, Ary. **Estado regulador e controle judicial.** São Paulo: Quartier Latin, 2007.

CHAUVET, Rodrigo da Fonseca. Concessões tradicionais e parcerias público-privadas no setor de saneamento básico. *In:* SADDY, André; CHAUVET, Rodrigo da Fonseca (coord.). **Aspectos jurídicos do saneamento básico.** Rio de Janeiro: Lumen Juris, 2017. p. 187-203.

COLÔMBIA. **Ley n. 1973, de 19 de julio de 2019.** Por medio de la cual se regula y prohíbe el ingreso, comercialización y uso de bolsas y otros materiales plásticos en el departamento Archipiélago de San Andrés, Providencia y Santa Catalina e Islas menores que lo componen, y se dictan otras disposiciones. Disponível em: http://www.secretariasenado.gov.co/senado/basedoc/ley_1973_2019.html#INICIO. Acesso em: 13 maio 2020.

CONAMA – Conselho Nacional do Meio Ambiente. **Resolução CONAMA n. 1, de 23 de janeiro de 1986.** Dispõe sobre critérios básicos e diretrizes gerais para a avaliação de impacto ambiental. Disponível em: https://www.legisweb.com.br/legislacao/?id=95508. Acesso em: 7 jun. 2020

COSTA, Mário Luiz de Oliveira da. Regulação e autorregulação. *In:* NUSDEO, Fábio (coord.). **O direito econômico na atualidade**. 6. ed. São Paulo: Revista dos Tribunais, 2015. p. 169-190.

CUNHA, Antônio Renato Cardoso. As espécies de descentralização de serviços públicos e o manejo de resíduos sólido. *In:* LEITE, José Rubens Morato; IGLECIAS, Patrícia Faga (org.). **Direito ambiental para o século XXI:** novos contornos jurisprudenciais e na regulamentação dos resíduos sólidos. 6. ed. São Paulo: Revista dos Tribunais, 2015. p. 191-208.

CUNHA, Mateus Almeida. A gestão municipal dos resíduos sólidos: cenários e desafios. *In:* MARCHI, Cristina Maria Dacach Fernandez (org.). **Gestão de resíduos sólidos:** conceito e perspectivas de atuação. Curitiba: Appris Editora, 2018. p. 19-41.

DALLARI, Dalmo de Abreu. **Elementos de teoria geral do Estado.** 33. ed. São Paulo: Saraiva, 2018.

DALLARI, Dalmo de Abreu. **O Estado Federal.** 2. ed. São Paulo: Saraiva, 2019.

DANTAS, Paulo Roberto de Figueiredo. **Direito processual constitucional.** 9. ed. São Paulo: Saraiva, 2019.

DISTRITO FEDERAL. **Lei n. 6.322, de 10 de julho de 2019**. Dispõe sobre a proibição da distribuição ou venda de sacolas plásticas e disciplina a distribuição e venda de sacolas biodegradáveis ou biocompostáveis a consumidores, em todos os estabelecimentos comerciais do Distrito Federal, e dá outras providências. Disponível em: https://www.legisweb.com.br/legislacao/?id=379505. Acesso em: 28 jan. 2020.

Encíclica do Sumo Pontífice Francisco. **Laudato Si, Louvado Sejas**. Sobre o cuidado da casa comum. São Paulo: Paulus, 2015.

ESTADO DE SÃO PAULO. Assembleia Legislativa do Estado de São Paulo. **Constituição Estadual de 5 de outubro de 1989**. Disponível em: https://www.al.sp.gov.br/repositorio/legislacao/constituicao/1989/compilacao-constituicao-0-05.10.1989.html. Acesso em: 8 jun. 2020.

ESTADO DE SÃO PAULO. **Programa São Paulo sem papel**. Disponível em: https://www.spsempapel.sp.gov.br/#programa. Acesso em: 16 jan. 2020.

ESTADO DO RIO DE JANEIRO. **Lei n. 8.473, de 15 de junho de 2019**. Adequa a legislação que dispõe sobre a substituição de sacolas plásticas não recicláveis e não retornáveis distribuídas pelos estabelecimentos comerciais localizados no estado de Rio de Janeiro, consolidando a redação. Disponível em: https://www.legisweb.com.br/legislacao/?id=379722. Acesso em: 1º abr. 2020.

FACHIN, Zulmar; SAMPAR, Rene. **Teoria do Estado.** 4. ed. Rio de Janeiro: Lumen Juris, 2019.

FECHINE, Guilhermino José Macedo. **Polímeros biodegradáveis:** tipos, mecanismos, normas e mercado mundial. São Paulo: Mackenzie, 2013.

FERNANDES, Diogo da Rocha. **Gestão e gerenciamento de resíduos sólidos urbanos:** diretrizes jurídico-ambientais para a sustentabilidade. Natal: Amazon, 2018.

FERRARI, Regina Maria Macedo Nery. **Direito municipal.** 5. ed. Belo Horizonte: Fórum, 2018.

FERREIRA, Heline Silvini. Competências ambientais. *In:* CANOTILHO, José Joaquim Gomes; LEITE, José Rubens Morato (org.). **Direito constitucional ambiental brasileiro**. 6. ed. São Paulo: Saraiva, 2015. p. 243-270.

FOLHA DE S.PAULO. Número de mortos na Baixada Santista sobe para 40; Santos decreta luto. **Folha de S.Paulo**, 7 de março de 2020. Disponível em: https://www1.folha.uol.com.br/cotidiano/2020/03/numero-de-mortos-na-baixada-santista-sobe-para-40-santos-decreta-luto.shtml. Acesso em: 23 mar. 2020.

FOLLMAN, Andrise Janaína; RODRIGUES, Alexandre Couto *et al.* Degradação de sacolas plásticas convencionais e oxibiodegradáveis. **Revista Ciência a Natura**, Santa Maria, v. 39, n. 1, p. 188, jan.-abr. 2017.

FONTE, Felipe de Melo. **Políticas públicas e direitos fundamentais.** 2. ed. São Paulo: Saraiva, 2015.

FREITAS, Raquel; ALMEIDA, Fabiana. Um ano após a tragédia da Vale, dor e luta por justiça unem famílias de 259 mortos e 11 desaparecidos. **Portal G1 Minas**, Brumadinho, 25 de janeiro de 2020. Disponível em: https://g1.globo.com/mg/minas-gerais/noticia/2020/01/25/um-ano-apos-tragedia-da-vale-dor-e-luta-por-justica-unem-familias-de-259-mortos-e-11-desaparecidos.ghtml. Acesso em: 7 maio 2020.

GARCIA, Jose Eugenio Soriano. Legislación, administración en medio ambiente y ordenación urbana: la cuestión de la seguridad juridical – ordenación urbana ambiental y la función de los poderes para la seguridad jurídica. *In:* CARVALHO, Newton Teixeira; REIS, Émilien Vilas Boas; RIOS, Mariza (coord.). **Estado de exceção ambiental.** Belo Horizonte: Del Rey, 2016. p. 89-101.

GOMES, Carla Amado. **Risco e modificação do acto autorizativo concretizador de deveres de proteção ambiental**. Coimbra: Coimbra Editora, 2007.

GONÇALVES FILHO, Manoel. **Do processo legislativo.** 7. ed. São Paulo: Saraiva, 2012.

GONÇALVES, Luciana Helena. O caso da Lei Mineira das Sacolas Plásticas e a dinâmica dos atores institucionais. **Revista Brasileira de Gestão Ambiental e Sustentabilidade**, v. 3, n. 6, p. 277-293, 2016. Disponível em: http://revista.ecogestaobrasil.net/v3n6/v03n06a03.pdf. Acesso em: 19 mar. 2020.

GONÇALVES, Pedro Costa. Estado de garantia e mercado. **Revista da Faculdade de Direito da Universidade do Porto**, v. III (especial: Comunicações do I Triênio dos Encontros de Professores de Direito Público). Porto: Portugal, 2010.

GORE, Al. **O futuro:** seis desafios para mudar o mundo. Tradução de Rosemarie Ziegelmaier. São Paulo: HSM Editora, 2013.

GORE, Al. **Uma verdade inconveniente.** Tradução de Isa Mara Lando. São Paulo: Manole, 2006.

GOVERNO DO ESTADO DO DISTRITO FEDERAL. Agência de Brasília. **Descarte inadequado pode obstruir redes de esgoto**. Disponível em:

https://www.agenciabrasilia.df.gov.br/2019/11/25/descarte-inadequado-pode-obstruir-redes-de-esgoto/. Acesso em: 23 jan. 2020.

GRAU, Eros. **A ordem econômica na Constituição de 1988.** 19. ed. São Paulo: Malheiros, 2018a.

GRAU, Eros. **Por que tenho medo dos juízes:** a interpretação/aplicação do direito e os princípios. 9. ed. São Paulo: Malheiros, 2018b.

HADDAD, Paulo Roberto. **Meio ambiente, planejamento e desenvolvimento sustentável.** São Paulo: Saraiva, 2016.

HESSE, Konrad. **Temas fundamentais do direito constitucional.** São Paulo: Saraiva, 2009.

HORTA, Raul Machado. **Direito constitucional.** 5. ed. Atualizado por Juliana Campos Horta. Belo Horizonte: Del Rey, 2010.

HYPEVERDE. **Entenda o significado dos 5Rs da sustentabilidade**. Atualizado em 21 de dezembro de 2018. Disponível em: https://www.hypeverde.com.br/5-rs-da-sustentabilidade/. Acesso em: 8 maio 2020.

JONAS, Hans. **O princípio responsabilidade.** Tradução de Marijane Lisboa e Luiz Barros Montez. Rio de Janeiro: PUC Rio, 2011.

JORNAL NACIONAL. Lixo arrastado pelo Rio Tietê chega ao interior de São Paulo. **Portal G1**, 14 de fevereiro de 2020. Disponível em: https://g1.globo.com/jornal-nacional/noticia/2020/02/14/lixo-arrastado-pela-cheia-do-rio-tiete-chega-ao-interior-de-sao-paulo.ghtml. Acesso em: 3 mar. 2020.

KELSEN, Hans. **Teoria pura do direito.** Tradução de João Baptista Machado. 7. ed. São Paulo: Martins Fontes, 2006.

KON, Fabio; SANTANA, Eduardo Felipe Zambom. Cidades inteligentes: conceitos, plataformas e desafios. **Jornada de Atualização em Informática**, jul. 2016. Disponível em: https://www.researchgate.net/publication/313793896_Cidades_Inteligentes_Conceitos_plataformas_e_desafios. Acesso em: 12 mar. 2020.

KRUGMAN, Paul. **A consciência de um liberal.** Tradução de Alexandre de Oliveira Kappaun. Rio de Janeiro: Record, 2010.

LEITÃO, Mirian. **História do futuro:** o horizonte do Brasil no século XXI. Rio de Janeiro: Intrínseca, 2015.

LEITE, Carlos; AWAD, Juliana de Cesare Marques. **Cidades sustentáveis, cidades inteligentes:** desenvolvimento sustentável num planeta urbano. Porto Alegre: Bookman, 2012.

LEITE, José Rubens Morato. Sociedade de risco e Estado. *In:* CANOTILHO, José Joaquim Gomes; LEITE, José Rubens Morato (org.). **Direito constitucional ambiental brasileiro.** 6. ed. São Paulo: Saraiva, 2015. p. 157-241.

LEITE, José Rubens Morato; BELCHIOR, Germana Parente Neiva. Direito constitucional ambiental. *In:* FARIAS, Talden; TRENNEPOHL, Terence (coord.). **Direito ambiental brasileiro**. São Paulo: Revista dos Tribunais, 2019. p. 68-97.

LEWANDOWSKI, Enrique Ricardo. Considerações sobre o federalismo brasileiro. **Revista Justiça e Cidadania**, n. 157, set. 2013. Disponível em: https://www.editorajc.com.br/consideracoes-federalismo-brasileiro/. Acesso em: 9 jan. 2020.

LOPES FILHO, Juraci Mourão. **Competências federativas.** 2. ed. Salvador: Jus Podivm, 2019.

LORENZETT, Juliana Benitt *et al.* Sacolas plásticas: uma questão de mudança de hábitos. **Revista Monografias Ambientais/UFSM**, v. 11, n. 11, p. 2446-2454, jan.-abr. 2012. Disponível em: https://periodicos.ufsm.br/remoa/article/view/7725/pdf. Acesso em: 21 jan. 2020.

MACHADO, Paulo Affonso Leme. **Direito à informação e meio ambiente.** 2. ed. São Paulo: Malheiros, 2018b.

MACHADO, Paulo Affonso Leme. **Direito ambiental brasileiro.** 26. ed. São Paulo: Malheiros, 2008a.

MAGALHÃES, Marco Túlio Reis. Proteção ambiental, modernidade e a ética da responsabilidade de Hans Jonas. *In:* SANTOS, Bruno Grego dos; BERNARDO, Leandro Ferreira; FRACOLOSSI, Willian (org.). **Temas avançados da advocacia pública.** Maringá: Unicorpore, 2012. v. II. p. 169-201.

MANZANO, Maria Carolina Rodella. Sacolas plásticas. **Infoescola.** Disponível em: https://www.infoescola.com/ecologia/sacolas-ecologicas/. Acesso em: 26 nov. 2019.

MARQUES, Luiz. **Capitalismo e colapso ambiental.** 3. ed. Campinas: Editora Unicamp, 2018.

MEIRELLES. Hely Lopes. **Direito municipal brasileiro.** 18. ed. São Paulo: Malheiros, 2017.

MENDES, Dielson Bomfim; SANDES, Fabiana Silva. Gestão de resíduos orgânicos: práticas de compostagem em uma central de abastecimento da RMS. *In:* MARCHI, Cristina Maria Dacach Fernandez (org.). **Gestão de resíduos sólidos:** conceito e perspectivas de atuação. Curitiba: Appris Editora, 2018.

MENDES, Gilmar Ferreira. **Direitos fundamentais e controle de constitucionalidade.** 4. ed. São Paulo: Saraiva, 2014a.

MENDES, Gilmar Ferreira. **Jurisdição constitucional.** 6. ed. São Paulo: Saraiva, 2014b.

MENDES, Gilmar Ferreira; BRANCO, Paulo Gustavo Gonet. **Curso de direito constitucional.** 13. ed. São Paulo: Saraiva, 2018.

MICHAEL, Lothar; MORLOK, Martin. **Direitos fundamentais**. Tradução de António Francisco de Souza e António Franco. São Paulo: Saraiva, 2016.

MILARÉ, Édis. **Direito do ambiente.** 10. ed. São Paulo: Revista dos Tribunais, 2018.

MINISTÉRIO PÚBLICO FEDERAL. Procuradoria-Geral da República. **Parecer no Recurso Extraordinário n. 732.686/SP.** Disponível em: portal.stf.jus.br/processos/detalhe.asp?incidente=4359491. Acesso em: 30 jan. 2020.

MIRANDA, Jorge. **Teoria do Estado e da Constituição.** 5. ed. Rio de Janeiro: Forense, 2019.

MUNICÍPIO DE BELO HORIZONTE. **Decreto Municipal n. 14.367 de 12 de abril de 2011**. Regulamenta a Lei n. 9529/2008, que "Dispõe sobre a substituição do uso de saco plástico de lixo e de sacola plástica por saco de lixo ecológico e sacola ecológica e dá outras providências". Disponível em: https://leismunicipais.com.br/a/mg/b/belo-horizonte/decreto/2011/1436/14367/decreto-n-14367-2011-regulamenta-a-lei-n-9529-08-que-dispoe-sobre-a-substituicao-do-uso-de-saco-plastico-de-lixo-e-de-sacola-plastica-por-saco-de-lixo-ecologico-e-sacola-ecologica-e-da-outras-providencias. Acesso em: 16 mar. 2020.

MUNICÍPIO DE BELO HORIZONTE. **Lei n. 9.529 de 27 de novembro de 2008.** Dispõe sobre a substituição do uso de saco plástico de lixo e de sacola plástica por saco de lixo ecológico e sacola ecológica e dá outras providências. Disponível em: https://cm-belo-horizonte.jusbrasil.com.br/legislacao/247604/lei-9529-08. Acesso em: 16 mar. 2020.

MUNICÍPIO DE CAMPINAS. **Lei n. 14.383, de 12 de setembro de 2012.** Dispõe sobre a obrigatoriedade dos estabelecimentos comerciais disponibilizarem embalagens biodegradáveis ou mesmo de papel para acondicionamento de produtos e mercadorias para seus clientes. Disponível em: https://leismunicipais.com.br/a/sp/c/campinas/lei-ordinaria/2012/1439/14383/lei-ordinaria-n-14383-2012-dispoe-sobre-a-obrigatoriedade-dos-estabelecimentos-comerciais-disponibilizarem-embalagens-biodegradavies-ou-mesmo-de-papel-para-acondicionamento-de-produtos-e-mercadorias-para-seus-clientes. Acesso em: 20 jan. 2020.

MUNICÍPIO DE FLORIANÓPOLIS. **Lei n. 7.627, de 12 de maio de 2008.** Dispõe sobre a substituição do uso de sacos e sacolas plásticas nas instituições que menciona e dá outras providências. Disponível em: https://leismunicipais.com.br/a/sc/f/florianopolis/leiordinaria/2008/763/7627/ei-ordinaria-n-7627-2008-dispoe-sobre-a-substituicao-do-uso-de-sacolas-e-sacos-plasticos-nasinstituicoes-que-menciona-e-da-outras-providencias-2008-05-12-versao-original. Acesso em: 28 jan. 2020.

MUNICÍPIO DE GOIÂNIA. **Lei n. 16.268, de 29 de maio de 2008.** Dispõe sobre o uso de sacolas plásticas biodegradáveis para acondicionamento de produtos e mercadorias a serem utilizadas nos estabelecimentos comerciais. Disponível em: http://www.gabinetecivil.goias.gov.br/leis_ordinarias/2008/lei_16268.htm. Acesso em: 16 mar. 2020.

MUNICÍPIO DE GOIÂNIA. **Lei n. 18.003, de 30 de abril de 2013.** Institui o Selo de Qualidade com a inscrição *made in Goiás*, a ser confeccionado e controlado pela Secretaria de Estado de Indústria e Comércio, e dá outras providências. Disponível em: http://www.gabinetecivil.goias.gov.br/leis_ordinarias/2013/lei_18003.htm. Acesso em: 16 mar. 2020.

MUNICÍPIO DE MARÍLIA. Câmara Municipal. **Lei Ordinária n. 7.281, de 22 de julho de 2011.** Dispõe sobre a substituição do uso de sacolas plásticas utilizadas em estabelecimentos empresariais para acondicionamento de mercadorias por sacolas retornáveis ou plásticas oxi-biodegradáveis, ou similar, que não sejam prejudiciais ao meio ambiente. Disponível em: https://sapl.marilia.sp.leg.br/consultas/norma_juridica/norma_juridica_mostrar_proc?cod_norma=19568. Acesso em: 8 jun. 2020.

MUNICÍPIO DE MOGI DAS CRUZES. **Lei n. 6.106, de 11 de janeiro de 2008.** Dispõe sobre o uso de embalagens plásticas biodegradáveis para acondicionamento de produtos e mercadorias a serem utilizadas nos estabelecimentos comerciais no Município de Mogi das Cruzes. Disponível em: https://leismunicipais.com.br/a/sp/m/mogi-das-cruzes/lei-ordinaria/2008/610/6106/lei-organica-mogi-das-cruzes-sp. Acesso em: 20 jan. 2020.

MUNICÍPIO DE PORTO ALEGRE. **Lei n. 11.032, de 6 de janeiro de 2011.** Obriga os supermercados no Município de Porto Alegre que fornecem sacolas plásticas aos seus clientes a utilizar sacolas confeccionadas com materiais oriundos de fontes renováveis, polímeros termoplásticos ou polímeros biodegradáveis para o acondicionamento de mercadorias, determina penalidades pelo não cumprimento desta Lei e dá outras providências. Disponível em: http://www2.portoalegre.rs.gov.br/cgi-bin/nphbrs?s1=000031482.DOCN.&l=20&u=%2Fnetahtml%2Fsirel%2Fsimples.html&p=1&r=1&f=G&d=atos&SECT1=TEXT. Acesso em: 28 jan. 2020.

MUNICÍPIO DE RECIFE. **Lei n. 17.475, de 5 de junho de 2008.** Dispõe sobre as sacolas e sacos plásticos utilizados pelos estabelecimentos comerciais e órgãos municipais no âmbito do Município de Recife. Disponível em: https://cm-recife.jusbrasil.com.br/legislacao/251524/lei-17475-08. Acesso em: 16 mar. 2020.

MUNICÍPIO DE RIO CLARO. **Lei n. 3.977, de 9 de novembro de 2009.** Dispõe da obrigatoriedade no âmbito do Município de Rio Claro, da utilização das embalagens plásticas oxibiodegradáveis, biodegradáveis e compostáveis. Disponível em: https://rioclaro.cespro.com.br/visualizarDiploma.php?cdMunicipio=9320&cdDiploma=20093977&NroLei=3.977&Word=&Word2=. Acesso em: 16 mar. 2020.

MUNICÍPIO DE SÃO JOSÉ DO RIO PRETO. **Lei n. 11.166, de 3 de abril de 2012.** Obriga os hipermercados, supermercados e congêneres a fornecerem sacolas recicláveis aos seus clientes. Disponível em: https://www.abras.com.br/comites/juridico/noticias-juridicas/?materia=4777. Acesso em: 20 jan. 2020.

MUNICÍPIO DE SÃO PAULO. **Lei n. 15.374, de 18 de maio de 2011.** Dispõe sobre a proibição da distribuição gratuita ou venda de sacolas plásticas a consumidores em todos os estabelecimentos comerciais do Município de São Paulo, e dá outras providências. Disponível em: https://www.legisweb.com.br/legislacao/?id=179384. Acesso em: 28 jan. 2020.

MUNICÍPIO DE TERESINA. **Lei n. 3.874, de 9 de junho de 2009**. Dispõe sobre a obrigatoriedade de estabelecimentos comerciais, farmácias, lanchonetes, panificadoras, açougues, laboratórios de análises clínicas, hospitais, comércios e prestadores de serviços em geral, utilizarem para acondicionamento de produtos e mercadorias em geral, sacolas biodegradáveis ou oxibiodegradáveis, ou de tecidos retornáveis, na forma que especifica. (Redação dada à ementa pela Lei n. 3.918, de 28.09.2009, DOM Teresina de 16.10.2009). Disponível em: https://www.normasbrasil.com.br/norma/lei-3874-2009-teresina-pi_179926.html. Acesso em: 16 mar. 2020.

NASCIMENTO NETO, Paulo. **Resíduos sólidos urbanos:** perspectivas de gestão intermunicipal em regiões metropolitanas. São Paulo: Atlas, 2013.

NORTH, Douglas C. **Instituições, mudança institucional e desempenho econômico.** São Paulo: Três Estrelas, 2018.

NUSDEO, Ana Maria de Oliveira. Desenvolvimento e ecologia revisado: evolução do debate e perspectivas atuais. *In:* NUSDEO, Fábio (coord.). **O direito econômico na atualidade.** São Paulo: Revista dos Tribunais: 2014. p. 227-250.

NUSDEO, Fábio. **Curso de economia:** introdução ao direito econômico. 10. ed. São Paulo: Revista dos Tribunais, 2016.

OLIVEIRA, A. J. Mais de 90% dos objetos em órbita são lixo espacial. **Revista Superinteressante**, Rio de Janeiro, 8 de março de 2019. Disponível em: super.abril.com.br/ciencia/mais-de-90-dos-objetos-em-orbita-sao-lixo-espacial/. Acesso em: 1º mar. 2020.

OLIVEIRA, Luísa Bresolin de. O princípio da prevenção na gestão e no gerenciamento dos resíduos sólidos eletrônicos. *In:* LEITE, José Rubens Morato; IGLECIAS, Patrícia Faga (org.). **Direito ambiental para o século XXI:** novos contornos jurisprudenciais e na regulamentação dos resíduos sólidos. 6. ed. São Paulo: Revista dos Tribunais, 2015. p. 145-169.

OLIVEIRA, Maria Clara Brandt Ribeiro de. **Gestão de resíduos plásticos pós-consumo:** perspectiva para a reciclagem no Brasil. 2012. Dissertação (Mestrado em Ciência em Planejamento Energético) – Instituto Alberto Luiz Coimbra de Pós-Graduação e Pesquisa de Engenharia (COPPE), Universidade Federal do Rio de Janeiro, Rio de Janeiro, 2012. Disponível em: http://antigo.ppe.ufrj.br/ppe/production/tesis/maria_deoliveira.pdf. Acesso em: 1º fev. 2020.

ORGANIZAÇÃO DAS NAÇÕES UNIDAS. Comunicado aos Média. **O direito humano água e saneamento.** Disponível em: https://www.un.org/waterforlifedecade/pdf/human_right_to_water_and_sanitation_media_brief_por.pdf. Acesso em: 16 jan. 2020.

ORGANIZAÇÃO DAS NAÇÕES UNIDAS. **Convenção Internacional para Prevenção da Poluição Proveniente de Embarcações (Marpol 73/78).** Anexo V. Regra 3. Disponível em: https://www.ccaimo.mar.mil.br/sites/default/files/marpol_anexo5-05ago.pdf. Acesso em: 29 fev. 2020.

ORGANIZAÇÃO DAS NAÇÕES UNIDAS. **Declaração de Estocolmo sobre o Meio Ambiente Humano – 1972.** Disponível em: http://www.direitoshumanos.usp.br/index.php/Meio-Ambiente/declaracao-de-estocolmo-sobre-o-ambiente-humano.html. Acesso em: 26 jan. 2020.

ORGANIZAÇÃO DAS NAÇÕES UNIDAS. **Declaração do Rio sobre Meio Ambiente e Desenvolvimento de 1992.** Disponível em: https://cetesb.sp.gov.br/proclima/wpcontent/uploads/sites/36/2013/12/declaracao_rio_ma.pdf. Acesso em: 26 jan. 2020.

ORGANIZAÇÃO DAS NAÇÕES UNIDAS. **Nova Agenda Urbana.** Conferência das Nações Unidas sobre Habitação e Desenvolvimento Urbano Sustentável (Habitat III). Quito, 2016. Disponível em: http://habitat3.org/wp-content/uploads/NUA-Portuguese Brazil.pdf?fbclid=IwAR2koIM7MtgBh6i57G4fxWeWpbK52Jr7sXIrGdBbJF81bF2GSzY527FWdAY. Acesso em: 3 mar. 2020.

ORGANIZAÇÃO DAS NAÇÕES UNIDAS. **Objetivos de Desenvolvimento Sustentável.** Disponível em: http://www.ipea.gov.br/ods/ods12.html. Acesso em: 25 nov. 2019.

PRADO JUNIOR, Caio. **História econômica do Brasil.** 16. ed. São Paulo: Brasiliense, 1973.

RIBEIRO, Alfredo Rangel. **Direito do consumo sustentável.** São Paulo: Revista dos Tribunais, 2018.

RICCHINI, Ricardo. O que é plástico biodegradável? **Setor reciclagem.** Disponível em: https://www.setorreciclagem.com.br/materiais-biodegradaveis/o-que-e-plastico-biodegradavel/. Acesso em: 14 mar. 2020.

RUIZ, Gerardo Ruiz-Rico. **El derecho constitucional al medio ambiente:** dimensión jurisdiccional. Valencia: Tirant lo Blanch, 2000.

SAMPAIO, José Adércio Leite. **Teoria da Constituição e dos direitos fundamentais.** Belo Horizonte: Del Rey, 2020.

SÃO PAULO. Tribunal de Justiça do Estado de São Paulo. TJSP. **ADI n. 0230256-30.2009.8.26.0000.** Órgão Especial. Rel. Desembargador José Roberto Bedran, DJ 03.02.2011.

SARLET, Ingo Wolfgang; FENSTERSEIFER, Tiago. **Direito constitucional ambiental.** 5. ed. São Paulo: Revista dos Tribunais, 2017a.

SARLET, Ingo Wolfgang; FENSTERSEIFER, Tiago. **Princípios de direito ambiental.** 2. ed. São Paulo: Saraiva, 2017b.

SCAFF, Fernando Facury. Notas sobre a extrafiscalidade ambiental no Brasil. *In:* TUPIASU, Lise; NETO, João Paulo Mendes (org.). **Tributação, meio ambiente e desenvolvimento**. São Paulo: Método, 2016. p. 15-27.

SCHOUERI, Luis Eduardo. **Direito tributário.** 8. ed. São Paulo: Saraiva, 2018.

SEN, Amartya. **Desenvolvimento como liberdade.** Tradução de Laura Teixeira Mota. 6. reimpr. São Paulo: Companhia das Letras, 2017.

SENADO FEDERAL. **Projeto de Lei n. 1.330/2019**. Dispõe sobre o recolhimento e a substituição de sacolas plásticas que em sua composição química tenham como base o polietileno, o propileno e o polipropileno. Disponível em: https://www25.senado.leg.br/web/atividade/materias/-/materia/135595. Acesso em: 28 jan. 2020.

SERRA, Tatiana Barreto. **Política de resíduos sólidos:** gestão econômica, responsável e ambientalmente adequada. São Paulo: Verbatim, 2015.

SILVA, Cíntia da; MANDARINO, Luca Moura. O saneamento básico e a dogmática dos direitos fundamentais. *In:* SADDY, André; CHAUVET,

Rodrigo da Fonseca (coord.). **Aspectos jurídicos do saneamento básico**. Rio de Janeiro: Lumen Juris, 2017. p. 25-48.

SILVA, José Afonso da. **Aplicabilidade das normas constitucionais.** 8. ed. 2. tir. São Paulo: Malheiros, 2015.

SILVA, José Afonso da. **Curso de direito constitucional positivo**. 42. ed. São Paulo: Malheiros, 2019a.

SILVA, José Afonso da. **Direito ambiental constitucional.** 11. ed. São Paulo: Malheiros. 2019.

SILVA, José Afonso da. **Direito urbanístico brasileiro.** 8. ed. São Paulo: Malheiros, 2018.

STIGLITZ, Joseph E. **Globalização:** como dar certo. Tradução de Pedro Maia Soares. São Paulo: Companhia das Letras, 2007.

THALER, Richard H.; SUSTEIN, Cass R. **Nudge:** como tomar melhores decisões sobre saúde, dinheiro e felicidade. Tradução de Ângelo Lessa. Rio de Janeiro: Objetiva, 2019.

TRENNEPOHL, Terence. **Direito ambiental empresarial.** 2. ed. São Paulo: Saraiva, 2017.

TUPIASSU, Lise. Fundamentos econômicos da tributação ambiental. *In:* TUPIASU, Lise; MENDES NETO, João Paulo (org.). **Tributação, meio ambiente e desenvolvimento.** São Paulo: Método, 2016. p. 48-77.

UNIÃO EUROPEIA. **Tratado da União Europeia.** Disponível em: https://eur-lex.europa.eu/legal-content/PT/TXT/PDF/?uri=CELEX:12016M/TXT&from=EN. Acesso em: 9 mar. 2020.

VARELLA, Marcelo Dias. O surgimento e a evolução do direito internacional do meio ambiente: da proteção da natureza ao desenvolvimento sustentável. *In:* VARELLA, Marcelo Dias; PLATIAU-BARROS, Ana Flávia (org.). **Proteção internacional do meio ambiente**. Brasília: Unitar, Uniceub, Universidade de Brasília. 2009. p. 7-25.

VEIGA, José Eli da. **Para entender o desenvolvimento sustentável.** São Paulo: Edipro, 2015.

VELASCO, Clara. Perda por falta de saneamento em favelas chega a R$ 2,5 bilhões ao ano. **Globo (Portal G1)**, 16 de maio de 2016. Disponível em: http://g1.globo.com/economia/noticia/2016/05/perda-por-falta-de-saneamento-em-favelas-chega-r-25-bilhoes-ao-ano.html. Acesso em: 23 mar. 2020.

VICTOR, Sérgio Antônio Ferreira. **Diálogo institucional e controle de constitucionalidade.** São Paulo: Saraiva, 2015.

WWW – World Wide Fund for Nature. **Relatório solucionar a poluição plástica:** transparência e responsabilização. 2019. Disponível em: http://promo.wwf.org.br/solucionar-a-poluicao-plastica-transparencia-e-responsabilizacao. Acesso em: 3 out. 2019.

ZANIN, Maria; MANCINI, Sandro Donnini. **Resíduos plásticos e reciclagem:** aspectos gerais e tecnologia. São Carlos: Edufscar, 2009.

ZIMMERMANN, Augusto. **Teoria geral do federalismo democrático.** 2. ed. Rio de Janeiro: Lumen Juris, 2014.

ZIPPELIUS, Reinhold. **Teoria geral do Estado.** São Paulo: Saraiva, 2016.